喜楽研のDVDつき授業シリーズ

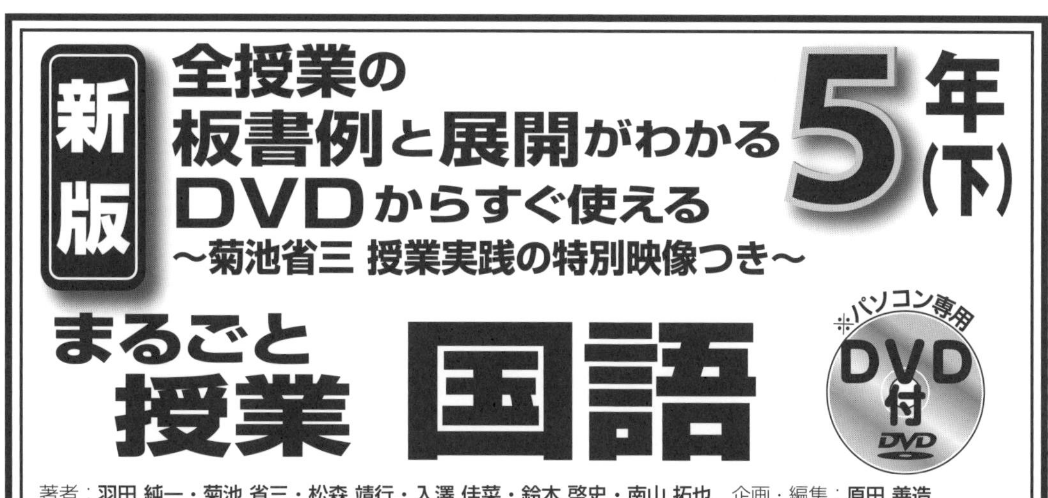
新版
全授業の
板書例と展開がわかる
DVDからすぐ使える
～菊池省三 授業実践の特別映像つき～
5年(下)
まるごと授業 国語
※パソコン専用
DVD付
DVD
著者：羽田 純一・菊池 省三・松森 靖行・入澤 佳菜・鈴木 啓史・南山 拓也　企画・編集：原田 善造

JN062736

わかる喜び学ぶ楽しさを創造する教育研究所　略称 喜 楽 研

はじめに

教育現場の厳しさは，増していくばかりです。多様な子どもや保護者への対応や様々な課題が求められ，教師の中心的活動であるはずの授業の準備に注ぐことができる時間は，とても十分とはいえません。

このような状況の中で，授業の進め方や方法についても，制限が加えられつつあるという現状があります。制限の中で与えられた手立てが，目の前の子どもたちと指導する教師に合っていればよいのですが，残念ながらそうとばかりはいえないようです。

そんなときは，派手さは無くても，きちんと基礎をおさえ，着実に子どもに達成感を味わわせることができる授業ができれば，まずは十分です。そんな授業を作るには，以下の２つの視点が必要です。

１つ目は，子どもに伝えたいことを明確に持つことです。

音読を例に取れば，「初期の段階なので子どもたちに自分がどの程度の読みができるのかを自覚させる」のか，「最終的な段階なので指導した読み方の技術を生かして，登場人物の心情を思い浮かべながら読む」のかといったことです。

２つ目は，子どもがどんな状態にあるのかを具体的に把握するということです。

どうしても音読に集中できない子がいた場合，指で本文をなぞらせることが有効かもしれません。また，隣の子と交代しながら読ませれば楽しんで取り組むかもしれません。

こういった手立ても，指導者の観察，判断があってこそ，出てくるものです。

幸い，前版の「まるごと授業　国語」は，多くの先生方に受け入れていただくことができました。指導要領の改訂に伴い，この「まるごと授業　国語」を新たに作り直すことになりました。もちろん，好評であった前版のメインの方針は残しつつ，改善できる部分はできる限りの手を加えています。

前回同様，執筆メンバーと編集担当で何度も打ち合わせをくり返し，方針についての確認や改善部分についての共通理解を図りました。また，それぞれの原稿についても，お互い読み合い，検討したことも同じです。

新版では，授業展開の中のイラストの位置をより分かりやすい部分に変えたり，「主体的・対話的で深い学び」についての解説文をつけたりといった変更を行っています。

その結果，前版以上に，分かりやすく，日々の実践に役立つ本になったと思います。

この本が，過酷な教育現場に向かい合っている方々の実践に生かされることを心から願ってやみません。

本書の特色

全ての単元・全ての授業の指導の流れが分かる

学習する全単元・全授業の進め方が掲載されています。学級での日々の授業や参観日の授業，研究授業や指導計画作成等の参考にしていただけます。

本書の各単元の授業案の時数は，ほぼ教科書の配当時数にしてあります。

主体的・対話的な学びを深める授業ができる

各単元のはじめのページや，各授業案のページに，『主体的・対話的な深い学び』の欄を設けています。また，展開例の４コマの小見出しに，「読む」「音読する」「書く」「対話する」「発表する」「交流する」「振り返る」等を掲載し，児童の活動内容が一目で具体的に分かるように工夫しています。

1 時間の展開例や板書例を見開き 2 ページで説明

どのような発問や指示をすればよいか具体例が掲載されています。先生方の発問や指示の参考にして下さい。

実際の板書をイメージしやすいように，２色刷りで見やすく工夫しています。また，板書例だけでは細かい指導の流れが分かりにくいので，詳しく展開例を掲載しています。

DVD に菊池省三 授業実践の特別映像を収録

菊池省三の「対話・話し合いのある授業」についての解説付き授業映像を収録しています。映像による解説は分かりやすく，日々の授業実践のヒントにしていただけます。また，特別映像に寄せて，解説文を巻頭ページに掲載しています。

DVD 利用で，楽しい授業，きれいな板書づくりができる

授業で活用できる黒板掲示用イラストや児童用ワークシート見本を，単元内容に応じて収録しています。カードやイラストは黒板上での操作がしやすく，楽しい授業，きれいな板書づくりに役立ちます。

5年下（目次）

本書の使い方

◆板書例について

時間ごとに，教材名，本時のめあてを掲載しました。実際の板書に近づけるよう，特に目立たせたいところは，赤字で示したり，赤のアンダーラインを引いたりしています。DVD に収録されているカード等を利用すると，手軽に，きれいな板書ができあがります。

◆授業の展開について

① 1時間の授業の中身を3コマ～4コマの場面に切り分け，およその授業内容を表示しています。

②展開例の小見出しで，「読む」「書く」「対話する」「発表する」「振り返る」等，具体的な児童の活動内容を表しています。

③本文中の「　」表示は，教師の発問です。

④本文中の ・ 表示は，教師の発問に対する児童の反応等です。

⑤「　」や ・ がない文は，教師への指示や留意点などが書かれています。

⑥ ▭ の中に，教師や児童の顔イラスト，吹き出し，授業風景イラスト等を使って，授業の進め方をイメージしやすいように工夫しています。

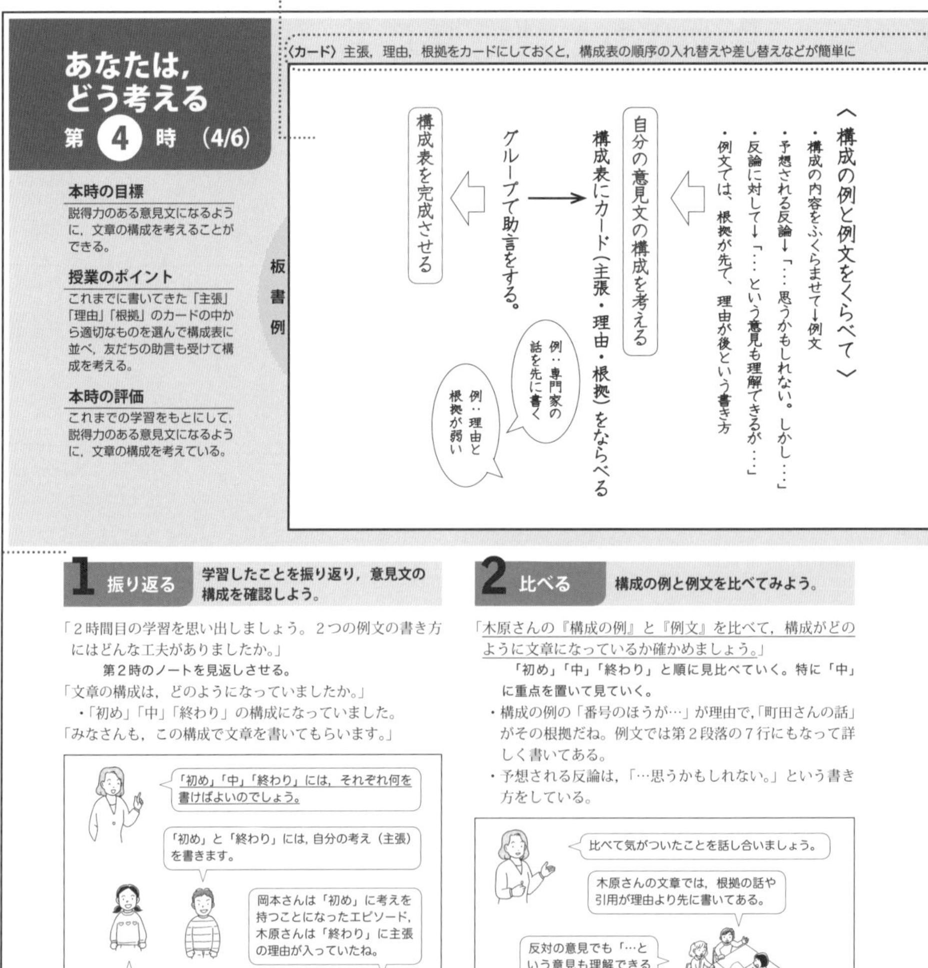

あなたは，どう考える
第 4 時 (4/6)
本時の目標
説得力のある意見文になるように，文章の構成を考えることができる。
授業のポイント
これまでに書いてきた「主張」「理由」「根拠」のカードの中から適切なものを選んで構成表に並べ，友だちの助言も受けて構成を考える。
本時の評価
これまでの学習をもとにして，説得力のある意見文になるように，文章の構成を考えている。
板書例
〈カード〉主張，理由，根拠をカードにしておくと，構成表の順序の入れ替えや差し替えなどが簡単に
〈構成の例と例文をくらべて〉
・構成の内容をふくらませて→例文
・予想される反論→「…思うかもしれない。しかし…」
・反論に対して→「…という意見も理解できるが…」
・例文では，根拠が先で，理由が後という書き方
自分の意見文の構成を考える
構成表にカード（主張・理由・根拠）をならべる
例：専門家の話を先に書く
例：理由と根拠が弱い
グループで助言をする。
構成表を完成させる
1 振り返る 学習したことを振り返り，意見文の構成を確認しよう。
「２時間目の学習を思い出しましょう。２つの例文の書き方にはどんな工夫がありましたか。」
第２時のノートを見返しさせる。
「文章の構成は，どのようになっていましたか。」
・「初め」「中」「終わり」の構成になっていました。
「みなさんも，この構成で文章を書いてもらいます。」
「初め」「中」「終わり」には，それぞれ何を書けばよいのでしょう。
「初め」と「終わり」には，自分の考え（主張）を書きます。
岡本さんは「初め」に考えを持つことになったエピソード，木原さんは「終わり」に主張の理由が入っていたね。
「中」は，主張の理由や根拠が具体例を挙げて詳しく説明する。
「中」には，予想される反対意見とそれに対する考えも入れる。
2 比べる 構成の例と例文を比べてみよう。
「木原さんの『構成の例』と『例文』を比べて，構成がどのように文章になっているか確かめましょう。」
「初め」「中」「終わり」と順に見比べていく。特に「中」に重点を置いて見ていく。
・構成の例の「番号のほうが…」が理由で，「町田さんの話」がその根拠だね。例文では第２段落の７行にもなって詳しく書いてある。
・予想される反論は，「…思うかもしれない。」という書き方をしている。
比べて気がついたことを話し合いましょう。
木原さんの文章では，根拠の話や引用が理由より先に書いてある。
反対の意見でも「…という意見も理解できるが」と全く否定していないところもあるね。
その後で「わかりやすさ」と「安全面」を対比させて主張を述べている。
112

◆スキルアップ一行文について

時間ごとに，授業準備や授業を進めるときのちょっとしたコツを掲載しています。

◆「主体的・対話的で深い学び」欄について

この授業で，「主体的・対話的で深い学び」として考えられる活動内容や留意点について掲載しています。

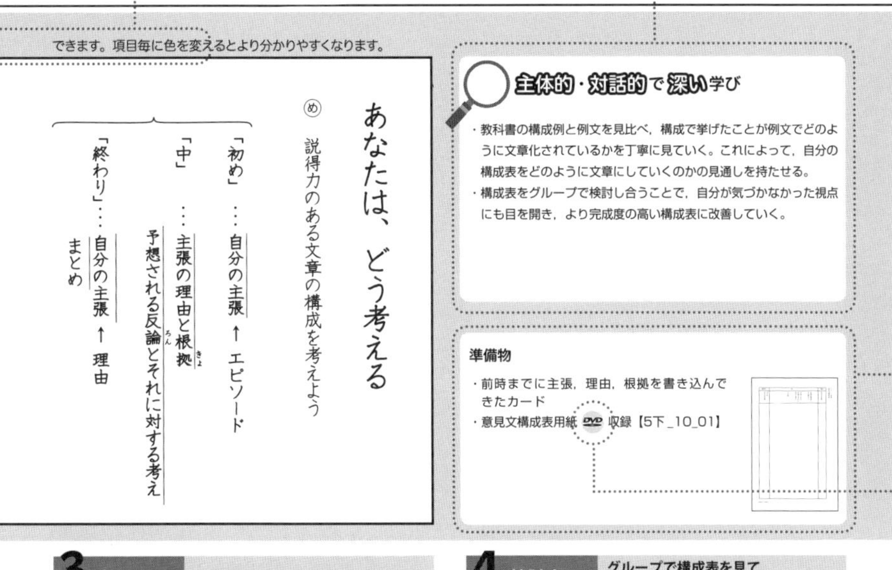

できます。項目毎に色を変えるとより分かりやすくなります。
あなたは、どう考える
め 説得力のある文章の構成を考えよう
「初め」…自分の主張 ← エピソード
「中」…主張の理由と根拠
予想される反論とそれに対する考え
「終わり」…自分の主張 ← 理由
まとめ
主体的・対話的で深い学び
・教科書の構成例と例文を見比べ，構成で挙げたことが例文でどのように文章化されているかを丁寧に見ていく。これによって，自分の構成表をどのように文章にしていくのかの見通しを持たせる。
・構成表をグループで検討し合うことで，自分が気づかなかった視点にも目を開き，より完成度の高い構成表に改善していく。
準備物
・前時までに主張，理由，根拠を書き込んできたカード
・意見文構成表用紙 DVD 収録【5下_10_01】

◆準備物について

1時間の授業で使用する準備物が書かれています。準備物の一部は，DVD の中に収録されています。準備物の数や量は，児童の人数やグループ数などでも異なってきますので，確認して準備してください。

◆本書付録 DVD について

（DVD の取り扱いについては，本書 P8，9に掲載しています）

DVD マークが付いている資料は，付録 DVD にデータ収録しています。授業のためのワークシート見本，黒板掲示用イラスト，板書作りに役立つカード，画像等があります。

3 考える 自分が書く意見文の構成を考えよう。

「自分の意見文の構成を考えます。特に，どの点をしっかり考えたらよいでしょう。」

・「中」が自分の主張に説得力を持たせるのに，特に大事だと思います。
・「中」で「理由」や「根拠」にどんなことを選ぶか。
・「理由」や「根拠」の並べ方も，説得力に関係してくるから，しっかり考えたい。

構成表に，選んだカードを並べて考える。

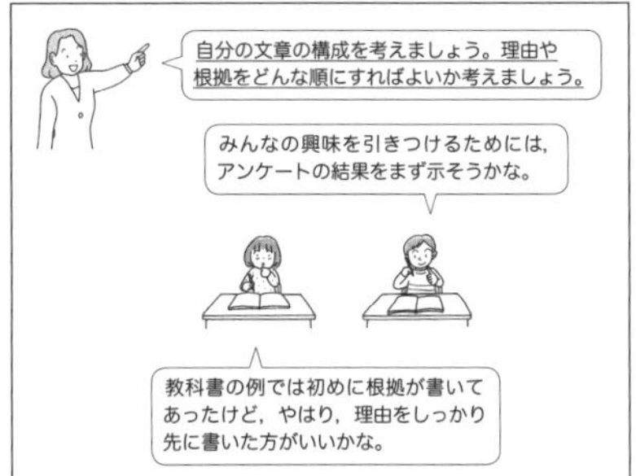

自分の文章の構成を考えましょう。理由や根拠をどんな順にすればよいか考えましょう。
みんなの興味を引きつけるためには，アンケートの結果をまず示そうかな。
教科書の例では初めに根拠が書いてあったけど，やはり，理由をしっかり先に書いた方がいいかな。

4 検討する グループで構成表を見て，助言し合おう。

1人ずつの構成表をみんなで見て，変えたらよいところがあれば助言しましょう。
この理由と根拠じゃ説得力が弱いよ。もっと他の理由は考えてないの？
予想される反論は，よく考えたね。それに対する考えも分かりやすい。
ここは，教科書のように，専門家の話を先に書いた方がいいと思うよ。

「友だちの助言や，そこから考えたことをもとにして，理由や根拠を見直して，最終決定しましょう。必要なことがあれば，さらに調べましょう。」

・集団登校についてどう思っているのか，いろいろな学年の人からアンケートをとってみよう。
・登校班があったらいいという理由に，一緒に遊んだりして仲良くなれることを入れよう。

書き込んできているカードの修正や追加をする。

あなたは，どう考える　113

◆赤のアンダーラインについて

本時の展開でとくに大切な発問や留意点にアンダーラインを引いています。

付録ＤＶＤ－ＲＯＭについて

DVD の利用で，楽しい授業・わかる授業ができます。きれいな板書づくりや授業準備に，とても役立ちます。

◆ＤＶＤ－ＲＯＭの内容について

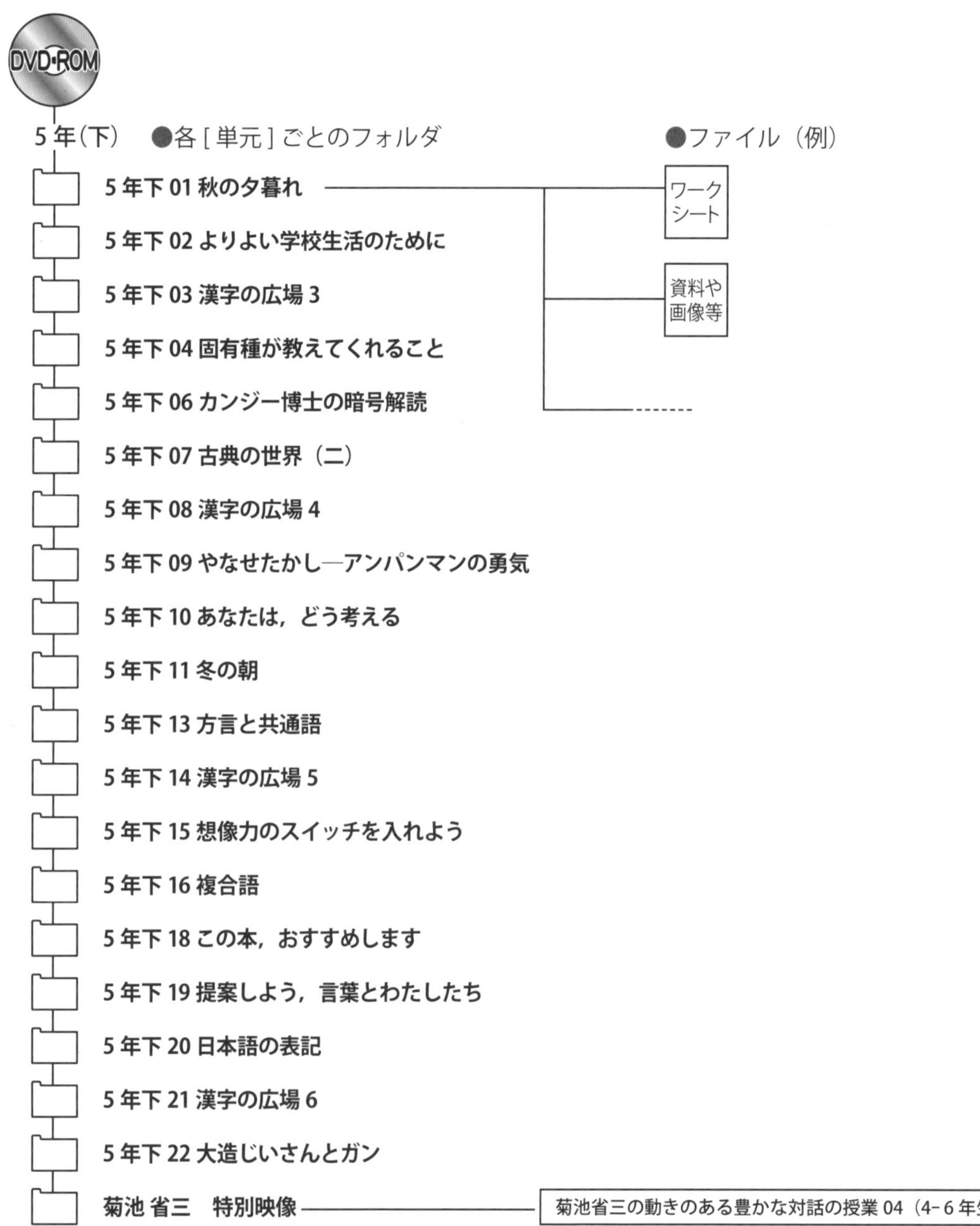
DVD-ROM
5 年（下）
●各 [単元] ごとのフォルダ
●ファイル（例）
5 年下 01 秋の夕暮れ
ワークシート
資料や画像等
5 年下 02 よりよい学校生活のために
5 年下 03 漢字の広場 3
5 年下 04 固有種が教えてくれること
5 年下 06 カンジー博士の暗号解読
5 年下 07 古典の世界（二）
5 年下 08 漢字の広場 4
5 年下 09 やなせたかし―アンパンマンの勇気
5 年下 10 あなたは，どう考える
5 年下 11 冬の朝
5 年下 13 方言と共通語
5 年下 14 漢字の広場 5
5 年下 15 想像力のスイッチを入れよう
5 年下 16 複合語
5 年下 18 この本，おすすめします
5 年下 19 提案しよう，言葉とわたしたち
5 年下 20 日本語の表記
5 年下 21 漢字の広場 6
5 年下 22 大造じいさんとガン
菊池 省三　特別映像
菊池省三の動きのある豊かな対話の授業 04（4- 6 年生）

◆使用上のご注意

このＤＶＤ－ＲＯＭはパソコン専用となっております。DVD プレイヤーでの再生はできません。
ＤＶＤプレイヤーで再生した場合，DVD プレイヤー及び，ＤＶＤ－ＲＯＭが破損するおそれがあります。
※ OS 以外に，ファイルを再生できるアプリケーションが必要となります。
PDF ファイルは Adobe Acrobat および Adobe Reader5.0 以降で開くことができます。

【その他】

このＤＶＤ－ＲＯＭに収録されている動画の中で，各単元フォルダ内の動画には，音声は含まれておりません。
プロジェクターや TV モニターで投影する場合は，各機器および使用しているパソコンの説明書を参照してください。

◆動作環境　Windows

【CPU】　Intel®Celeron®M プロセッサ 360J1.40GHz 以上推奨
【空メモリ】　256MB 以上（512MB 以上推奨）
【ディスプレイ】　解像度 640 × 480，256 色以上の表示が可能なこと
【OS】　Microsoft windows XP 以上
【ドライブ】　ＤＶＤ－ＲＯＭドライブ

上記のハードウエア，OS，ソフト名などは , 各メーカーの商標 , または登録商標です。

※ファイルや画像を開く際に時間がかかる原因の多くは，コンピュータのメモリ不足が考えられます。
詳しくは，お使いのコンピュータの取扱説明書をご覧ください。

◆複製，転載，再販売について

本書付属ＤＶＤ－ＲＯＭのご使用により生じた損害，障害，被害，その他いかなる事態について著者及び弊社は一切の責任を負いません。
ご不明な場合は小社までお問い合わせください。

◆お問い合わせについて

本書付録ＤＶＤ－ＲＯＭ内のプログラムについてのお問い合わせは，メール，FAX でのみ受け付けております。
メール：kirakuken@yahoo.co.jp
ＦＡＸ：075-213-7706
紛失・破損されたＤＶＤ－ＲＯＭや電話でのサポートは行っておりませんので何卒ご了承ください。
アプリケーションソフトの操作方法については各ソフトウェアの販売元にお問い合せください。小社ではお応えいたしかねます。

【発行元】
株式会社喜楽研（わかる喜び学ぶ楽しさを創造する教育研究所：略称）
〒 604-0827 京都市中京区高倉通二条下ル瓦町 543-1　　TEL：075-213-7701　FAX：075-213-7706

対話・話し合いのある授業に，一歩踏み出そう

菊池　省三

教育の世界は，「多忙」「ブラック」と言われています。不祥事も後を絶ちません。

しかし，多くの先生方は，子どもたちと毎日向き合い，その中で輝いています。やりがいや生きがいを感じながら，がんばっています。

このことは，全国の学校を訪問して，私が強く感じていることです。

先日，関西のある中学校に行きました。明るい笑顔あふれる素敵な学校でした。

3年生と授業をした後に，「気持ちのいい中学生ですね。いい学校ですね」

と話した私に，校長先生は，

「私は，子どもたちに支えられています。子どもたちから元気をもらっているのです。我々教師は，子どもたちと支え合っている，そんな感じでしょうか」

と話されました。なるほどと思いました。

四国のある小学校で，授業参観後に，

「とてもいい学級でしたね。どうして，あんないい学級が育つのだろうか」

ということが，参観された先生方の話題になりました。担任の先生は，

「あの子たち，とてもかわいいんです。かわいくて仕方ないんです」

と，幸せそうな笑顔で何度も何度も話されていました。

教師は，子どもたちと一緒に生きているのです。担任した1年間は，少なくとも教室で一緒に生きているのです。

このことは，とても尊いことだと思います。「お互いに人として，共に生きている」……こう思えることが，教師としての生きがいであり，最高の喜びだと思います。

私自身の体験です。数年前の出来事です。30年近く前に担任した教え子から，素敵なプレゼントをもらいました。ライターになっている彼から，「恩師」である私の本を書いてもらったのです。たった1年間しか担任していない彼からの，思いがけないプレゼントでした。

教師という仕事は，仮にどんなに辛いことがあっても，最後には「幸せ」が待っているものだと実感しています。

私は，「対話・話し合い」の指導を重視し，大切にしてきました。

ここでは，その中から6つの取り組みについて説明します。

1. 価値語の指導

荒れた学校に勤務していた20数年前のことです。私の教室に参観者が増え始めたころです。ある先生が，

「菊池先生のよく使う言葉をまとめてみました。菊池語録です」

と，私が子どもたちによく話す言葉の一覧を見せてくれました。

子どもたちを言葉で正す，ということを意識せざるを得なかった私は，どちらかといえば父性的な言葉を使っていました。

一人でいる力
を
高めよう!!

・私，します。
・やる気のある人だけでします。
・心の芯をビシッとしなさい。
・何のために小学生をしているのですか。
・さぼる人の2倍働くのです。
・恥ずかしいと言って何もしない。
　それを恥ずかしいというんです。

といった言葉です。

このような言葉を，私だけではなく子どもたちも使うようになりました。

価値語の誕生です。

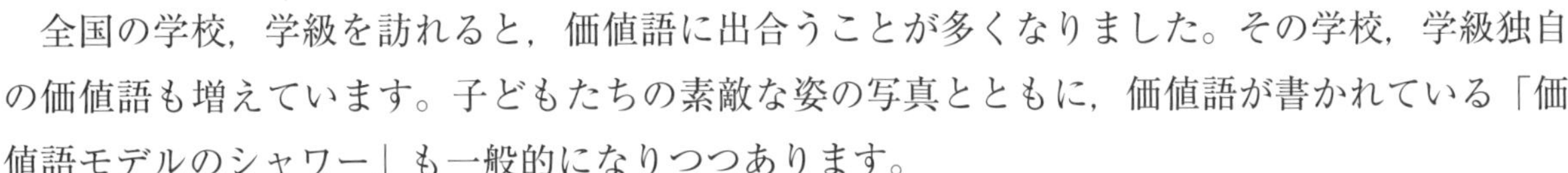

全国の学校，学級を訪れると，価値語に出合うことが多くなりました。その学校，学級独自の価値語も増えています。子どもたちの素敵な姿の写真とともに，価値語が書かれている「価値語モデルのシャワー」も一般的になりつつあります。

言葉が生まれ育つ教室が，全国に広がっているのです。

教師になったころに出合った言葉があります。大村はま先生の「ことばが育つとこころが育つ　人が育つ　教育そのものである」というお言葉です。忘れてはいけない言葉です。

「言葉で人間を育てる」という菊池実践の根幹にあたる指導が，この価値語の指導です。

2.　スピーチ指導

私は，スピーチ指導からコミュニケーション教育に入りました。自己紹介もできない6年生に出会ったことがきっかけです。

お師匠さんでもある桑田泰助先生から，

「スピーチができない子どもたちと出会ったんだから，1年かけてスピーチができる子どもに育てなさい。走って痛くなった足は，走ってでしか治せない。挑戦しなさい」

という言葉をいただいたことを，30年近くたった今でも思い出します。

私が，スピーチという言葉を平仮名と漢字で表すとしたら，

『人前で，ひとまとまりの話を，筋道を立てて話すこと』

とします。

そして，スピーチ力を次のような公式で表しています。

『スピーチ力＝（内容＋声＋表情・態度）×思いやり』

このように考えると，スピーチ力は，やり方を一度教えたからすぐに伸びるという単純なものではないと言えます。たくさんの

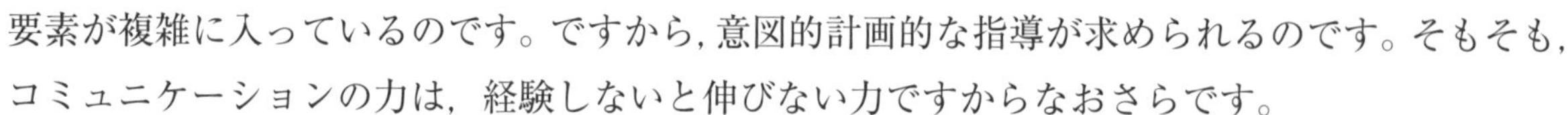

要素が複雑に入っているのです。ですから，意図的計画的な指導が求められるのです。そもそも，コミュニケーションの力は，経験しないと伸びない力ですからなおさらです。

私が，スピーチ指導で大切にしていることは，「失敗感を与えない」ということです。学年が上がるにつれて，表現したがらない子どもが増えるのは，過去に「失敗」した経験があるからです。ですから，

「ちょうどよい声で聞きやすかったですよ。安心して聞ける声ですね」

「話すときの表情が柔らかくて素敵でした。聞き手に優しいですね」

などと，内容面ばかりの評価ではなく，非言語の部分にも目を向け，プラスの評価を繰り返すことが重要です。適切な指導を継続すれば必ず伸びます。

3. コミュニケーションゲーム

私が教職に就いた昭和50年代は，コミュニケーションという言葉は，教育界の中ではほとんど聞くことがありませんでした。「話し言葉教育」とか「独話指導」といったものでした。

平成になり，「音声言語指導」と呼ばれるようになりましたが，その多くの実践は音読や朗読の指導でした。

そのような時代から，私はコミュニケーションの指導に力を入れようとしていました。しかし，そのための教材や先行実践はあまりありませんでした。私は，多くの書店を回り，「会議の仕方」「スピーチ事例集」といった一般ビジネス書を買いあさりました。指導のポイントを探すためです。

しかし，教室で実践しましたが，大人向けのそれらをストレートに指導しても，小学生には上手くいきませんでした。楽しい活動を行いながら，その中で子どもたち自らが気づき発見していくことが指導のポイントだと気がついていきました。子どもたちが喜ぶように，活動をゲーム化させる中で，コミュニケーションの力は育っていくことに気づいたのです。

例えば，対決型の音声言語コミュニケーションでは，

・問答ゲーム（根拠を整理して話す）

・友だち紹介質問ゲーム（質問への抵抗感をなくす）

・でもでもボクシング（反対意見のポイントを知る）

といった，対話の基本となるゲームです。朝の会や帰りの会，ちょっとした隙間時間に行いました。コミュニケーション量が，「圧倒的」に増えました。

ゆるやかな勝ち負けのあるコミュニケーションゲームを，子どもたちは大変喜びます。教室の雰囲気がガラリと変わり，笑顔があふれます。

4. ほめ言葉のシャワー

菊池実践の代名詞ともいわれている実践です。30年近く前から行っている実践です。

2012年にNHK「プロフェッショナル仕事の流儀」で取り上げていただいたことをきっかけに，全国の多くの教室で行われているようです。

「本年度は，全校で取り組んでいます」

「教室の雰囲気が温かいものに変わりました」

「取り組み始めて5年が過ぎました」

といった，うれしい言葉も多く耳にします。

また，実際に訪れた教室で，ほめ言葉のシャワーを見せていただく機会もたくさんあります。どの教室も笑顔があふれていて，参観させていただく私も幸せな気持ちになります。

最近では，「ほめ言葉のシャワーのレベルアップ」の授業をお願いされることが増えました。

下の写真がその授業の板書です。内容面，声の面，表情や態度面のポイントを子どもたちと考え出し合って，挑戦したい項目を自分で決め，子どもたち自らがレベルを上げていくという授業です。

どんな指導も同じですが，ほめ言葉のシャワーも子どもたちのいいところを取り上げ，なぜいいのかを価値づけて，子どもたちと一緒にそれらを喜び合うことが大切です。

どの子も主人公になれ，自信と安心感が広がり，絆の強い学級を生み出すほめ言葉のシャワーが，もっと多くの教室で行われることを願っています。

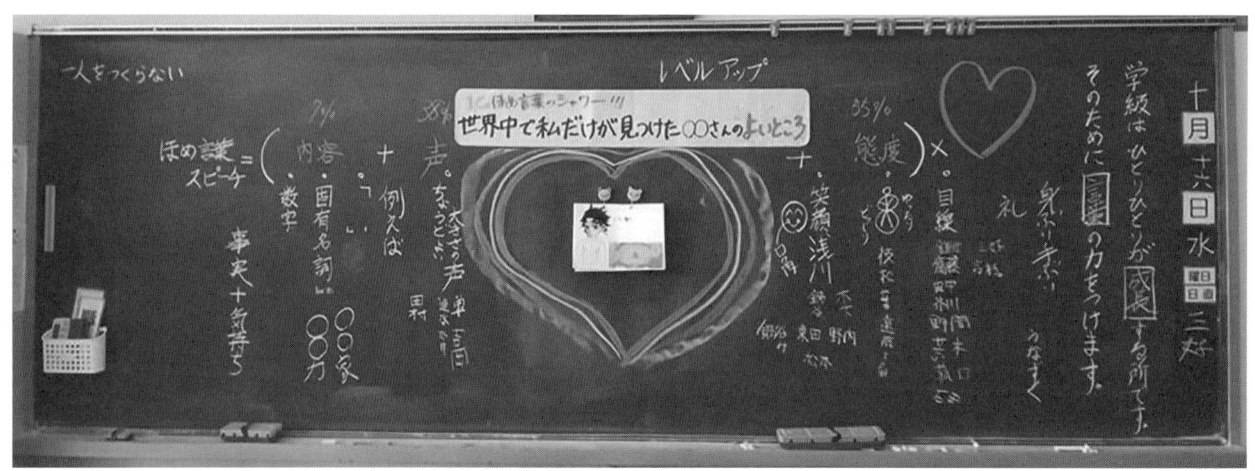
十月十六日水
学級はひとりひとりが成長する所です。
そのために言葉の力をつけます。
レベルアップ
世界中で私だけが見つけた○○さんのよいところ
一人をつくらない
ほめ言葉スピーチ＝（内容＋声＋態度）×
事実＋気持ち
例えば
笑顔
礼
うなずく

5. 対話のある授業

菊池実践の授業の主流は，対話のある授業です。具体的には，

・自由な立ち歩きのある少人数の話し合いが行われ

・黒板が子どもたちにも開放され

・教師が子どもたちの視界から消えていく

授業です。教師主導の一斉指導と対極にある，子ども主体の授業です。

私は，対話の態度目標を次の３つだと考えています。

① しゃべる

② 質問する

③ 説明する

それぞれの技術指導は当然ですが，私が重視しているのは，学級づくり的な視点です。以下のような価値語を示しながら指導します。

「あたたかいほめ合いが
34人でできる学級
「聞き合える話し合いが
34人でできる学級

例えば，

・自分から立ち歩く

・一人をつくらない

・男子女子関係なく

・質問は思いやり

・笑顔でキャッチボール

・人と論を区別する

などです。

対話のある授業は，学級づくりと同時進行で行うべきだと考えているからです。技術指導だけでは，豊かな対話は生まれません。形式的で冷たい活動で終わってしまうのです。

学級づくりの視点を取り入れることで，子どもたちの対話の質は飛躍的に高まります。話す言葉や声，表情，態度が，相手を思いやったものになっていきます。聞き手も温かい態度で受け止めることが「普通」になってきます。教室全体も学び合う雰囲気になってきます。学び合う教室になるのです。

正解だけを求める授業ではなく，新たな気づきや発見を大事にする対話のある授業は，学級づくりと連動して創り上げることが大切です。

6. ディベート指導

私の学級の話し合いは，ディベート的でした。

私は，スピーチ指導から子どもたちの実態に合わせて，ディベート指導に軸を移してきました。その理由は，ディベートには安定したルールがあり，それを経験させることで，対話や話し合いに必要な態度や技術の指導がしやすいからです。

私は，在職中，年に2回ディベート指導を計画的に行っていました。

1回目は，ディベートを体験することに重きを置いていました。1つ1つのルールの価値を，学級づくりの視点とからめて指導しました。

例えば，「根拠のない発言は暴言であり，丁寧な根拠を作ることで主張にしなさい」「相手の意見を聞かなければ，確かな反論はできません。傾聴することが大事です」「ディベートは，意見をつぶし合うのではなく，質問や反論をし合うことで，お互いの意見を成長させ合うのです。思いやりのゲームです」といったことです。これらは，全て学級づくりでもあります。

2回目のディベートでは，対話の基礎である「話す」「質問する」「説明する（反論し合う）」ということの，技術的な指導を中心に行いました。

例えば，「根拠を丁寧に作ります。三角ロジックを意識します」「連続質問ができるように。論理はエンドレスです」「反論は，きちんと相手の意見を引用します。根拠を丁寧に述べます」といった指導を，具体的な議論をふまえて行います。

このような指導を行うことで，噛み合った議論の仕方や，その楽しさを子どもたちは知ります。そして，「意見はどこかにあるのではなく，自分（たち）で作るもの」「よりよい意見は，議論を通して生み出すことができる」ということも理解していきます。知識を覚えることが中心だった今までの学びとは，180度違うこれからの時代に必要な学びを体験することになります。個と集団が育ち，学びの「社会化」が促されます。

ディベートの持つ教育観は，これからの時代を生きる子どもたちにとって，とても重要だと考えています。

【4年生の授業】

4年生は，一人一人の違いを出し合い認め合う場面が中心の授業です。

そもそも教室にはいろんな子どもがいます。一人一人違います。ということは，教室はその一人一人の違いをお互いが出し合って，それらを認め合うところであるべきです。そして，みんなで高まっていく，成長し合っていく，そういうところであるべきです。教室は，そのような場であると私は思っています。

本DVDでは，授業の最後に振り返りをさせることによって，教室にはいろんな友達が集まっているということの意味や価値を子どもたちにも理解させようとしています。

器
アイデア
一人をつくらない
男子 女子 関係なく
えがおで話し合い

対話・話し合いの場面では，自由な立ち歩きのある交流活動を取り入れ，「ひとりひとりちがっていい」ということを確認した上で，

・1人をつくらない。
・男子・女子，関係なく行う。
・笑顔で楽しむ。

このようなポイントを押さえ，一人一人が違うからこそ，さまざまなアイデアが生まれるということを体験させ，そういった学び合いのよさを子どもたちに伝えようとしています。

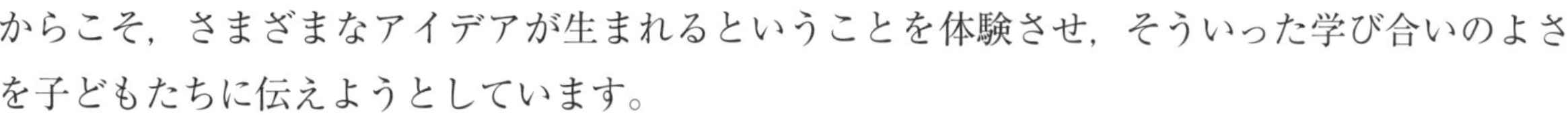

授業の最後には，「2分の1成人式」を迎える子どもたちに，「今の自分，これからの自分，いろんな人がいるからこそお互いが成長し合うことができる」といったことの意味を考えさせています。

このような価値ある学びを生み出す鍵となるのが，コミュニケーションであり，対話・話し合いであると思います。授業をとおして，「意味ある対話・話し合いを教室の中に広げてほしい」といった思いを子どもたちに伝えています。

自分たちの生活を豊かなものにするために，対話・話し合いを大切にしようとする子どもを育てたいものです。

【5 年生の授業】

5 年生は,「学級マスコットづくり」という活動を通して，共同的な学びを笑顔で楽しんでいる授業です。

この授業は,「グループ→全体」という展開で進めています。

最初のマスコット作りは，グループです。

まず，各自が自分の好きな目を A3 用紙にそれぞれが描いて，時計回りにその紙をグループ内で回していき，鼻，口と順々に，回ってきたマスコットの原型にそれらの体の部位を描いていくといった学習の流れになります。

嫌でも，前の友達の作品を受けて，自分の絵を描いていくわけですから，そこには自然と笑顔があふれ，楽しい会話も生まれ，温かい共同的な学びが成立し始めます。予想外の展開を子どもたちは楽しみます。

その後，各班で一つ代表作品を話し合って選ばせます。そして，その作品の名前をみんなで話し合いを通して考えさせます。つまり，少人数の話し合いを二回仕組んでいます。楽しさの中にも対話のある学びを成立させています。

次は，各グループの全体での発表です。各グループの代表者が，全体の前で選んだマスコットを発表するのです。

このような楽しい活動を伴った学びであっても，全体の場では自分を表現することが苦手な子どももいます。そこで,「私，します」といった価値語を子どもたちに植林します。自分から取り組む，自分たちで取り組む，そういった主体的な学びを大切にしているからです。

対話・話し合いは，自然発生的にはなかなか生まれません。教師の意図的な仕掛けによって，子どもたちは自ら対話・話し合いに向かっていくのです。このような指導を行うことも，教師の大切な役割だと思っています。これからの授業では，教師はファシリテーターとしての役割が求められているのです。

【6年生の授業】

6年生は，ディベート的な対立のある対話・話し合いの授業です。

授業は，文学作品の読解です。『主人公のクルルの気持ちが，がらりと変わったところはどこか』という問いで，対話・話し合いを行っています。主人公の気持ちが変わったクライマックスの場面を子どもたちに考えさせている授業です。

この教師からの問いで，子どもたちの考えは分裂します。だから，対話･話し合いがそこで生まれます。友達と意見が違うということで，お互いの考えをきちんと理解し合う必要が出てきます。そのままでは，意見が噛み合わず，対話・話し合いが成立しないからです。そこで，子どもたちの中に質問という活動が生まれます。そして，お互いの考えが分かったら，次は反論という授業展開になります。

このような，自分の立場を決め，相手の意見を理解し，違いを反論し合う（説明し合う）という活動を行うことによって，お互いが理解を深めていく学びが成立すると考えています。この授業では，そういった学習の展開をめざしました。

本DVDのような授業を繰り返すことによって，「違いを恐れることなく意見の違いを出し合い，そしてお互いが納得し合う」といった深い学び合いに，子どもたちは自ら近づいていこうとします。

対話・話し合いの面白さや楽しさは，このようなお互いの対立する意見を戦わせるところにあると思います。相手の意見を否定するのではなく，相手の考えのよさを知り，一緒に深め合っていく学びです。

今，主体的・対話的で深い学びということがさかんに言われています。新たな気づきや発見を求めていくこのような授業が，今後ますます大切になっていくのではないかと思っています。

まるごと授業

国語5年(下)

季節の言葉

秋の夕暮れ

全授業時間２時間

◉ 指導目標 ◉

・親しみやすい古文を音読するなどして，言葉の響きやリズムに親しむことができる。
・目的や意図に応じて，感じたことや考えたことなどから書くことを選ぶことができる。

◉ 指導にあたって ◉

① 教材について

「春」「夏」と続いてきた「季節の言葉」の第３回目です。「枕草子」と秋を表す言葉，俳句，写真を配した構成は，前の２回と同じですので，児童にとっては，取り組みやすいでしょう。

「枕草子」は，春夏秋冬のそれぞれの風景を感性豊かに切り取って，文章に表しています。文語調で表現された文章は，リズム感を楽しみながら季節を感じることもできます。音読や暗唱をさせ，「枕草子」を参考に児童自ら秋らしさを表す文章を書くことで，言葉が表す感覚や様子を一層理解することができます。

教科書に掲載されている秋らしさを表す季節感あふれた言葉は，俳句の季語になっているものも多く，イメージ豊かに扱いたいものです。

② 主体的・対話的で深い学びのために

「秋」についての対話や交流を通して，「秋」のイメージと秋の捉え方を広げます。児童の生活や環境の変化で，季節を感じられる場も狭まってきています。それを補足するために画像を活用するのも一つの方法です。

これらの学習を通して児童がいかに豊かに「秋」が感じられるかが，次の文章表現に繋がっていきます。書いた文章を読み合い感想を交流することで，様々な秋の感じ方に触れ，自分が気づかなかった「秋」を感じさせ，味わわせたいものです。

◉ 評価規準 ◉

知識 及び 技能	親しみやすい古文を音読するなどして，言葉の響きやリズムに親しんでいる。
思考力，判断力，表現力等	「書くこと」において，目的や意図に応じて，感じたことや考えたことなどから書くことを選んでいる。
主体的に学習に取り組む態度	積極的に言葉の響きやリズムに親しみ，学習課題に沿って，秋らしいものや様子を文章に書こうとしている。

◉ 学習指導計画　全２時間 ◉

次	時	学習活動	指導上の留意点
1	1	・自分が感じた「秋」を発表し，教科書で学習課題を確かめる。 ・「枕草子」を音読し，現代語訳と対照して内容をつかむ。 ・「枕草子」作者の秋の見方，感じ方について話し合う。 ・教科書に載っている秋を表す言葉などから，秋を味わう。	・対話や交流で「秋らしさ」のイメージを広げて行く。 ・枕草子の文と現代語訳とを対照させるときは，少しずつ区切って対照させ，難語句の意味も，その時に理解させておく。 ・写真等を活用して，言葉の表す季節感について補説する。
	2	・「秋らしさ」を感じた経験を出し合い，文章を書くための準備をさせる。 ・「枕草子」を参考に，文の書き方を知る。 ・自分が感じた秋らしいものや様子について文章に書く。 ・書いたものを読み合い，交流する。	・気候，風景，植物など様々な様子から秋らしさを感じ取って選ばせる。 ・「枕草子」については，主に２つの内容で文章が構成され，結論を書いた後にその理由が具体的に書かれていることを分からせる。 ・書くことが苦手な児童には，例文を提示し，イメージをもたせる。

DVD **収録（画像，黒板掲示用カード見本）**※本書 P28, 29 に掲載しています。

秋の夕暮れ

第 1 時 (1/2)

本時の目標

「枕草子」や「秋の言葉」などから「秋」に対する見方や感じ方，表現された季節感を味わうことができる。

授業のポイント

古文に表現された季節感は，現代では味わい難くなっていることもある。写真や映像なども活用しながら，季節感を味わわせたい。

本時の評価

「枕草子」や「秋の言葉」などから「秋」に対する見方や感じ方，季節感を味わっている。

〈古文の時代と現代〉古文に表されている情景が，今は体感できないこともあります。写真，絵画

板書例

枕草子　清少納言

☆読んで，内容をたしかめよう。

「秋は夕暮れ」
・からすがねぐらへ…あはれなり
・かりなどのつらねたるが…いとをかし
・日入り果てて…風の音…言ふべきにあらず

（こんな夕暮れがいい。）
（静か，虫の声，いい。）
（雁（かり）がとぶ，見てみたい。）

秋を想像する
・日が短く　↑　さみしい感じ
・空気がすんで，きれい　↑　好き
・「行く秋」↑　いい感じ

※児童の発言を板書する。

1 交流する　自分が感じた「秋」を発表しよう。

秋を表す画像を１枚見せる。

「この写真の季節は，いつだと思いますか。」
・秋です。

秋らしいな」と感じることや，「秋のこんなところが好き」というところを思い出しましょう。

秋は，やっぱり紅葉です。とてもきれいだから。
「秋」と言えば食べ物かな。栗やぶどうや柿などたくさんあります。

スポーツの秋，読書の秋，いろいろなことができるからいいね。

出された意見をジャンルごとに板書する。

「教科書の最初の３行を読んで，どんなことを勉強するのか確かめましょう。」
・また，枕草子を読むのだね。
・秋らしいものや様子を文章に書きます。

2 音読する つかむ　「枕草子」を音読し，現代語訳と対照して内容をつかもう。

「まず先生が読んでいきます。『秋は夕暮れ。…』」

まず教師が範読し，その後，一人読み，グループ読みなど変化を加えて何度か音読させ，スムーズに読めるようにする。

「意味の分からない言葉はありましたか。」
・「まいて雁」って，何？
・「いとをかし」って，何のことかわからない。

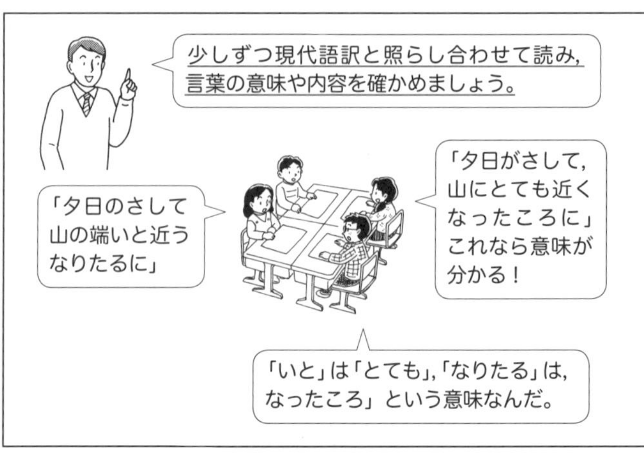

少しずつ現代語訳と照らし合わせて読み，言葉の意味や内容を確かめましょう。
「夕日のさして山の端いと近うなりたるに」
「夕日がさして，山にとても近くなったころに」これなら意味が分かる！
「いと」は「とても」，「なりたる」は，なったころ」という意味なんだ。

原文と現代語訳を交互に追い読みし，「いと」「あはれなり」「まいて」などの難語句の説明を加える。

などで補足したり，文を丁寧に読むことでイメージさせていきます。

秋の夕暮れ

(め) 秋を表した文章や言葉などから、秋を感じ取ろう

※画像を貼る。

自分が感じた秋

〈食べ物〉くり　ぶどう　かき
〈自然〉紅葉　月
〈生き物〉すず虫　こおろぎ
〈行事〉スポーツの秋

主体的・対話的で深い学び

- 自分の生活体験と結び合わせて，秋を感じさせる。
- 「枕草子」は，現代語訳と丁寧に対照させながら，読みとらせていく。
- 児童の生活体験だけでは足りない部分は，画像なども活用して補足していく。
- 本稿の展開では十分入れられなかったが，時間が取れるようなら，2つの俳句をもう少しじっくりと読みとり感じ取らせたい。

準備物

- 画像（紅葉　コスモス　アキアカネ　満月　上弦の月　下弦の月 DVD 収録【5下_01_01～06】）

3 対話する　作者の「秋」に対する見方や感じ方を話し合おう。

「清少納言は，春，夏ではそれぞれどんなところ（何）がよいと書いていましたか。」
- 春は，「あけぼの」でした。
- 夏は，「夜」でした。

「秋は，どうでしょう。」
- 秋は，「夕暮れ」とあります。

作者は，『夕暮れ』のどんなところがよいと感じていますか。
烏がねぐらに急いで飛んでいく様子がしみじみとしていい。
雁などが，列を作ってとても小さく見える様子も味わい深いと書いている。
日が沈んでから，風の音や虫の音などがすることも。

「みんなは，秋の夕暮れをどう感じますか。」
- わたしは，こんな夕暮れがいいなと思います。
- 静かな中で虫の鳴き声が聞こえてきたらいいね。
- 雁が飛ぶのは見たことがない。見てみたいな。

4 想像する 味わう　「秋」を表す言葉から，季節感を味わおう。

「P127 の秋を表す言葉や俳句を読んでみましょう。」

各自で声に出して読ませ，その後，みんなで斉読させる。俳句の意味は確かめる。

- 「月」を表す言葉ってたくさんあるんだね。
- 意味の分からない言葉もある。

どんな様子を表す言葉か，意味を確かめる。

P127 の言葉，俳句，写真などから秋の様子を想像しましょう。

秋って，空気が澄んできれいだね。わたしは，秋の空が好き。

秋の終わりって，日も短くなってきて，何だか寂しい気分になるよね。
秋の終わりを表す言葉もいろいろあるね。「行く秋」っていい感じだ。

DVD に収録した秋の画像も見せて活用する。

秋の夕暮れ

第2時　(2/2)

本時の目標

自分が感じた「秋」について，見たものやかんじたことを文章に書き表すことができる。

授業のポイント

文章の書き方は，どのような表現にしてもよいことにする。「枕草子」の文章の型にあてはめて書くのも，1つの方法として提示する。

本時の評価

自分が感じた「秋」について，伝えたいことを明確にして文章を書いている。

板書例

〈参考文型〉参考となる文章の型に当てはめて書かせる（ここでは枕草子）のも，文章表現の１つの

その理由　いろいろな例

☆「よい」を表す言葉

しみじみと感じる　味わい深い

すばらしい　ここちよい　すがすがしい

など

〈自分が感じた「秋」を書く〉

・秋らしいものや様子

・自由に表現（枕草子と同じ書き方、他の書き方）

※黒板掲示用カードを貼る。

【例文】
秋は、夕焼け。空を赤く染めた太陽が西の山にしずんでいくのは、しみじみとしたものが感じられる。雲の色、山の明るさが変わっていく様子も、言い表しようがなくよい。

〈文章を読み合う〉

・読んだ感想を伝え合う。

1　思い出す　いつ，どんなことで秋らしい様子を感じたか，思い出そう。

「前の時間に，どんな秋を思い浮かべましたか。」
- 秋の夜。空気が澄んで月がきれい。
- おいしそうな食べ物がいっぱい。
- 夕暮れの空に，鳥が飛んでいく。

前時の復習を兼ねて，様々な秋をイメージさせる。

いつ，どこで，どんなことで，「秋らしい」と感じましたか。思い出しましょう。
真ん丸のお月様が，秋は一段と大きく見えるよ。
通学路にあるイチョウの木も黄色に色づいてきている。
近所の田の稲が大きくなって，穂が垂れてきたときに感じたわ。
お店屋さんに，柿や栗や梨がいっぱい並んでいる。

「その時に感じたこともメモをしておきましょう。」
- 黄色に色づいて，とてもきれいだと思った。

2　確かめる　「枕草子」は，どのような文章の書き方をしているだろう。

枕草子は，秋のよさについて，どのような書き方をしていますか。

はじめに「秋は,○○」と短く書いて，その後に理由が書いてあります。
「春」や「夏」も同じ書き方だったね。秋のよさが，いろいろ例を挙げて書かれている。
秋らしいものや様子をほめる文にしたらいいんだね。

「他に気づいたことはありませんか。」
- 「よい」ということが，「あはれ」「をかし」など，いろいろな言い方で表されています。

「そうですね。秋の『よい』を表せる他にどんな言葉があるでしょう。」
- 味わい深い。しみじみと感じる。
- すばらしい。心地よい。すがすがしい。

練習になるでしょう。次の段階で，自分の表現方法を工夫させます。

秋の夕暮れ

Ⓜ 自分が感じる「秋」を書き表し、読み合って交流しよう

〈秋を感じたとき〉
・通学路のイチョウの葉が色づく
・お月さんが大きく
・「かき」や「くり」がならぶ店先

〈枕草子の文章〉
・秋は〇〇。
←

※児童の発言を板書する。

主体的・対話的で深い学び

・文章を書く前段として，展開1で「秋らしい」と感じた場面を多く出し合わせ，「秋」のイメージを広げさせておく。
・文章は，枕草子の書き方を基本として，その発展型として，俳句や自由な表現方法を考えさせる。
・書いた文章を読み合い感想を交流することで，様々な秋の感じ方に触れ，自分が気づかなかった「秋」を感じさせたい。

準備物

・画像（クリ　彼岸花　柿 DVD 収録【5下_01_07～09】）
・黒板掲示用カード DVD 収録【5下_01_10】

3 書く　自分が感じた「秋」を書こう。

「『秋』について，自分が見た様子や感じたことを文章に書きます。枕草子と同じ書き方でも，もっと違う書き方でも，どのような表現の仕方でもいいですよ。」
・わたしは，枕草子の書き方がいいな。
・ぼくは，俳句にして書いてみようかな。
・思いついたことを自由に書いてみたい。

例文も参考にして文章を書いてみましょう。
空には，三日月が出て，星もいっぱい見えた。近くの草むらで虫の音が聞こえる。

秋は，青空。真っ青な空に白い雲が浮かぶ･･･

【例文】秋は，夕焼け。空を赤く染めた太陽が西の山にしずんでいくのは，しみじみとしたものが感じられる。雲の色，山の明るさが変わっていく様子も，言い表しようがなくよい。

歳時記や写真などを参考に準備するのもよい。

4 交流する　書いた文章を読み合い，感想を交流しよう。

グループで，書いた文章を読み合う。聞いた文章に絵を描いて添えるなど，後の交流も工夫できる。

友だちは，それぞれ何に秋を感じていましたか。読み合った感想を伝えましょう。
鈴虫やコオロギの鳴き声のよさは，ぼくも同じようなことを感じました。

大川さんは，夕焼け空が大好きなのね。景色が目に浮かぶようだわ。
自分はすぐ食べ物に目が行ってしまうけど，読書の秋もいいね。

「グループから１人ずつ，全体でも発表しましょう。」
・秋の夜は，特別だ。夜空に大きく輝く満月は･･･
・秋って，夏とは違うよさがあるんだなあ。
「季節の移り変わりに目を向けると，今まで気づかなかった新しい発見がありますね。」

DVD 収録（画像，黒板掲示用カード見本）

黒板掲示用 カード　第2時

【例文】

秋は、夕焼け。空を赤く染めた太陽が西の山にしずんでいくのは、しみじみとしたものが感じられる。雲の色、山の明るさが変わっていく様子も、言い表しようがなくよい。

秋の夕暮れ

よりよい学校生活のために

全授業時間６時間

◉ 指導目標 ◉

・目的や意図に応じて，日常生活の中から話題を決め，集めた材料を分類したり関係づけたりして，伝え合う内容を検討することができる。
・互いの立場や意図を明確にしながら計画的に話し合い，考えを広げたりまとめたりすることができる。
・情報と情報との関係づけのしかた，図などによる語句と語句との関係の表し方を理解し使うことができる。
・話の内容が明確になるように，事実と感想，意見とを区別するなど，話の構成を考えることができる。
・話し手の目的や自分が聞こうとする意図に応じて，話の内容を捉え，話し手の考えと比較しながら，自分の考えをまとめることができる。

◉ 指導にあたって ◉

① 教材について

この単元では，互いの立場を明確にして話し合い，意見をまとめる学習を行います。考えを「広げる」話し合いと，考えを「まとめる」話し合いの２つの段階を意識しながら学習を進めます。

児童が身近に感じ，解決できるものを議題とすることで，必要感をもって積極的に話し合いに参加することができます。様々な立場から，意見がもてるような議題にすることが大切です。議題の決め方など，学習方法や工夫などは教科書に書かれていますが，話し合いの過程で，児童自身に気付かせましょう。

② 主体的・対話的で深い学びのために

教師が思う以上に「話し合う」という活動は，児童にとって難しく，緊張するものです。また，全員やグループでの活動が多く，児童に任せがちになりますが，一人ひとりの行動や様子，表情を観察し，適切な指導をしましょう。

「自分の意見と違う意見があってもよい」ということを最初に確認し，学習を進めていきます。この単元で学習したことを，今後どのように生かしていくかが大切です。それぞれの立場や意見を大切にした話し合いにしましょう。

この単元の大きな目標の１つに「全員の意見を聞き合うこと」があります。そのためには，一人ひとりがきちんと自分の意見をもつことが求められます。児童は，ただ単に意見をもてばよいと考える傾向にありますが，ここでは，自分の意見を３つの観点に分けて整理し，その中から１つを選びます。難しいと感じる児童も多いと思われますが，その経験の繰り返しこそが主体性を伸ばすのです。

◉ 評価規準 ◉

知識及び技能	情報と情報との関係づけのしかた，図などによる語句と語句との関係の表し方を理解し使っている。
思考力，判断力，表現力等	・「話すこと・聞くこと」において，目的や意図に応じて，日常生活の中から話題を決め，集めた材料を分類したり関係づけたりして，伝え合う内容を検討している。 ・「話すこと・聞くこと」において，話の内容が明確になるように，事実と感想，意見とを区別するなど，話の構成を考えている。 ・「話すこと・聞くこと」において，話し手の目的や自分が聞こうとする意図に応じて，話の内容を捉え，話し手の考えと比較しながら，自分の考えをまとめている。 ・「話すこと・聞くこと」において，互いの立場や意図を明確にしながら計画的に話し合い，考えを広げたりまとめたりしている。
主体的に学習に取り組む態度	粘り強く互いの立場や意図を明確にしながら，学習の見通しをもって，身の回りの問題を解決するために話し合おうとしている。

◉ 学習指導計画　全 6 時間 ◉

次	時	学習活動	指導上の留意点
1	1	・これまでの話し合いの様子を振り返る。 ・学校生活の課題を話し合う。 ・単元のめあてを決める。 ・学習計画を立てる。	・より良い話し合いにする必要性と学校での課題を解決する必要性をもつようにする。
2	2	・学校生活について話し合う。 ・出た意見をグループで話し合う。 ・全体で話し合い，議題を決める。	・頑張れば，自分たちの力で解決できそうな議題にする。
	3	・議題の現状を確かめる。 ・解決方法を考える。 ・解決方法をまとめる。 ・振り返り，次時への見通しをもつ。	・３つの観点を大切にしながら，自分の考えをもつことを大切にする。
	4	・音声を聞いて工夫を考える。 ・工夫や観点を整理する。 ・意見が対立した時を考える。 ・役割を決める。	・児童が，自分たちの話し合いで発見できたと思える工夫をする。
	5	・話し合いのポイントを確認する。 ・「広げる」話し合いをする。 ・改善点を話し合う。 ・「まとめる」話し合いをする。	・話し合いを２つの段階に分けて，途中に振り返りを入れることで，より効果的な話し合いにする。
3	6	・話し合った内容を発表する。 ・話し合いを振り返る。 ・気が付いたことを話し合う。 ・今後どのように生かすのかを話し合う。	・この単元で学習したことを，今後，どのように生かせるかを話し合う。

DVD **収録（児童用ワークシート見本）** ※本書 P37「準備物」欄に掲載しています。

よりよい学校生活のために

第1時（1/6）

〈展開１〉話し合いの振り返りでは，粗探しや個人攻撃などにならないよう配慮が必要です。事前

本時の目標

互いの立場を明確にして話し合うという学習課題を捉え，学習計画を立てることができる。

授業のポイント

児童の「話し合いの経験」と「学校生活での経験」をもとに，単元の導入を行う。

本時の評価

互いの立場を明確にして話し合うという学習課題を捉えている。学習の進め方を捉えて，単元の学習計画を立てることができる。

板書例

⇐

話し合いの仕方を学ぼう

◇解決したい課題は？（学校生活について）

・ろう下を走る人を減らしたい

・忘れ物をなくしたい

・

走る人の意見
歩いている人の意見

忘れ物をする人の意見
しない人の意見

め　たがいの立場をはっきりさせて、話し合おう

議題を決めよう

1 振り返る　これまでの話し合いを振り返ろう。

これまでに，グループやクラスで，様々な話し合いをしてきました。今まで話し合いをしてきて，困ったことはありますか。
意見がなかなか出なかったことがあります。
みんなの意見がバラバラで困りました。
一人だけが意見を言っていることがありました。
グループでの考えがまとまらずに，時間がかかることもありました。

・何を話し合っているのか，分からなくなることがありました。
・司会の人が，困っていることもありました。

普段の学級会の場を想起させたり，事前にアンケートを取ったりしておいてもよい。

「いろいろな困ったことがあったようですね。」

2 話し合う　学校生活の中で，よりよくしていきたいことについて話し合おう。

「この単元では，みんなが気持ちよく，課題が解決できる話し合いの仕方について学んでいきます。」
「みんなで話し合うので，共通の話題，学校生活についての課題がよいでしょう。」

学校生活の中で，よりよくしたいと思うことはありますか。隣同士で話し合いましょう。

廊下を走る人が多いから，減らしたい。

忘れ物をする人が増えてきたよ。忘れ物をなくすには，どうしたらいいかな。

できるだけたくさん，学校生活に関する課題を出す。課題が見つからない児童には，学習のこと，掃除，給食，休み時間のこと，体育館や図書室の使い方など，具体的な観点を提示するとよい。

議題の決定は，次時に行う。ここでは決定しなくてよい。

のアンケートで，教師が確認しておくのもよいでしょう。

よりよい学校生活のために

◇話し合いをしていて困ったこと

・意見が出ない
・意見がバラバラ
・考えがまとまらない
・時間がかかる
・

⇐

話し合いをうまく進めるには？

※児童の発言を板書する。

主体的・対話的で深い学び

・5年生になると，学級での話し合いだけでなく，学校全体での話し合いの経験もあるだろう。今までの話し合いで，うまく進まない時や，意見がまとまらない時など，困った経験をしていることも多い。まずは，その経験を出し合う。課題については，今までの学校生活で困ったことなど，児童が必要感をもつものがよい。
・①話し合いの仕方を身に付ける，②学校生活をよりよくするための課題を解決する，の2つの観点から学習への必要性・主体性を引き出したい。

準備物

3 めあてを とらえる　単元のめあてをとらえよう。

「たくさんの課題が出ましたね。これは，誰に対する課題なのですか。」児童から出た課題をいくつか取り上げて，話し合う。

例えば，廊下を走る人を減らしたいという課題について，走る人を注意すれば，話し合いは終わるのでしょうか。よい話し合いになりますか。

注意しても，聞かない人もいるよ。どうして聞いてくれないのかな。

走る人には，走る人の意見があるのかもしれない。

歩いている人は，どんな意見かな。

忘れ物についても，する人の意見としない人の意見があるね。

「1つの課題に対して，いろいろな立場の意見があるのですね。よりよい話し合いにするためには，たがいの立場をはっきりさせて話し合うことが大切です。」めあてを板書。

4 確認する　学習の進め方を確認して，学習計画を立てよう。

では，これからどのようにして学習を進めていくか，教科書の128ページを読んで確認しましょう。

1学校生活の中から，議題を決める。
2自分の立場を明確にする。

3話し合いの仕方を確かめ，進行計画を立てる。4計画に沿って，グループで話し合う。

5話し合ったことをクラスで共有し，感想を伝え合う。

「次の時間は，『1学校生活の中から議題を決める』に取り組みます。学校生活をよりよくするために，グループで話し合いましょう。」

時間があれば，児童一人一人に話し合いをするにあたっての目標を立てさせると，意欲的に話し合いに参加できるだろう。

よりよい学校生活のために
第2時 (2/6)

本時の目標
学校生活を振り返って課題を考え，話し合って議題を決めることができる。

授業のポイント
議題を決めるに当たって，改善すべきことが見つからない児童には，教師が学校生活の場面をいくつか挙げて考えさせる。

本時の評価
学校生活を振り返って課題を書き出し，提案している。全体で話し合って，解決に向けて話し合う議題を決めることができる。

〈話し合い〉グループで課題をまとめる話し合いでは，付箋やホワイトボードなどを使ってまとめても

板書例

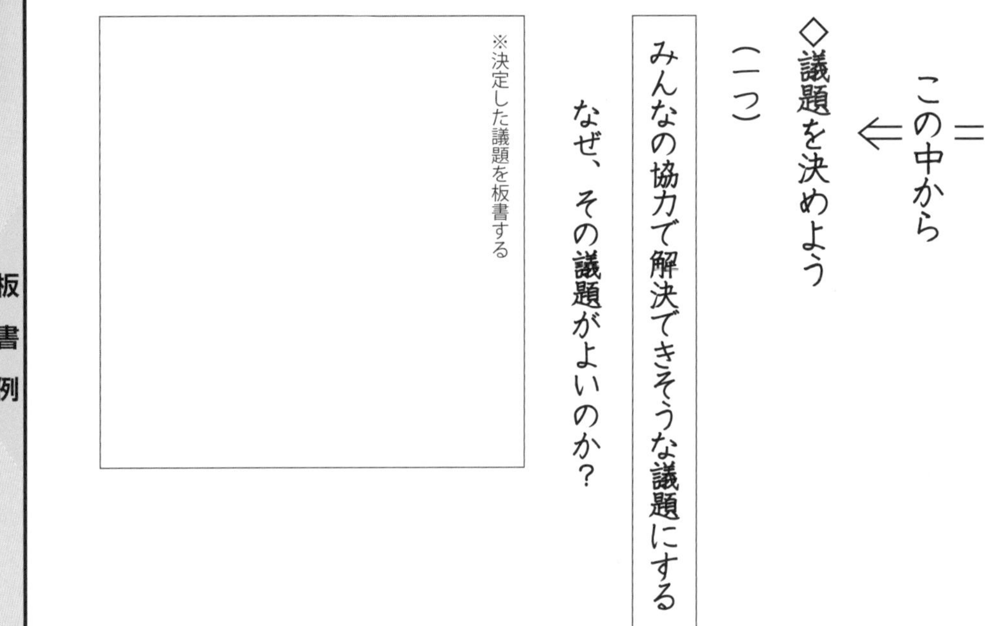

この中から
◇議題を決めよう
（一つ）
みんなの協力で解決できそうな議題にする
なぜ、その議題がよいのか？
※決定した議題を板書する

1 考える　学校生活でよりよくしたいことを考えよう。

「前の時間に，学校生活の中で，よりよくしていきたいことを考えました。今日は，学校生活を振り返って，話し合って解決したい課題を決めましょう。」めあて

学校生活の中で，改善していきたいことをノートに書きましょう。前の時間に発表したことでもよいですよ。

廊下を走る人が多かったな。危ないから，減らしたほうがいいと思う。

忘れ物をする人が増えた。どうやったら減らせるかな。

「課題は，いくつ書いてもよいですよ。」
・あいさつの声がちょっと小さいな。もっと元気よくできるといいな。

学校生活全体で課題を思いつかない児童には，自分が日々の中でできていないな，改善していきたいな，と思うことを書き出させるようにしてもよい。数は絞らず，たくさん意見を出させる。

2 話し合う　学校生活でよりよくしたいことを話し合おう。

「学校生活で改善したいことを書き出せたら，グループで話し合いましょう。」

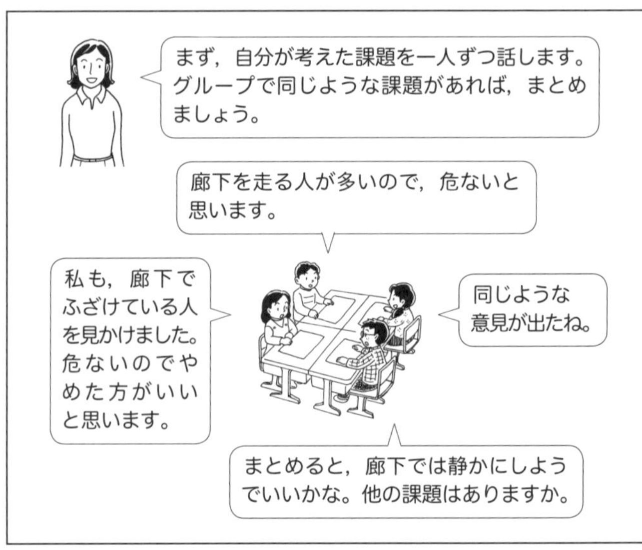

まず，自分が考えた課題を一人ずつ話します。グループで同じような課題があれば，まとめましょう。
廊下を走る人が多いので，危ないと思います。
私も，廊下でふざけている人を見かけました。危ないのでやめた方がいいと思います。
同じような意見が出たね。
まとめると，廊下では静かにしようでいいかな。他の課題はありますか。

「グループで意見がまとまったら，発表してください。」
・僕のグループでは，通学路のゴミをきれいにしようという課題が出ました。

グループでまとめた課題は，１つでなくてもよい。

よいでしょう。

よりよい学校生活のために

ⓜ 学校生活をふり返って、話し合って解決したい議題を決めよう

◇グループで話し合った課題

・ろう下では静かに
・通学路のゴミをきれいに
・忘れ物をなくそう
・
・
・

※児童の発言を板書する。

主体的・対話的で深い学び

・まずは，議題を決める話し合いをする。話し合いの仕方を本格的に学習するのは次時からだが，議題を決める話し合いも，学習の準備段階として大切にして，児童に主体的な意見を持たせたい。
・学校生活における課題をなるべく多く出させるようにするが，特定の児童を「できていない人」として注意するような話し合いにならないよう，留意する必要がある。クラスの実態に応じて，教師が学校生活の場面を限定するなどして，児童の対話の手助けをする。

準備物

3 話し合う　クラス全体で，議題を一つに選ぶ話し合いをしよう。

グループごとにいろいろな課題が出ましたね。この中から，議題を１つに絞ります。自分たちの話し合いで，解決方法が見つかりそうなものにしましょう。

通学路のゴミをきれいにしようがいいと思います。

通学路は学校の生徒以外の人も使っています。私たちの話し合いだけで，解決するのかな。

忘れ物が多いと学習の効率も悪くなるから，なくすようにする課題がいいと思う。

「なぜ，その課題にしたいのか，理由も一緒に話すとよいですね。」

・掃除の時に騒いでいる人がいます。掃除中は静かにしたほうが，効率よく気持ちよくできると思います。

4 まとめる　議題を決め，学習を振り返ろう。

「議題は，廊下を走ったり，廊下で騒ぐ人がいたりするので危ない，廊下では静かにしようになりました。」

選ばれなかった議題の中にも，大切なことはありますね。学級活動でも，取り上げてみましょう。

話し合いの仕方を学んで，他の議題もうまく話し合えるといいね。

自分たちの活動で，うまく解決できるといいな。

「議題が決まったら，次は何をするのでしたか。」

・②自分の立場を明確にする，です。

「そのために，決まった課題について一人ひとりが自分の考えを深めていきます。現状や問題点などについて，考えていきましょう。」

よりよい学校生活のために
第3時（3/6）

本時の目標
議題について考えを書き出し，分類したり関係づけたりして，自分の意見をまとめることができる。

授業のポイント
議題についての意見を持てない児童には，議題となった課題に対して自分ならどう思うのか，教師からも質問して意見を掘り下げる。

本時の評価
議題について，自分の考えを書き出し，書き出したものを分類したり関係づけたりして，まとめている。

板書例

〈議題〉議題によっては，解決のために他の学年の生徒や教師の協力を必要とすることもあります。

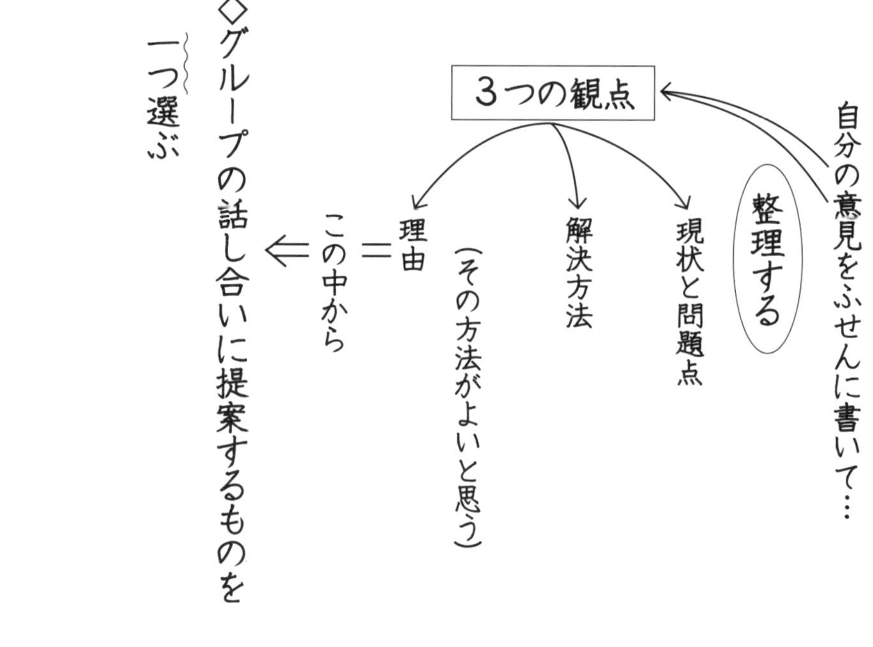

自分の意見をふせんに書いて…
整理する
3つの観点
現状と問題点
解決方法
（その方法がよいと思う）
理由
＝この中から
⇐
◇グループの話し合いに提案するものを
一つ選ぶ

1 確かめる　議題の現状や問題点を確かめよう。

「前の時間に，学校生活をよりよくするための議題を決めました。どんな議題でしたか。」議題の確認。

・『廊下では静かにしよう』です。

「今日は，学習の進め方2の『自分の立場を明確にする』を学習します。議題について自分の考えを整理し，まとめていきましょう。」めあて。教科書 130 ページを読む。

まず，議題に関わる現状と問題点を付箋に書き出します。それから，隣の人と確かめ合いましょう。
廊下を走ったり，廊下でふざけていたりする人がいる。雨の日は，特に多いよ。
廊下に集まっておしゃべりしている人もいるね。通行の邪魔になっていることがある。

現状と問題点は，１つでなくてもよい。

2 考える　解決方法を考えよう。

「書いた付箋は，ノート（ワークシート）に表を作って貼っておきましょう。」教科書 130 ページまたは DVD 収録ワークシート参照。

次は，解決方法を考えます。具体的に，どうすれば現状と問題点が改善されるのか，自分たちでできそうなことを付箋に書き出しましょう。

注意をしただけでは聞いてくれない。何かペナルティがあればいいんじゃないかな。
ポスターを描いたらどうかな。絵なら，1 年生や 2 年生にもわかりやすいよ。

「どんな小さなアイディアでも，思いついたことをどんどん書いていきましょう。その解決法がよいと思った理由も，付箋に書きます。」

思いつかない児童には，教師が聞き取りやアドバイスなどして個別に指導する。

児童任せにせず，教師からも話を通しておきましょう。

よりよい学校生活のために

㋱ 議題についての自分の考えを整理して、まとめよう

議題 ろう下では静かにしよう

※クラスで決まった議題を板書する。

2 自分の立場を明確にする

⟸ そのために

※児童の発言を板書する。

主体的・対話的で深い学び

・この単元の大きな目標の１つに「全員の意見を聞き合うこと」がある。そのためには，一人ひとりがきちんと主体的な意見をもつことが求められる。ここでは，自分の意見を「現状と問題点」「解決方法」「理由」の３つの観点に分けて整理し，まとめるようにしている。難しいと感じる児童も多いと思われるが，その経験の繰り返しこそが主体性を伸ばす。

準備物

・児童用ワークシート  収録【5下_02_01】
・模造紙

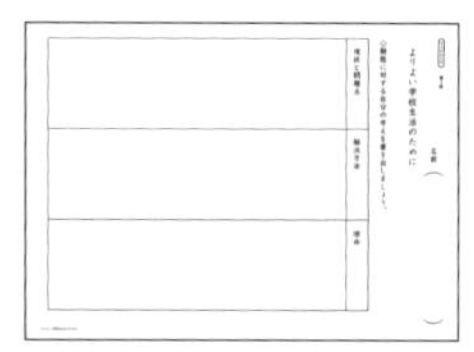

3 まとめる　解決方法をまとめよう。

書いた付箋を，『現状と問題点』『解決方法』『理由』の３つに整理します。整理している途中で，何か付け足したいことがあれば付箋に書いて，表に追加しましょう。

ポスターを描くのは，『解決方法』ね。『理由』は，絵なら１年生や２年生にもわかりやすいから。それから，大きなポスターなら人の目に留まりやすいも付け足そう。

「『理由』が書けていなくても，『現状と問題点』『解決方法』の２つに分けてまとめていきましょう。」

・雨の日は外で遊べないから，廊下で遊ぶ子が多いのかもしれない。教室でできる遊びを提案してみよう。
・道路みたいに，右と左で歩く人を分けると通行しやすくなるかも。

4 決定する 振り返る　解決方法を一つ決定しよう。本時の学習を振り返ろう。

整理ができたら，グループの話し合いに提案するものを１つだけ選びましょう。いちばん解決につながると思う意見がいいですね。

どれを選ぶか迷うな。

僕は，廊下を走った人にイエローカードやレッドカードを渡す取り組みをするにしよう。サッカーみたいで，わかりやすい。

「議題について，自分の考えをもつことができたでしょうか。難しかったですか。」

・難しいけど，よりよくするためにたくさんのことを考えられたと思います。
・自分の考えで解決できるか，自信がないです。

「次の時間は，話し合いの仕方のポイントについて学習します。」

よりよい学校生活のために

第4時 (4/6)

本時の目標

立場を明確にして話し合う方法を捉え，役割や進行のしかたを決めることができる。

授業のポイント

デジタル教科書等の話し合いの例から工夫を見つけるときは，教師からも「この発言で，話し合いがどう変わりましたか」など補助的な質問を投げかけるとよい。

本時の評価

互いの立場を明確にして話し合う方法を捉えている。自分たちの話し合いについて，役割や進行の仕方を決めている。

〈話し合い〉本格的な話し合いは次時から，ここでは話し合いの準備です。グループ分けや役割分担

板書例

・共通点やことなる点をはっきりさせる
・
・
◇意見が対立したときは？
・たがいの意見をしっかり聞き合う
・相手の考えを受け止める
⇐ 話を前に進める
「人」と「意見」を区別する

◇話し合いのグループ
グループ1・・・大橋さん　くり原さん
グループ2・・・

※教師が決めたグループを板書する。

1 振り返る 確かめる　前時を振り返り，話し合いの仕方を確かめよう。

「前の時間に，議題について自分の意見を整理して，グループに提案するものを1つ選びました。」軽く前時を振り返る。

今日は，よりよい話し合いの方法を考え，グループでの役割や進め方を決めます。(めあて) 話し合いの例を聞いて，よいと思ったところを発表してください。

指導書付録CDもしくはデジタル教科書収録の音声資料を聞かせる。

最初に「考えをまとめる話し合いをします。」と言って，話し合いを始めています。

一人ずつ意見を出しているので，立場の違いが分かりやすいです。

指導書付録のCDを全員で聞いてもよいが，デジタル教科書を用いて，一人ひとりのペースで聞き，話し合いの良さを押さえさせてもよい。

2 整理する　話し合いの仕方や質問の仕方などを整理しよう。

教科書131～132ページに話し合いの例が載っています。音声資料を聞いてよいと思ったことも併せて，よりよい話し合いをするための工夫を整理しましょう。

意見を出し合うときは，自分の考えと事実は分けて話します。

意見の内容がよくわからなかったときは，質問をしています。質問も，一人ずつです。

・意見が共通しているところ，異なっているところをはっきりさせて，考えをまとめています。

教科書を参考にしながら，児童の話し合いを通して主体的に「話し合いの工夫」を発見できるように進める。質問の仕方や意見の整理の仕方など，まとめたら模造紙などに残しておき，次回の話し合いの時に黒板に掲示しておくとよい。

などは，教師があらかじめ決めておき，効率的に進めてもよいでしょう。

よりよい学校生活のために

㋱ よりよい話し合いの方法を考え、グループで役割や進め方を決めよう

◇話し合いの工夫
・何を話すのか、最初に言う
・自分の考えと事実は分けて話す
・一人ずつ意見を出し合う
（質問も、一人ずつ）

※教科書を参考にして出てきた児童の発言を，模造紙などに書いて残しておく。

主体的・対話的で深い学び

・より良い話し合いに向けて，話し合いの方法，工夫などを理解し，役割を決める。「話し合いの方法」については，教科書や教師から教えられるだけではなく，師範の音声教材を聞いたり，教科書を読んだりして，そこから分かったことや感じたことを話し合い，まとめることで，児童自身が発見した方法や工夫としたい。

準備物

・指導書付録 CD またはデジタル教科書の話し合いの例
・模造紙

3 考える　意見が対立した時にはどうするか，考えよう。

「話し合いの中で，自分とは違う意見も出てきますね。意見が対立した時にどうすればよいか，教科書 134 ～ 135 ページを読みましょう。」

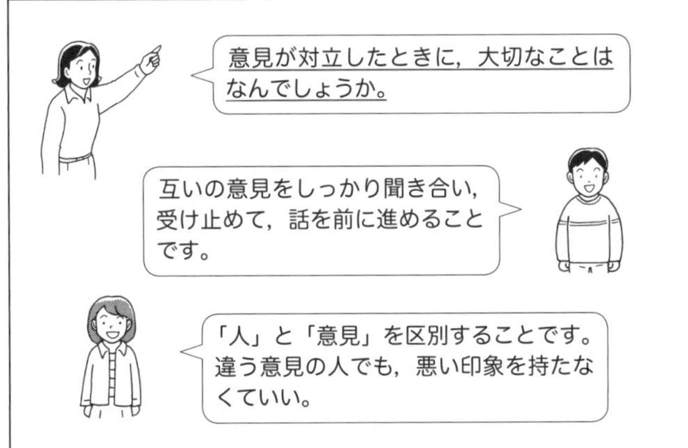
意見が対立したときに，大切なことはなんでしょうか。
互いの意見をしっかり聞き合い，受け止めて，話を前に進めることです。
「人」と「意見」を区別することです。違う意見の人でも，悪い印象を持たなくていい。

「話し合いの中で皆さんが出す意見は，よりよい結論を見つけるためのものだということを忘れないようにしましょう。」

時間があれば，教科書を参考に，役割演技をさせてもよい。

4 まとめる　グループでの役割や，話し合いの進め方を決めよう。

「では，話し合いをするグループを発表します。グループ 1 は大橋さん，栗原さん…」グループ分けは，多様な立場からの意見が出るよう，教師が行う。

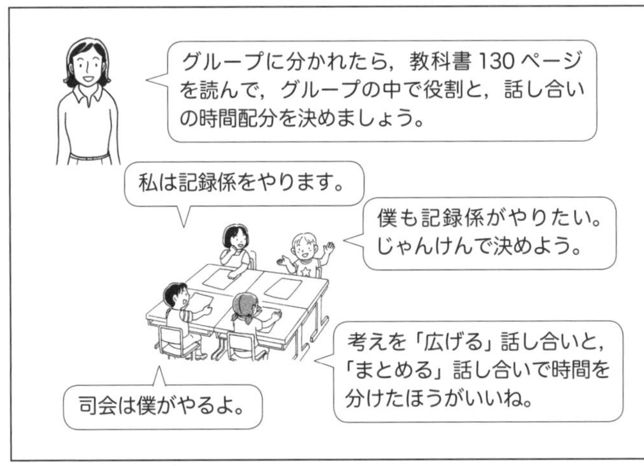
グループに分かれたら，教科書 130 ページを読んで，グループの中で役割と，話し合いの時間配分を決めましょう。
私は記録係をやります。
僕も記録係がやりたい。じゃんけんで決めよう。
考えを「広げる」話し合いと，「まとめる」話し合いで時間を分けたほうがいいね。
司会は僕がやるよ。

ここでは，役割や時間配分をグループでの話し合いで決めているが，なかなかまとまらない，時間的に厳しい場合も考えられるため，教師があらかじめ決めておいてもよい。

「教科書で，話し合いの進め方も確かめましょう。次の時間から，いよいよ話し合いをしていきます。」

よりよい学校生活のために 第5時 (5/6)

本時の目標

互いの立場を明確にしながら計画的に話し合い，考えを広げたりまとめたりすることができる。

授業のポイント

失敗をしても良いので，「話し合い」をすることが大切。話し合いを2段階に分けて，途中で話し合いを入れるなど，丁寧に指導したい。

本時の評価

互いの立場を明確にしながら話し合い，グループで一定の結論を出している。議題について考えを広げ，結論をまとめている。

板書例

〈展開3〉「考えを広げる」と「まとめる」の間にインターバルを挟まない場合でも，ある程度は

◇意見が対立したときは？
・
・

1 考えを広げる話し合い
・司会の人を中心に
・記録係が意見をまとめる

〈できたことは？ できなかったことは？〉

⇐

2 考えをまとめる話し合い
・考えを整理する
・意見をまとめるときの条件を考える

◇考えをノートに記録

1 振り返る　前時で話し合った，話し合いの工夫やポイントを振り返ろう。

「今日からいよいよ話し合いをします。単元の目標は，なんだったでしょうか。」
・『互いの立場をはっきりさせて，話し合おう』です。（めあて）
「そのために，前の時間に話し合いの工夫をまとめました。」
前時にまとめた話し合いの工夫の模造紙を掲示する。

グループでの役割や話し合いの仕方も決めましたね。自分が，話し合いで頑張りたいと思うことをノートに書きましょう。

司会になったから，話し合いがスムーズにいくように頑張ろう。

話し合いが広がるように，質問してみよう。

「話し合いを進めて，グループで解決策を見つけていきましょう。」

2 話し合う　考えを「広げる」話し合いをしよう。

「それでは，話し合いを始めます。まず，考えを『広げる』話し合いをしましょう。」

司会の人を中心に，話し合いを進めてください。

私は，廊下では静かにしようというポスターを貼ってはどうかと考えました。絵なら，1年生や2年生にもわかりやすいからです。
いい考えだと思いますが，今も廊下には注意書きが貼ってあります。あまり効果はないのではないかと思いますが，どうでしょうか。

ここでは，「考えを広げる話し合い」と「考えをまとめる話し合い」とを前半後半に分けている。クラスの実態に応じて，「広げる」と「まとめる」を通しでまとめてもよい。

話し合いが進まないグループには，教師から司会に助言をしたり，最初に意見を言えそうな児童に発言を促したりする。ICT機器を使って，記録をしてもよい。

2つの話し合いの時間を決めておく必要があります。

よりよい学校生活のために

㋱ たがいの立場をはっきりさせて、話し合おう

・
・

◇話し合いの工夫

※第4時にまとめた話し合いの工夫の模造紙を貼る。

主体的・対話的で深い学び

・教師が思っている以上に「話し合う」という活動は，児童にとって難しく，緊張する。また，全員やグループでの活動なので，児童に任せがちになるが，一人ひとりの行動や様子，表情をいつも以上に観察し，活動しにくい児童などに適切な指導をしたい。
・ここでは，話し合いを「広げる」と「まとめる」の2段階に分けている。2つの活動の間に振り返りを入れることで，話し合いに対する児童の不安を交流し，改善点を考えることで，より落ち着いて話し合いができる。

準備物

・話し合いの工夫を書いた模造紙（第4時使用のもの）

3 振り返る 考える　考えを広げる話し合いを振り返り，改善点を考えよう。

「時間になったので，考えを広げる話し合いはここまでにしましょう。話し合いでは，どんなことを頑張りましたか。」
・きちんと自分の意見が言えました。質問にも，うまく答えられたと思います。
・記録係として，みんなの意見をまとめることができました。

できなかったこと，次の『考えをまとめる話し合い』では頑張りたいことはありますか。

司会をやったけど，時間内に終わらせることができなかった。次は，もっと時間のことを意識して進行させたい。

簡潔に。「できたこと」「できなかった」ことの両面から，話し合いを振り返る。時間がなければ，この活動は省いてもよい。

4 話し合う　考えを「まとめる」話し合いをしよう。

「次は，考えを『まとめる』話し合いです。話し合いの工夫を忘れずに，考えをまとめましょう。」

考えを整理したり，まとめるときの条件を考えたりして，解決策を探っていきましょう。

（司会）解決策をまとめるときの条件を，先に決めようと思います。意見のある人は，手を挙げてください。
はい。僕は，みんなが飽きずに取り組めることを条件にするといいと思います。なぜなら…

教科書を参考に，付箋を使って話し合いを整理してもよいが，議題や出た意見によって整理の仕方も違ってくる。教師はグループを見て回り，まとめが難航しているグループには具体的なアドバイスをする。

「話し合いは，まとまりましたか？次の時間は，全体で意見を共有します。考えを，ノートに記録しておきましょう。」

よりよい学校生活のために
第 6 時 (6/6)

本時の目標
立場を明確にした話し合いについて，学習を振り返って，考えをまとめることができる。

授業のポイント
自分の意見と違う意見があってもよい，とういうことを再度確認し，それを大切にした話し合いの方法や工夫をまとめていきます。

本時の評価
立場を明確にした話し合いについて学習を振り返り，考えをまとめて，他の話し合いの場面で生かそうとしている。

〈振り返り〉立場の違う児童同士の話し合いは，教科書 96 ページ『どちらを選びますか』でも学習

板書例

◇話し合いの工夫
・
・
※第4時にまとめた話し合いの工夫の模造紙を貼る。

◇意見が対立したときは？
・
・

◇話し合いを振り返ろう
・自分の意見に自信を持って発表できた
・意見が分かれて、時間がかかった
・

⇐ 〈次の話し合いに生かそう〉

※児童の意見を板書する。

1 発表する　前時に話し合ってまとめた意見を発表しよう。

「今日は，前の時間にグループで話し合った内容をクラスで報告して，話し合いを振り返ります。（めあて）前時の話し合いでまとめた内容を，グループで確認しましょう。」

ここで少し時間をとる。意見がまだまとまっていないグループは，この時間にまとめさせる。また，まとまっているグループは，発表の練習をさせてもよい。

では，グループごとにまとめた解決策を発表しましょう。

僕たちのグループは，廊下に道路標識のようなものを作ってはどうかという意見にまとまりました。理由は，ポスターだとあまり目立たないけれど，標識なら珍しくて…

「私たちのグループは，…という意見にまとまりました。理由は，…だからです。」などの定型文を示しておくと発表しやすい。

2 振り返る　話し合いを振り返って，感想を書こう。

「いろいろな解決策が出ましたね。質問や意見があれば，伝え合いましょう。」簡潔に。

みんなで話し合った『話し合いの工夫やポイント』を思い出して，できたこと，できなかったことを振り返り，ノートに書きましょう。

自分とは違う友達の考えも，質問をして理由を聞いたら納得できました。
初めて司会をしました。なかなかうまく話し合いを進めることができなかった。

感想がうまく書けない児童には，「どの発言が印象に残ったか」「なぜその発言をよいと思ったか」など個別に聞き取りしてもよい。また，ICT 機器で記録していた場合は，話し合いの動画や画像を流して振り返らせてもよい。

しています。併せて振り返るとよいでしょう。

よりよい学校生活のために

㋱ 話し合った解決策を報告し、話し合いを
ふり返ろう

解決策

グループ1・・・
グループ2・・・
グループ3・・・

※グループごとの
解決策を板書する。

主体的・対話的で深い学び

・本単元では，「自分の意見と違う意見があってもよい」ということを最初に確認し，それを前提として学習を進めていくが，これは大人でも難しいことであり，児童にとってももちろん行動に生かすことは難しい。だからこそ，それぞれの立場や意見を大切にした話し合いについて振り返り，良さを伝え合って共有するようにしたい。本単元での学習にとどまらず，学級活動の場でも，それぞれの立場や意見を大切にした話し合いを心がけるように呼び掛ける。

準備物

・話し合いの工夫を書いた模造紙（第4時使用のもの）

3 発表する 話し合う　話し合いを振り返った感想を話し合おう。

それでは，話し合いの感想を発表してください。よかったところ，うまくいかなかったところはどこですか。

理由をきちんと考えていたので，自分の意見に自信を持って発表することができました。

意見が分かれて，話し合いに時間がかかってしまいました。

「意見が分かれたときには，互いの意見をしっかり聞き合い，話を前に進めることが大切でしたね。共通点や違いを整理して，それぞれの意見のよいところや問題点をはっきりさせるとよいでしょう。」

できなかったことについては児童から改善案が出されればよいが，難しい場合は教師から助言をする。

4 振り返る　教科書の「たいせつ」「ふりかえろう」を参考に，単元を振り返ろう。

「教科書 133 ページの『たいせつ』と『ふりかえろう』を読んで，立場の違いを明確にした話し合いの仕方を振り返りましょう。」

話し合いの前に考えた課題は，まだありましたね。学級活動の時間に話し合いをするとしたら，今度はどんなことに気を付けたいですか。

記録係をしましたが，意見を整理するのに時間がかかりました。整理の仕方を工夫したいです。

もっと質問をして，お互いの意見を分かり合おうと思います。

「この単元で学んだ話し合いの仕方を，次の話し合いでも生かしましょう。」

漢字の広場 3

全授業時間 2 時間

◉ 指導目標 ◉

・第 4 学年までに配当されている漢字を書き，文や文章の中で使うことができる。
・文章全体の構成や書き表し方などに着目して，文や文章を整えることができる。

◉ 指導にあたって ◉

① 教材について

学校生活の様子がわかるイラストと言葉が提示されています。それらを使って， 4 年生で習った漢字の復習をして，条件に合った文を作ります。

作文が苦手な児童にとっては，「文章に書きましょう」というだけで大変かもしれません。さらにここでは，「学級日誌に記録するように」書くことが求められています。学級日誌をまとめた経験のない児童もいるでしょう。まず，どのように学級日誌にまとめるのかを確認することで，文作りがしやすくなります。DVD に学級日誌のテンプレートを収録していますので，活用してください。

ただし，メインの目標は，漢字の復習です。重点的に復習する漢字を選ぶ，全体で一斉に読む，二人組で問題を出し合う，グループで文作りの役割分担をするなどの工夫をして，漢字の復習もしっかりやりたいところです。

② 主体的・対話的で深い学びのために

この単元では，「学級日誌に記録するように」という条件が付いていますが，日誌ではなく学級通信や学級ニュースで学級の様子を家族に報告するつもりで，などの別案も考えられます。伝える相手を想定することで，児童が主体的に文章作りに取り組めます。いずれにしても，読む人がわかりやすいよう，短く簡潔な表現を心掛けるようにしましょう。

作文が進まない児童が多い場合は，役割を決めてグループで文章作りをすると対話的な学習が深まります。

◎ 評価規準 ◎

知識 及び 技能	第４学年までに配当されている漢字を書き，文や文章の中で使っている。
思考力，判断力，表現力等	「書くこと」において，文章全体の構成や書き表し方などに着目して，文や文章を整えている。
主体的に学習に取り組む態度	進んで第４学年までに配当されている漢字を書き，学習課題に沿って，文を書こうとしている。

◎ 学習指導計画　全９時間 ◎

次	時	学習活動	指導上の留意点
1	1	・４年生までに学習した漢字を声に出して正しく読む。 ・教科書の絵を見て，各教科での学習や学校生活がどのようなものかを想像する。 ・提示された言葉を使って，４年生までに習った漢字を正しく用いて，例にならって学習や学校生活の様子を表す文章を書く。	・漢字の練習方法を紹介し，自分に合ったやり方を考えさせる。 ・文末や言葉の使い方などを工夫させる。

DVD 収録（黒板掲示用イラスト，漢字カード，児童用資料見本）

種
芽
億
兆
ご
飯

面積
単位
半径
底辺

例題
漁業
産業
健康

給食
加熱
団体
変化

観察
方法
計量
合唱

号令
楽器
一周
結果

焼き魚
学芸会

漢字の広場３

第 1 時 (1/1)

本時の目標

第４学年で学習した漢字を使って，絵を見て教科の学習や小学校生活の出来事を想像し，様子の分かる文章に書くことができる。

授業のポイント

挿絵と自分たちの学校生活や学習を比較し，イメージを膨らませる。書く時間も十分取って，漢字の定着を図る。

本時の評価

提示された漢字を正しく使い，学習や学校生活について，学級日誌に記録するように文章が書けている。

〈教材〉DVD 収録の学級日誌をプリントアウトし，実際に学級日誌に書かせてもよいでしょう。

板書例

学級日誌
・今日のできごと
・時間わりごとにまとめる
・授業の内容を短く書く

〈書いた文章を発表しよう〉
・先生の号令で、グラウンド一周の記録を測った。
・個体を試験管の中に入れて加熱。結果は、液体に変化した。
・学芸会に向けて、合唱の練習をしたり、楽器の使い方を覚えたりした。

※児童に黒板に書かせる。
もしくは，児童の発言を板書する。

1 読む　４年生までに習った漢字を，声に出して読もう。

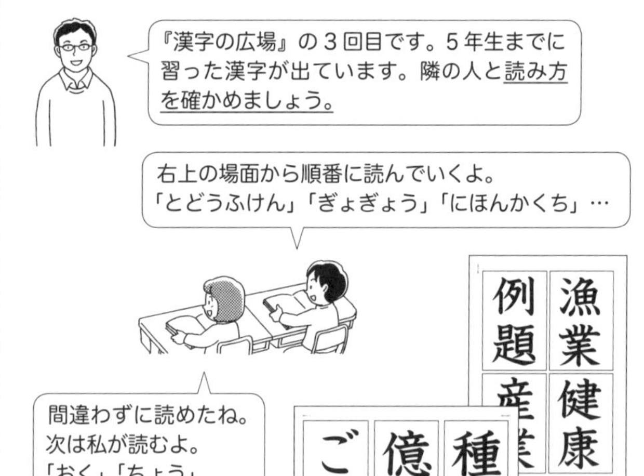
『漢字の広場』の３回目です。５年生までに習った漢字が出ています。隣の人と読み方を確かめましょう。
右上の場面から順番に読んでいくよ。「とどうふけん」「ぎょぎょう」「にほんかくち」…
間違わずに読めたね。次は私が読むよ。「おく」「ちょう」「たんい」…
例
漁
題
業
産
健
康
ご
億
種
飯
兆
芽

漢字の習熟度は，児童によってバラつきがあるので，読みの段階から丁寧に取り組む。

「漢字の広場」は１時間だけの配当なので，学習の流れを児童に覚えさせ，効率的に進める。

2 想像する　絵から学校生活を想像しよう。

絵を見て，それぞれ，何の学習をしているか想像してみましょう。

都道府県や漁業は社会の授業。日本の国土についてや，食料生産について学習しました。

理科は実験と観察をしている。実験の授業は大好きです。

「いろいろな授業をしていますね。今日のめあては，『４年生までの漢字を使って，学級日誌に記録するように，文章を書こう』です。学級日誌には，どんな風にまとめていますか。」

・その日の時間割ごとにまとめます。
・授業の内容を，短く書いています。

学級日誌を書いたことがない場合は，学級日誌の例（DVD 収録）を見せて，どんなことが書かれているか意見を出させる。

漢字の広場 3

め 四年生までの漢字を使って、学級日誌に記録するように、文章を書こう

面積　単位　例題　都道府県　産業　健康　給食　試験管　変化　加熱　観察　合唱　種　号令　楽器　一周

※イラストの上に漢字カードを貼る。
※児童が文作りで使用した漢字カードを左へ移動する。

主体的・対話的で深い学び

・学級日誌を採用していないクラスでは，DVD 収録の学級日誌の見本を書き方の参考にするとよい。教師にその日の学級活動を伝えるため，事実を簡潔にわかりやすく書くことが基本となる。文章を書くことが苦手な児童が多い場合は，実際に日直のようにペアを作り，相談しながら書くようにすると対話的な学習になるだろう。

準備物

・黒板掲示用イラスト（教科書136ページ拡大コピーまたは DVD 収録【5下_03_01】）
・漢字カード DVD 収録【5下_15_02】
・日誌見本 DVD 収録【5下_15_03~04】

3 書く　学級日誌に書くつもりで，文章を書こう。

では，学級日誌に書くつもりで，文章を書きます。できるだけたくさん，漢字を使って書きましょう。

私は体育の授業のことにしよう。「先生の号令で，グラウンド一周の記録を測った。」

僕は，理科の授業について。「個体を試験管の中に入れて加熱。結果は，液体に変化した。」

文章を書く時間を，多く取る。なかなか書き出せない児童は，隣同士やグループで相談してもよい。

「書けた人は，漢字の間違いや句読点の位置など見直しましょう。声に出して読むと，字の間違いや表現のおかしなところが見つかったりしますよ。」

4 発表する　書いた文章を発表しよう。

「それでは，書いた文章を黒板に書いてください。」

発表の仕方はいくつかあるので，クラスの実態に応じて。黒板に自分の文章を書かせる発表は，見られることを意識するので，児童も見直しに力が入る。

グループで文章を読み合い，よかったところを伝えましょう。

私は音楽の授業について書きました。「学芸会に向けて，合唱の練習をしたり，楽器の使い方を覚えたりした。」

短くまとまっていていいと思います。

「4 年生で習った漢字を使って，学級日誌に記録するように，短く要点をまとめられましたね。」

1 提示された漢字を使う，2 学級日誌に記録するように，の 2 点については，教師からもきちんと評価を伝える。

固有種が教えてくれること・グラフや表を用いて書こう

全授業時間 11 時間

◉ 指導目標 ◉

・情報と情報との関係づけのしかた，図などによる語句と語句との関係の表し方を理解し使うことができる。
・引用したり，図表やグラフなどを用いたりして，自分の考えが伝わるように書き表し方を工夫することができる。
・目的に応じて，文章と図表などを結び付けるなどして必要な情報を見つけたり，論の進め方について考えたりすることができる。

◉ 指導にあたって ◉

① 教材について

「読む」と「書く」の２部構成となる複合単元です。前半で資料を用いた説明の仕方とその効果を学習します。後半は，前半の学習を基にして，「自分たちが生きている社会が，暮らしやすい方向に向かっているかどうか」というテーマでグラフや表を用いた文章を書き，それを読んで意見交流をします。

意見文は，ただ自分の考えていることや主張を述べるだけではなく，それを裏づけるデータを示すことによって説得力をもちます。ここではその論拠として統計資料のグラフや表を活用します。そして，そこから何を読み取り，どう引用すれば自分の意見をうまく伝えられるかを考えさせます。

② 主体的・対話的で深い学びのために

「固有種」が，日本の豊かで多様な自然環境の素晴らしさを教えてくれるという記述は児童の関心を引きつけることでしょう。対話を通して，筆者が伝えている内容をしっかり読みとらせつつ，資料の使い方や文章の書き方も理解させます。

自分の考えに合った資料を見つけ，文章と関連付けて自分の考えを述べるのは，かなり高度な活動です。児童の実態に応じて，先ず資料ありきで，そこから分かる社会について考えさせるのも一つの方法です。いずれにせよ，構想メモ→下書き→清書の流れの中で，十分対話し学び合って文章の書き方を習得させていきます。

◉ 評価規準 ◉

知識 及び 技能	情報と情報との関係づけのしかた，図などによる語句と語句との関係の表し方を理解し使っている。
思考力，判断力，表現力等	・「書くこと」において，引用したり，図表やグラフなどを用いたりして，自分の考えが伝わるように書き表し方を工夫している。 ・「読むこと」において，目的に応じて，文章と図表などを結び付けるなどして必要な情報を見つけたり，論の進め方について考えたりしている。
主体的に学習に取り組む態度	粘り強く文章と図表などを結び付けて読み，学習の見通しをもって，読み取った筆者の工夫をいかして，統計資料を用いた意見文を書こうとしている。

◉ 学習指導計画　全11時間 ◉

次	時	学習活動	指導上の留意点
1	1	・学習内容を予想し，見通しをもつ。 ・段落を「初め」「中」「終わり」に分ける。 ・初発の感想を書いて交流する。	・扉のページや P146・147 から学習内容を把握させる。 ・全文を読んで，文章構成をつかませる。
2	2	・「初め」「終わり」に書かれている内容と筆者の考えを確かめる。 ・筆者の考えについて話し合う。	・筆者の考えが書かれている文を見つけ，そこから考えをつかませる。 ・筆者の考えに対する自分の考えを出させる。
	3	・「中」の段落に見出しをつけ，２つに区分する。 ・「中」の内容を自分の言葉でまとめ，伝え合わせる。	・キーワードや中心になる文を見つけさせ，それを手がかりにして読みとらせていく。
	4	・資料と文章から分かることを読みとり資料の効果を考える。 ・文章の要旨をまとめ，交流する。	・資料に対応する文を見つけ，伝えている内容や資料の効果について話し合わせる。
	5	・統計資料の読み方や注意点を知る。 ・統計資料を使った文章や新聞記事などを探し，発表準備をする。	・統計資料を使った文章の本や新聞記事などは，前時に課題として出し，探してこさせておく。
	6	・見つけてきた資料の中から選んで，内容や効果をまとめる。 ・まとめたものを発表し合い，感想などを伝え合う。	・ワークシートに資料から読み取れることや効果をまとめ，それを基に発表して対話をさせる。
3	7	・「社会が向かっている方向」について，自分の考えをまとめ，必要な資料を探す。 ・教科書の資料から，探したい資料のイメージを持つ。	・生活体験や見聞きしたことから，社会に対する自分の考えをしっかりと持たせる。 ・自分の考えに合った資料を見つけさせる。
	8	・資料から分かること，考えたことを整理する。 ・「初め」「中」「終わり」に分けて構成メモを書く。	・教科書の例文から，文章の構成や内容，資料の使い方などの具体的なイメージをつかませる。
	9	・例文を「初め」「中」「終わり」に分けて，詳しく書き方を確かめていく。 ・構成メモをもとに，文章の下書きをする。	・「自分の考えが伝わるように書く」「グラフや表の活用と本文との関係」を意識して書かせる。
	10	・下書きを読み合って，意見をつたえる。 ・下書きを手直しして，清書をする。	・読み合う観点を確かめ合ってから，その観点で下書きを読んで意見をつたえる。
4	11	・書いた文章をグループで読み合い，意見や感想を交流する。全体でも交流する。 ・学習を振り返る。	・文章の書き方とともに，表やグラフの使い方や読み取った内容についても話し合わせる。

DVD 収録（資料，児童用ワークシート見本） ※本書 P72, 73 に掲載しています。

固有種が教えてくれること
第 1 時（1/11）

本時の目標
「固有種が教えてくれること」の学習活動の見通しをたて，学習課題を持つことができる。

授業のポイント
扉のページから何について学習するのかを考え，本文を読んで単元の前半部分の具体的な学習内容をつかむ。

本時の評価
扉のページや「固有種が教えてくれること」を読み，学習活動の見通しがたてられ，学習課題を持っている。

〈初発の感想〉初めて文章を読んで直感的に感じたことをそのまま書かせます。書いた内容を元に，

板書例

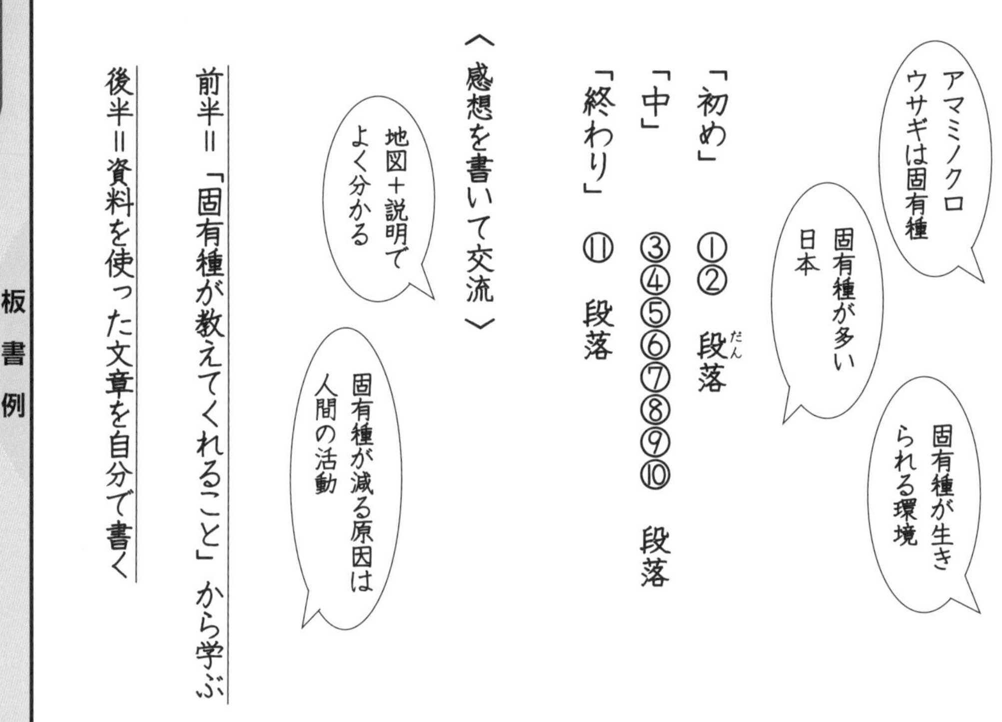

アマミノクロウサギは固有種
固有種が多い日本
固有種が生きられる環境
「初め」①② 段落
「中」③④⑤⑥⑦⑧⑨⑩ 段落
「終わり」⑪ 段落
〈感想を書いて交流〉
地図＋説明でよく分かる
固有種が減る原因は人間の活動
前半＝「固有種が教えてくれること」から学ぶ
後半＝資料を使った文章を自分で書く

1 つかむ　どんな学習をしていくのだろう。

「扉のページの絵を見て，気づいたことや知っていることを出し合いましょう。」
・どっちもウサギだと書いてあるけど，すごく違う。
・アマミノクロウサギって，耳が長くないよ。
・ぼく知ってる！特別天然記念物なんだよ。

どんな学習をしていくのか，扉のページに書かれていることから考えてみましょう。

「固有種」って，何だろう。ウサギと関係があるかな？

「読む」と「書く」と2つあるね。資料を生かした文章を読んで，自分でも書くんだと思う。

「筆者の説明の仕方と効果」と「資料」って関係ありそう。

題も「固有種…」と「グラフや…」の2つあるね。

「資料を使った説明の文章を読んで，自分も書くのですね。」

2 読む　全文を読み，段落と「初め」「中」「終わり」を確かめよう。

「それでは，どんな資料を使ったどんな文章か，読んでみましょう。」
全文を通読。（児童に読ませる・CD 活用など）
・アマミノクロウサギは固有種で日本にしかいない。
・日本は，固有種が多いんだね。
・固有種が生きていける環境が必要なんだ。
「全文を段落に分けて，番号をつけていきましょう。」
みんなで①～⑪の段落を確認しておく。

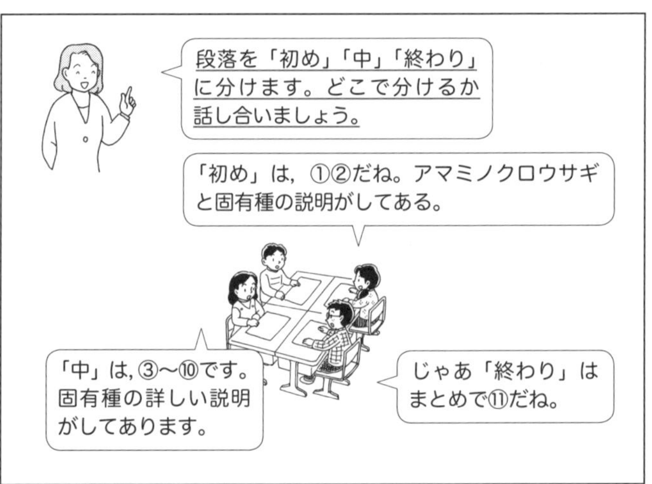

段落を「初め」「中」「終わり」に分けます。どこで分けるか話し合いましょう。
「初め」は，①②だね。アマミノクロウサギと固有種の説明がしてある。
「中」は，③～⑩です。固有種の詳しい説明がしてあります。
じゃあ「終わり」はまとめで⑪だね。

「初め」①②，「中」③～⑩，「終わり」⑪を確認。

自分の学習課題を持たせ，以後の学習につなげていきます。

固有種が教えてくれること
グラフや表を用いて書こう

㋱「固有種が教えてくれること」をどのように学習していくのか、見通しを持とう

〈とびらのページを見て〉

読む…資料を用いた文章

←

書く…資料を使って書く

⇧

・説明のしかた
・（資料を用いた）効果

〈読んでみよう〉

主体的・対話的で深い学び

・扉のページとP146・147を読み，グループなどで話し合って，大まかな学習内容を把握する。
・全文を読み，初発の感想を書いて交流することで，自分が学びたい課題を一人ひとりが持てるようにする。

準備物

・できればアマミノクロウサギとニホンノウサギの写真（インターネットなどで写真を検索する）

3 書く　初発の感想を書き，交流しよう。

初めて読んだ感想を書きましょう。できれば，資料についても触れて書きましょう。

地図やグラフや写真など，いろいろな資料を使って書いている。資料集めも大変そう。

日本に固有種が多いわけは，地図と文章を組み合わせて説明してあるからよく分かるね。

200～400字程度で書かせる。書けない児童には「面白かったことは？」「初めて知ったことは？」などの声かけをする。

「書けたら，グループで発表して話し合いましょう。」
・固有種が減っている原因は，人間の活動なのか。
・このままだったら，もっと減ってしまう。
・でも，保護活動もされているよ。
・固有種が生きていける環境を，どうやって守ろう。

4 まとめる　学習計画をたてよう。

いろいろ感想が出ましたが，これからどのように学習していきたいですか。

「固有種が教えてくれること」と題がついていますが，どんなことか知りたいです。

資料をどのように使って説明すればよいか，勉強したいです。

固有種が生きていけるような環境の問題について考えてみたい。

「教科書のP146・147も読んでおきましょう。」
・文章の中味を読みとったり，資料を読んだりする。
・筆者の論の進め方もみていくよ。
・他の本や新聞の文章も探して読むのかな。

「前半は，『固有種が…』の文章から学習し，後半は，資料を使った文章を自分で書きましょう。」

固有種が教えてくれること

第2時（2/11）

本時の目標

「初め」「終わり」の文章から筆者の考えを読みとり，自分の考えを持って話し合うことができる。

授業のポイント

筆者が説明している内容と，筆者の考えを表している言葉や文を見つけ，それをもとに考えさせる。

本時の評価

「初め」「終わり」の文章から筆者の考えを読みとり，自分の考えを出して話し合っている。

〈筆者の考え〉筆者の考えが表されている文を見つけるには，文末に注目することも1つの方法です。

板書例

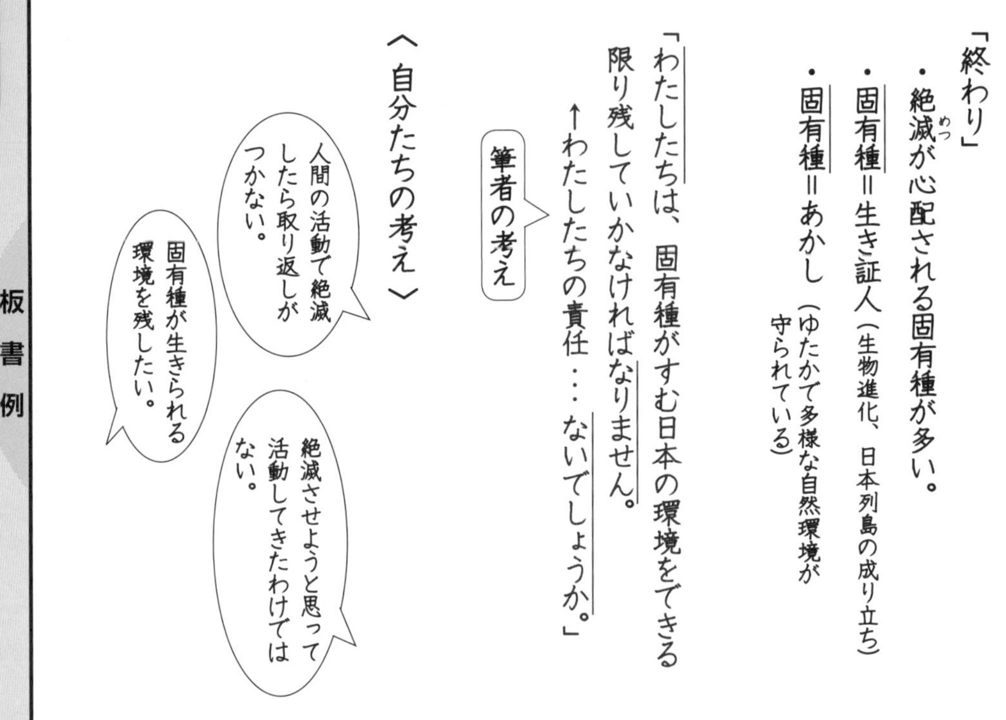

「終わり」
・絶滅が心配される固有種が多い。
・固有種＝生き証人（生物進化、日本列島の成り立ち）
・固有種＝あかし（ゆたかで多様な自然環境が守られている）
「わたしたちは、固有種がすむ日本の環境をできる限り残していかなければなりません。
↑わたしたちの責任…ないでしょうか。」
筆者の考え
〈自分たちの考え〉
人間の活動で絶滅したら取り返しがつかない。
固有種が生きられる環境を残したい。
絶滅させようと思って活動してきたわけではない。

1 見つける　筆者の考えが書かれているのはどこだろう。

「『固有種が教えること』を音読しましょう。」

段落毎に交代して音読する。

「『初め』『中』『終わり』は，それぞれどの段落でしたか。」

- 「初め」は，①と②の段落でした。
- 「中」は③から⑩までの段落です。
- 「終わり」は，⑪の段落です。

「初め」「中」「終わり」の中で，筆者の考えが書かれているのはどこですか。
「終わり」に結論が書かれるから，そこに筆者の考えが書かれているね。
「初め」はどうかな？固有種の説明が多いけど。
「初め」にも筆者の考えは書いてあるわ。それが「中」の説明に続いている。

「では『初め』と『終わり』を詳しくみていきましょう。」

2 読みとる　「初め」に書かれていることと筆者の考えを確かめよう。

「『初め』に書いてある大事なことを箇条書きにしましょう。」

- 「固有種」とは特定の国や地域にしかいない動植物。
- 固有種は生物の進化の研究に役立つ。
- 日本には，固有種がたくさん生息する。
- 固有種がすむ日本の環境を残していきたい。

「簡単に言えば，何について書いてあるのですか。」

- 固有種の説明です。

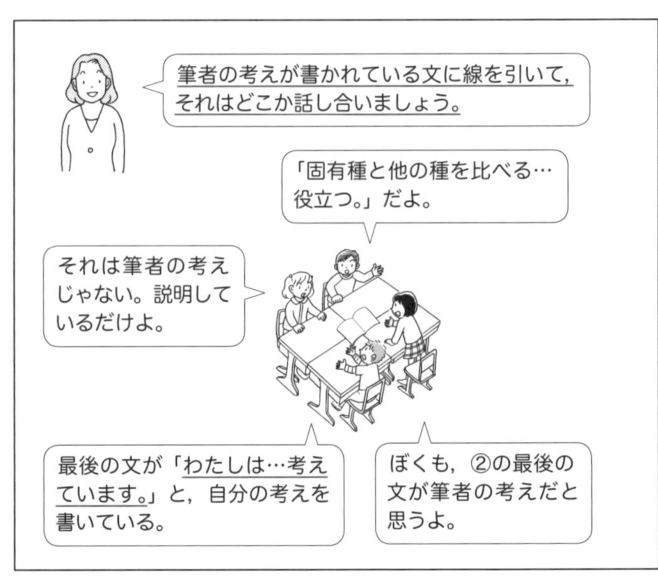

筆者の考えが書かれている文に線を引いて，それはどこか話し合いましょう。
「固有種と他の種を比べる…役立つ。」だよ。
それは筆者の考えじゃない。説明しているだけよ。
最後の文が「わたしは…考えています。」と，自分の考えを書いている。
ぼくも，②の最後の文が筆者の考えだと思うよ。

（ここでは，～考えています。～なりません。～でしょうか。）

固有種が教えてくれること

㋱ 筆者の考えを見つけて、その考えについて話し合おう

「初め」
・固有種＝特定の国やちいきにしかいない動植物
・固有種から生物の進化がわかる
・日本には、固有種が多い↑ゆたかな環境
「わたしは、この固有種たちがすむ日本の環境を、できるだけ残していきたいと考えています。」

筆者の考え

主体的・対話的で深い学び

・資料を用いた文章の書き方を学ぶのが本単元の目標であるが，例としてあげられている「固有種が教えてくれること」の筆者の考えをしっかりととらえさせ，それに対する自分の考えも持たせたい。そうすれば，自分が書く文章の質を高めることにもつながっていくだろう。
・対話を通して，筆者が説明している部分と，自分の考えを述べている部分を確かにとらえ，筆者の考えに対する自分の考えを深めさせる。

準備物

3 読みとる 「終わり」に書かれていることと筆者の考えを確かめよう。

「『終わり』では，筆者は固有種のことをどのように言っていますか。箇条書きにしましょう。」
・絶滅が心配されている固有種が多い。
・固有種は，生物の進化や日本列島の成り立ちの生き証人。豊かで多様な自然環境が守られている証。

筆者の一番言いたいことが書かれている文に線を引いて，それはどこか話し合いましょう。

「私たちは，…いかなければなりません。」といっているからこの文だよ。

そうじゃなくて，「私たちに責任」だと書いている最後の文だよ。

最後の文の「それ」が，１つ前の文を指しているから，この２つの文が筆者の意見です。

２つの文に筆者の言いたいことが書いてあると思う。

「わたしは」や，文末の「なりません。」「ないでしょうか。」の言葉にも着目させ，最後の２文だと確認する。

4 対話する 筆者の考えについて話し合おう。

ここまでで分かる筆者の考えについて，自分はどう思うか，話し合いましょう。

固有種は貴重な存在だから，絶対守らないといけないわ。

何万年も生き続けてきたのに，人間の活動で絶滅してしまったら，取り返しがつかない。

今も，いろいろ保護活動は行われている。鹿の食害で困っているニュースも見たよ。

固有種が日本で生きていける環境を残すのは，自分たちの責任だと私も思う。

グループの対話で出た意見を全体で発表し合う。
・固有種が生きていける環境を残すのは，とても大切なことだと思います。
・人間も，固有種を絶滅させようと思って活動してきたのではないと思います。
・絶滅してしまったらかわいそうだと思います。

固有種が教えてくれること 第3時（3/11）

本時の目標

「中」の文章構成を考えて，論の進め方と内容をとらえることができる。

授業のポイント

段落毎に見出しを考えて付け，文章を前半と後半に分けて，論の進め方や内容をとらえていく。

本時の評価

「中」の文章構成を考えて，論の進め方と内容をとらえている。

板書例

〈見出し〉見出しをつけさせる場合は，①内容を的確に表している，②短い言葉で表す，この2点を

⑤固有種が生まれるわけ
他のちいきと分断→固有種がうまれる

⑥固有種が少ないちいき
新しい時代に島になった

⑦日本列島の環境と固有種
ゆたかて多様な環境→固有種がすめる

固有種が多く、長く

後半

⑧固有種の減少
人間の活動がすむ場所をうばう

⑨固有種の保護
保護て増えたニホンカモシカ

⑩保護と生息環境のバランス
生息場所の減少て害獣に

固有種の現状

1 整理する 「中」の段落に見出しをつけよう。

「今日は，『中』の文章の構成と何が書かれているのかを確かめていきましょう。」

「中」の文章を，段落毎に交代して音読。

「『中』の段落にそれぞれ見出しをつけて行きましょう。」

ワークシートを配り，P146 下例を参考にして，書き込ませる。

・4は，何にしようかな…。

考えた見出しをグループで紹介しましょう。
④は「三つの地域に分けられる日本列島」にしました。
わたしは「日本列島の成り立ちと固有種」にしたよ。
どちらもぼくのよりいいな。

2 つかむ 「中」を前後半2つに区分し，何が書かれているか確かめよう。

「『中』を2つに分けるとしたら，どこで分けたらよいか，理由もつけてグループで話し合いましょう。」

ワークシートに書いたことを参考にして考えさせる。

固有種のことが，⑥までは日本列島の成り立ちと関係して，⑦からは，環境との問題が書いてあるから，⑥と⑦の間で分けられる。

⑦までは日本に固有種が多い理由で，⑧からは絶滅と保護で今のことだから⑦と⑧の間だね。

⑦のはじめが「このようなことから」と前につながっていて，⑧が「では」と話題を変えているから⑦と⑧の間です。

⑦までは，「固有種が多くて今まで生き続けられた」理由だよ。

全体で発表し合い③～⑦，⑧～⑩で分けられることを確認。

・前半が固有種が多く，長く生き続けられた理由，後半が固有種の現状だね。

意識して考えさせます。キーワードを見つけるのも有効な方法です。

固有種が教えてくれること

Ⓜ「中」に書かれていることを読みとろう

「初め」日本列島
固有種…たくさん生息　ゆたかな環境

「中」⇐

前半
③日本には固有種が多い
日本四十八種　イギリス0種
④三つのちいきに分けられる日本列島
島になった時期のちがい→生物の分布

生息できた理由

主体的・対話的で深い学び

・ワークシートに書き込む内容は，ここでの学習の基本となるので，グループで十分交流して練り合わせ，よりよい内容に変えさせていく。
・前半と後半の区分は，いくつかの視点が考えられ児童にとっては難しい活動になるので，この場面での対話を特に重視する。最後は教師の助言も入れて全体で確認させる。
・曖昧な理解では自分の言葉で伝えることができないので，この活動を通して，理解を確かなものにさせる。

準備物

・児童用ワークシート DVD 収録【5下_04_01～02】

3 理解する 「中」の前半には，どのようなことが書かれているのだろう。

「私たちが住んでいる日本と固有種の関係について，『初め』でどのように書いてありますか。」

キーワードを見つけて，答えさせる。

・固有種がたくさん生息する。
・固有種が住める豊かな環境がある。

「中」の前半に書かれていることを，自分の言葉で友だちに説明しましょう。
４枚の地図から分かるように…南西諸島，本土，…固有種が生まれるのは…
付け足しです。多くの固有種が生き続けられたのは…
大陸から離れた時期の違いと，気候や地形など多様な環境が日本の固有種を多くした理由なのです。

全体でも交流して，「中」の前半に書かれている内容の理解を深める。

4 理解する 「中」の後半には，どのようなことが書かれているのだろう。

「では，『中』の後半に書かれていることも詳しく見ていきましょう。⑧の始めに何と書いてありますか。」

・「では，現状はどうでしょうか。」

日本の固有種の現状について，分かったことを自分の言葉で説明し合いましょう。
人間の活動で，固有種が減って来ています。それに対して天然記念物や…
…せっかく保護して増やしたのに駆除されるのは…
…固有種の保護と生息環境の保護，この両方の…

「『中』を詳しく読んで思ったことを言いましょう。」

・固有種を多く生息させる豊かな環境があったのに，人間の活動で壊したらだめだと思います。
・生物の保護にも難しい問題があると分かりました。

固有種が教えてくれること

第 4 時（4/11）

本時の目標

資料の使われ方や効果について考え，筆者の考えをとらえて要旨をまとめよう。

授業のポイント

各資料に対応する文を見つけ，資料と文を結びつけて筆者が伝えようとしていることをとらえさせる。資料の果たす役割にも目を向けさせる。

本時の評価

資料の使われ方や効果にについて考えている。資料と文章を結びつけて筆者の考えをとらえ，要旨をまとめている。

板書例

〈要旨をまとめる〉第３時でまとめたワークシートの内容をさらに短くまとめ，「初め」「終わり」

資料2

←文

ニホンオオカミ写真 ←→ 一九〇五年に記録…

ニホンカワウソ写真 ←→ 二〇一二年には…

絶滅して実物が見られないが，どんな動物か分かる

☆資料を使う効果

・文章では表せないことを伝えられる

・分かりやすく，くわしく伝えられる

〈文章の要旨をまとめる〉

・一五〇字ぐらい

・資料＋文章から読みとったこと

・「固有種が教えてくれること」とは何か

1 つかむ　資料を確かめ，学習課題を確かめよう。

「『固有種が教えてくれること』の文章には，いくつ資料が使われていますか。」

・資料１から資料６まで，６つです。

それぞれどんな資料か，見ていきましょう。
資料１は，ユーラシア大陸と日本，イギリスが入った地図です。
資料２は，大陸から日本が分かれていく４枚の地図だね。
下に日本とイギリスの陸生哺乳類の数などを比べた表がついているね。
上に，何年前かわかる年表がついている。

残りの資料についても，同様に確かめる。

「今日はこれらの資料がどのように使われているのか確かめ，最後に文章の要旨をまとめて交流します。」

2 確かめる　資料とそれに対応する本文とから，何を伝えたいのか確かめよう。

それぞれ本文の中のどの文がどの資料に対応しているか見つけ，何を伝えているか確かめて行く。

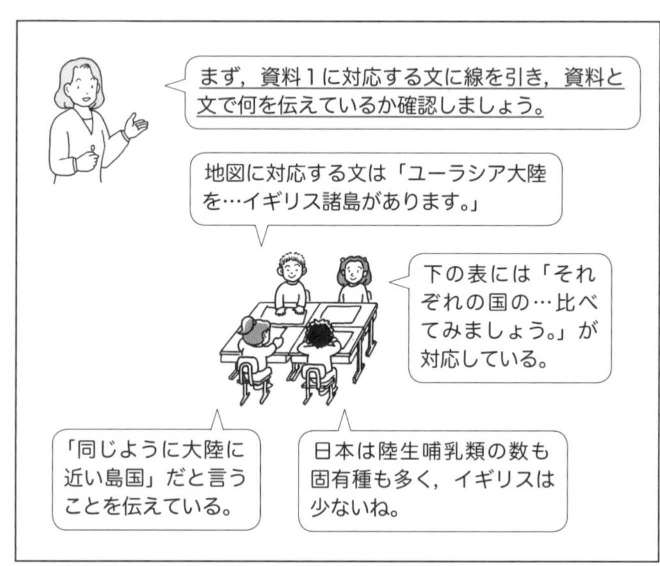

まず，資料１に対応する文に線を引き，資料と文で何を伝えているか確認しましょう。
地図に対応する文は「ユーラシア大陸を…イギリス諸島があります。」
下の表には「それぞれの国の…比べてみましょう。」が対応している。
「同じように大陸に近い島国」だと言うことを伝えている。
日本は陸生哺乳類の数も固有種も多く，イギリスは少ないね。

「次は，資料２です。」

資料２～資料６も同様に確かめていく。

「グループで確かめたことを全体で発表し合って，確かめていきましょう。」

から付け足し，要旨としてまとめるのも一つの方法です。

固有種が教えてくれること

ⓜ 資料の使われ方や効果について話し合い、文章の要旨をまとめよう

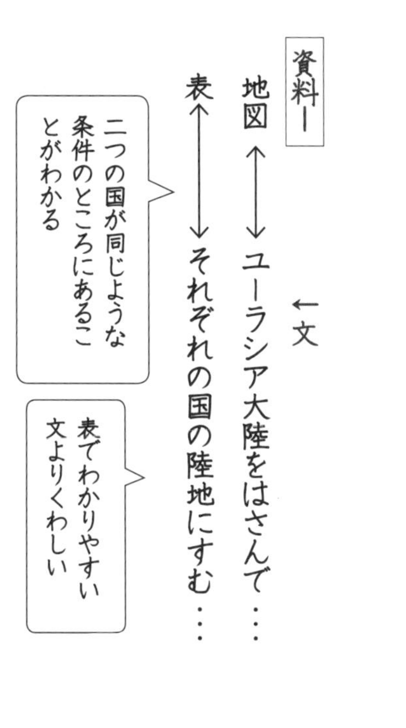

資料ー
←文
地図 ←→ ユーラシア大陸をはさんで…
表 ←→ それぞれの国の陸地にすむ…
二つの国が同じような条件のところにあることがわかる
表でわかりやすい文よりくわしい

主体的・対話的で深い学び

・各資料と対応する文を見つけ，何を伝えているのか，資料にはどのような効果があるのかについて，対話を通してつかみ取る。
・要旨は，読みとったことをもとにして各自が主体的にまとめる。まとめた文章は読み合い，気づいたことを伝え合うことでよりよい文章にする。

準備物

・原稿用紙 DVD 収録【5下_04_03】

3 考える 資料を使うことでどのような効果があるのだろう。

「これらの資料は，どれも必要なのでしょうか。なくてもよいという資料はありませんか。」
・資料５の写真はなくても，絶滅したことは分かる。
・でも，絶滅して見ることができないから，写真がなかったらどんな動物か分からないよ。

他の資料も，それを使うことでどんな効果があるのか考えましょう。

資料１の地図から同じような条件のところある国だとよく分かるわ。

資料２も日本の形や大陸からの離れ方が見えてよく分かる。

資料６と７があるから，天然林とニホンカモシカの関係が数字で裏付けられてすごく説得力がある。

「資料を使う効果とは，どんなことだと言えますか。」
・文章では表せないことや，文章で書いたことを具体的に説明して，分かりやすく伝えられる。

4 まとめる 題名との関連を意識して，文章の要旨をまとめて読み合おう。

「この文章の要旨を１５０字ぐらいにまとめましょう。固有種が何を教えてくれるかも考えましょう。」
・日本には固有種が多い。それは，…
・固有種が教えてくれることとは，固有種が住んできた日本の環境を…

グループで読み合って，気づいたこと，直したらよいところ等を伝えましょう。

固有種が日本で長く生き続けてこられた理由が抜けているよ。

筆者が一番言いたいことは，日本の環境を残したいということだよね。

日本列島の成り立ちを詳しく書きすぎたら，肝心なことが抜けてしまう。

要旨に書き足りなかったことなどは修正させる。

「次時までに，図表などの資料が使われている本や新聞記事を見つけて，できれば読んでおきましょう。」

できれば複数以上見つけ，次時に持って来させる。

固有種が教えてくれること
第 5 時（5/11）

本時の目標
統計資料の読み方を知り，資料がある文章の読み方に生かそう。

授業のポイント
教科書「統計資料の読み方」や自分が見つけてきた資料，他教科で使った資料などから，資料の読み方や注意点をつかみ，資料のある文章の読み方に生かす。

本時の評価
統計資料の読み方が分かり，それを，資料がある文章の読み方に生かそうとしている。

〈統計資料などのある文章〉新聞記事の中によく載っています。何日分かの新聞を調べさせて，

板書例

・目もりとグラフが二つある
・単位と目もりで印象が変わる

⇑ 数字をきちんと確かめる

☆調べた時期や対象を確かめる
・結果がことなる場合がある
（全国・一～六年男女・百人ずつ
図書館・来た小学生・百人）

⇑ いつ・どのように調べたか確かめる

〈みんなに伝えたい資料〉
・グループで持ちよった文章や記事を出し合う
← 発表したい資料をさがす
☆二〇二〇年産米「平年なみ」（新聞）
☆日本と世界の気温の変化（本）
☆再生エネ発電　初の原発こえ（新聞）
など

※児童が持ち寄った資料を板書する。

1 考えをまとめる　筆者の考え方や論の進め方について自分の考えを持とう。

「前の時間に学習した資料の使われ方や要旨を基にして，筆者の考え方や論の進め方について自分の考えをまとめて書きましょう。」

2時間目にも，少し筆者の考えについて話し合いましたね。それも思い出して書きましょう。

固有種の保護は，生息環境とのバランスが重要だと書いているけど，バランスじゃなくてどちらも必要がと思う。

複数のグラフや地図を文章と組み合わせて説明しているから，よく分かると思った。

「書けたら，グループの中で読み合って感想を伝えましょう。」

ここは，あまり時間をかけずに，次の展開で時間を多く使えるようにする。

2 交流する　統計資料の読み方で，難しかったところを出し合おう。

「他の教科で統計資料を使ったことがありますか。」
- 社会科で，米の生産量や消費量の移り変わりのグラフがあった。
- 社会科では，他にもいろいろな資料を使ったね。

「前の時間に予告しておきましたが，図表などの資料が使われている本や新聞記事を見つけましたか？」
- 図書館で本を見つけてきました。
- 新聞記事を見つけて読みました。

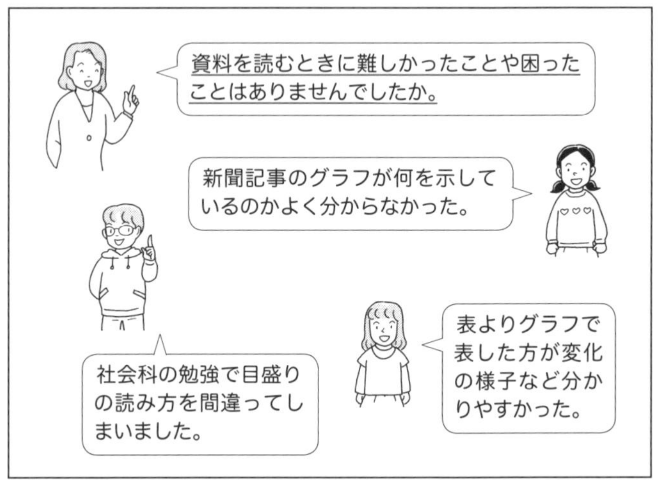
資料を読むときに難しかったことや困ったことはありませんでしたか。
新聞記事のグラフが何を示しているのかよく分からなかった。
社会科の勉強で目盛りの読み方を間違ってしまいました。
表よりグラフで表した方が変化の様子など分かりやすかった。

読んで来なかった児童がいれば，読む時間をとる。

資料を使って書かれている記事を集めさせるとよいでしょう。

固有種が教えてくれること

(め) 統計資料の読み方を知って、資料のある文章の読み方にいかそう

〈筆者の考えや論の進め方について〉
・固有種と生息環境ーどちらの保護も大事
・複数の資料と文章のくみあわせでよく分かる

〈資料の読み方・注意点〉
☆単位や目もりに注意

主体的・対話的で深い学び

・グループ内で，統計資料を使って難しかったところや困ったことなどの経験を出し合い，統計の読み方についての問題意識を持たせる。
・その後で，教科書「統計資料の読み方」から，統計資料の読み方や注意点などをつかませる。
・統計資料の扱い方がわかったところで，資料のある本や新聞記事の中から，みんなに伝えたい（興味のある）ものを見つけさせる。
・資料を用いた文章や記事は，グループのメンバーが複数以上持ち寄り，その中から探させる（友だちが持ってきた資料でもよい）。

準備物

・図表などの資料が載っている本や新聞記事（できるだけ複数以上持って来させる。教師もいくつか準備をして，児童が使えるようにしておく）

3 知る　統計資料の読み方や注意点を知ろう。

「教科書 P148 の「統計資料の読み方」が載っているので，読んでみましょう。」
・単位や目盛りって，あまり注意しなかったな。
・調べた時期や対象も確かめた方がいいのか。

3組のグラフや表を見て分かったことや思ったことを話し合いましょう。

図書館数が左で蔵書数が右の目盛りだね。2つの関係はよく分かるけど・・・
同じ本の貸し出し数でも，目盛りが違うとこんなに変わるんだ！
調べた時期や対象が違えば，結果が変わることもあるんだね。

「自分が読んだグラフも思い出してみましょう。」
・棒グラフと折れ線グラフが一緒で，目盛りが2つのグラフがあった。目盛りを間違えそうになった。
・目盛りを変えれば，変化が分かるようになるんだ。

4 広げる　資料のある文章をさらに読んで，いろいろな資料を見つけよう。

「みんなが探してきた文章や新聞記事から，いろいろな資料を見つけましょう。」

グループの中で，持ってきた本や新聞記事を紹介して共有し，その中から興味のある資料を見つけさせる。
・20年産米が「平年並み」という新聞記事です。101や98の数字の意味が分からなかったけど，平年と比べた割合だと分かりました。
・自分の記事より市川さんが見つけた「再生エネルギー」の記事がいいから，これで発表しよう。

興味のある資料から分かることと，効果をノートに書きましょう。2つ以上でも構いません。

2つの折れ線グラフから，冷房設置率は，普通教室が特別教室を抜いたことが分かる。

世界より日本の気温の変化の方が大きい。上向けと下向けのグラフで，プラス・マイナスがわかる。

固有種が教えてくれること

第 6 時（6/11）

本時の目標

資料を読んで分かったことと，資料の効果をまとめて，伝えることができる。

授業のポイント

資料の役割や効果について，学べたことや自分の考えを整理し，対話を通して理解を深めていく。

本時の評価

資料を読んで分かったこと，資料の効果をワークシートにまとめ，友だちに伝えている。

〈資料の選び方〉難し過ぎるものは選ばないようにして，関心があるもの，解釈が可能なものを

板書例

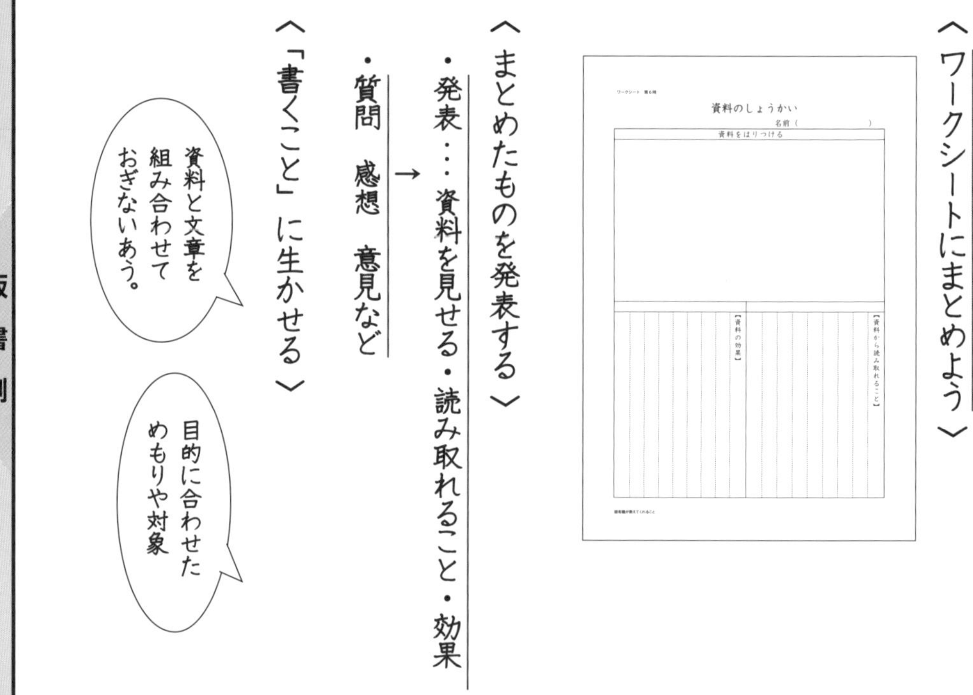

〈ワークシートにまとめよう〉
資料のしょうかい
〈まとめたものを発表する〉
・発表…資料を見せる・読み取れること・効果
→
・質問　感想　意見など
資料と文章を組み合わせておぎないあう。
目的に合わせためもりや対象
〈「書くこと」に生かせる〉

1 交流する　見つけた資料を紹介し合おう。

「本や新聞記事などから見つけてきた資料を，紹介し合いましょう。」

これまで，グループ内で紹介してきたものを，全体の中で紹介し合って交流する。

他の人がどんな資料を見つけてきたかしっかり聞いて参考にしましょう。
主な食料の自給率です。全体を１００％として自給率を％で表しています。
コロナの感染者の移り変わりをを棒グラフ，死者を折れ線グラフで表しています。
米の生産量消費量の変化です。２つの折れ線グラフで表されています。

・みんなの分を出し合うと，いろいろな資料がある。

2 まとめる　選んだ資料から読み取れることや資料を使った効果をまとめよう。

ワークシート「資料のしょうかい」を配り，各自で作業をさせる。「読み取れること」や「効果」が書けない場合は，隣同士で相談してもよい。

ワークシートに資料を貼り付けてから，分かったことを書きましょう。
農業人口は全体としては…。特に59才以下が…。効果は何だろう？
効果は，全体と年齢別人口の両方の移り変わりが一目で…

・資料から読み取れることは，今年の米の収穫は北海道や東北が良くて，西日本は…

・読み取れることは，これでいいかな？資料の効果は，どうまとめたらいいかな？ちょっと難しいな。

選んで，効果や役割を認識させます。

固有種が教えてくれること

㋱ 資料を選んで、資料から読み取れることや効果をまとめ、交流しよう

〈見つけた資料〉

（例）米の生産量と消費量
主な食料の自給率
コロナ感せん者数
再生可能エネルギーと原発の発電量

主体的・対話的で深い学び

・見つけてきた資料を全体で紹介し合い，より広く資料にふれさせる。
・資料についてまとめることで，読み取れる内容や効果をより確かに理解させる。
・資料についてまとめたものを交流し話し合うことで，資料の見方や役割に対する認識を深める。

準備物

・ワークシート DVD 収録【5下_04_04】
・各自が集めた資料

3 深める 資料についてまとめたものを発表し合い，感想や意見を伝え合う。

「グループで，ワークシートにまとめたことを，グラフを見せて発表し合いましょう。」

一人が発表したら，質問や感想などを出して話し合う。終われば，次の一人が発表して，同じように話し合い，全員が発表する。

「再生可能エネルギーと原発の発電量」という資料について発表します。…再生可能エネルギーが…
前から自然エネルギーに関心がありました。新聞を探していて偶然見つけました。
なぜ，この資料を選んだのですか。どうして見つけたのかな？
風力，太陽光などのグラフを積み重ねて全体の変化がよく分かる。

「発表し合って思ったことをノートに書きましょう。」
・資料の使い方も，いろいろあるのだなと思った。
・自分が資料を使って書くときに役立ちそうだ。

4 広げる 「書くこと」の学習に生かせそうなことを発表し合おう。

「P147の「たいせつ」を読んでおきましょう。」
・今まで気づかなかったけど，探してみたら資料を使って説明していることが多いことがわかった。
・グラフや写真があると，説明が分かりやすいね

「次からは，資料を使って，自分の考えを述べる文章を書いていきます。」

これまで学習した中から，自分が文章を書くときに生かせそうなことを発表し合いましょう。

資料だけでも，文章だけでも上手く伝わらないことがある。両方を上手く組み合わせて説明するのがいい。
グラフは伝わりやすいように，目盛りや対象を考えないといけない。
文章と資料を対応させて，補い合えるように気をつける。

グラフや表を用いて書こう

第 7 時（7/11）

本時の目標

「これからの社会が向かう方向」について，自分の考えを持ち，それに合う資料を探すことができる。

授業のポイント

自分の考えを理由も含めてしっかりとまとめる。その自分の考えに合う（考えの説明に役立つ）資料を探す。

本時の評価

「これからの社会は暮らしやすい方向にむかっているか」について，自分の考えをまとめ，それに合う資料を探している。

〈資料〉適切な資料が見つからない場合もあります。テーマに合う話題はいくつも考えられます。

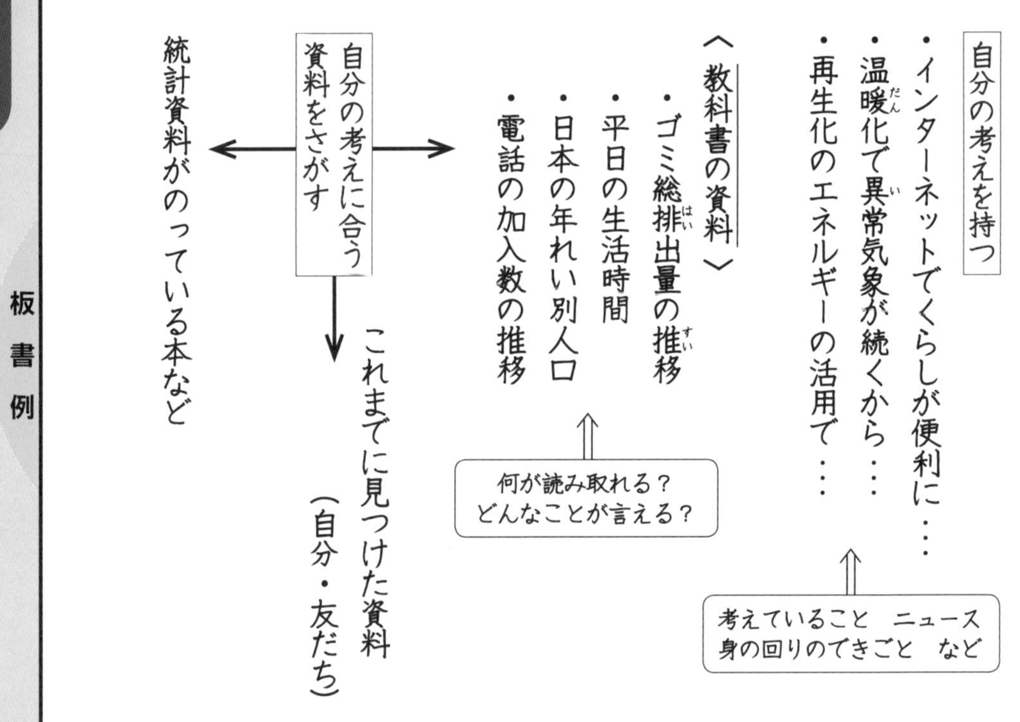

板書例
自分の考えを持つ
・インターネットでくらしが便利に…
・温暖化で異常気象が続くから…
・再生化のエネルギーの活用で…
考えていること　ニュース
身の回りのできごと　など
〈教科書の資料〉
・ゴミ総排出量の推移
・平日の生活時間
・日本の年れい別人口
・電話の加入数の推移
何が読み取れる？
どんなことが言える？
これまでに見つけた資料
（自分・友だち）
自分の考えに合う資料をさがす
統計資料がのっている本など

1 見通しをもつ　これからの学習課題と進め方を確かめよう。

「ここまでの６時間で何を学習してきましたか。」

- 表やグラフや写真などの資料を使った文章です。
- 表やグラフから分かることや，それを使う効果についてです。

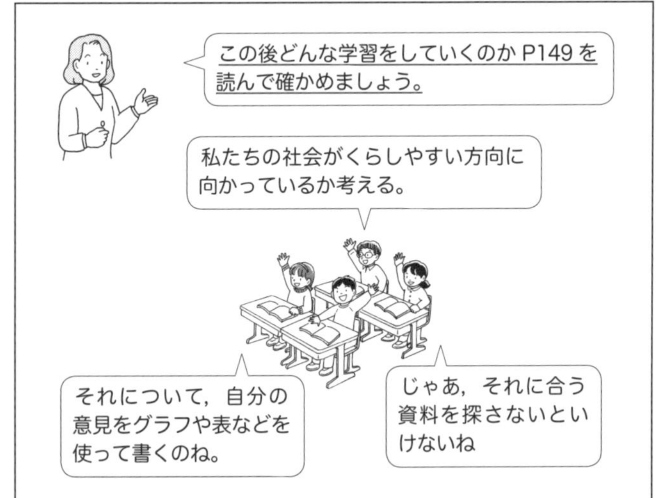

この後どんな学習をしていくのか P149 を読んで確かめましょう。
私たちの社会がくらしやすい方向に向かっているか考える。
それについて，自分の意見をグラフや表などを使って書くのね。
じゃあ，それに合う資料を探さないといけないね

「下の『学習の進め方』も見て確かめておきましょう。」

- 先ず自分の考えを持ち，表やグラフを選ぶ。
- 構成を考えて，文章を書く。
- 書いた文章を読み合う。

2 考える　「社会が向かっている方向」について，自分で考えてみよう。

「暮らしやすさといっても，いろいろ考えられます。例えば，物価も暮らしやすさと関係してきますね。他にはどうですか？出し合ってみましょう。」

- 環境の問題もそうです。温暖化や自然破壊など。
- くらしの便利さもそうだ。平和や政治の問題も。

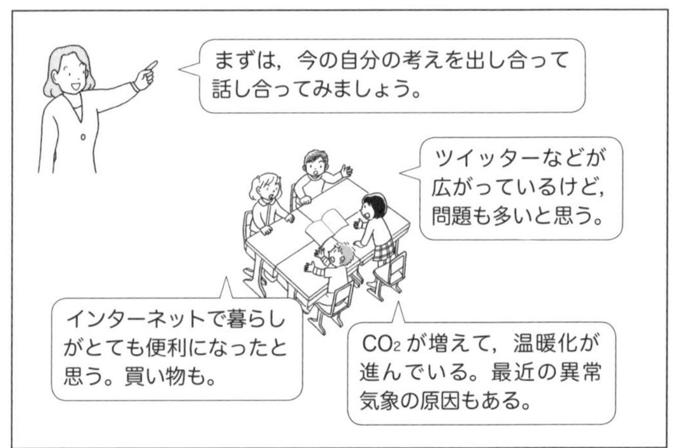

まずは，今の自分の考えを出し合って話し合ってみましょう。
ツイッターなどが広がっているけど，問題も多いと思う。
インターネットで暮らしがとても便利になったと思う。買い物も。
CO_2 が増えて，温暖化が進んでいる。最近の異常気象の原因もある。

身の回りの出来事やニュース等も思い出させる。

「今話し合ったことも参考にして自分の考えをノートに書きましょう。そう考えた理由も書きましょう。」

- ぼくは，再生可能エネルギーの活用が増えてきているから，暮らしやすい方向に向かって…

少し視点を変えたり，別の内容に変えたりしてもよいでしょう。

グラフや表を用いて書こう

Ⓜ これからの社会について、自分の考えを持ち、文章を書くための資料をさがそう

テーマ

わたしたちの社会は、くらしやすい方向に向かっているか

くらしやすさ・・・物価　環境　便利さ　エネルギー
福祉　ネット社会　平和・・・

主体的・対話的で深い学び

・「社会が向かっている方向」について，グループでの対話を通して自分の考えとして明確に意識させたい。
・しかし，急に問われても，意見はもちにくい児童も多いだろう。教師が提示した資料やこれまでに見つけた資料から「社会が向かっている方向」について考えさせてもよい。
・教科書の４つの資料は，児童が自分の考えを持つためのヒントとする。独自の考えが持ちにくい児童については，この中から１つ取り上げて自分の考えを持たせていく。

準備物

・統計資料が載っている本（「朝日ジュニア学習年鑑」「日本のすがた」「現代用語の基礎知識」など）

3 読みとる　教科書の資料を読んでみよう。

「教科書に載っている４つは，何の資料ですか。」
・１つ目は，ゴミの総排出量の推移が棒グラフと折れ線グラフで表されています。

「推移」「総排出量」などの言葉の意味や，波線の使いなど，各グラフの表現の特徴も確かめておく。

それぞれの資料から何が読み取れ，どんなことが言えるのか話し合いましょう。
ゴミの排出量が減り続けている。１人が１日に出す量は10年間で150ｇ以上減っている。
総排出量は，700～800万ｔ程減っている。すごい量だね。
ゴミについては，暮らしやすい方向に向かっていると言えるね。

「それぞれのグラフからも，社会が向かっている方向が考えられますね。」

４つの資料の読み取りを通して，これからどのように考えていけば良いか，イメージと見通しを持たせる。

4 選ぶ　自分の考えを持ち，それに合う資料を探そう。

「朝日ジュニア学習年鑑」「日本のすがた」「現代用語の基礎知識」などから，使えそうな資料をいくつか紹介する。（表題の一覧を作って配ればなお良い。）

「こういう資料の数字からも，今の社会の様子が分かります。表やグラフを見て，自分の意見が変わった人は変えてもいいですよ。」

統計資料から社会の方向性を考えることもできる。考えが決まったら，それに合う資料を探し確定する。

では，自分の考えを伝えるために必要な資料を探しましょう。
教科書の人口問題のグラフが使えるわ。

ジュニア年鑑に載っている資料を使おうかな。
世界の再生可能エネルギーのグラフが使えるけど，日本のグラフもほしいな。

「次の時間までに資料を探してくるのでもいいです。」

グラフや表を用いて書こう
第8時（8/11）

本時の目標
資料から分かることや自分の考えをまとめ，文章の構成を考えることができる。

授業のポイント
教科書の例文を読んで，文章の構成や内容，資料の使い方などについて具体的なイメージをつかませる。

本時の評価
資料から分かることや自分の考えをまとめてメモをし，文章の構成を考えて構成メモに書いている。

板書例

〈構成メモ〉簡潔に箇条書きに。本文を書くときの順にメモをし，肉付けをすれば文章の形が

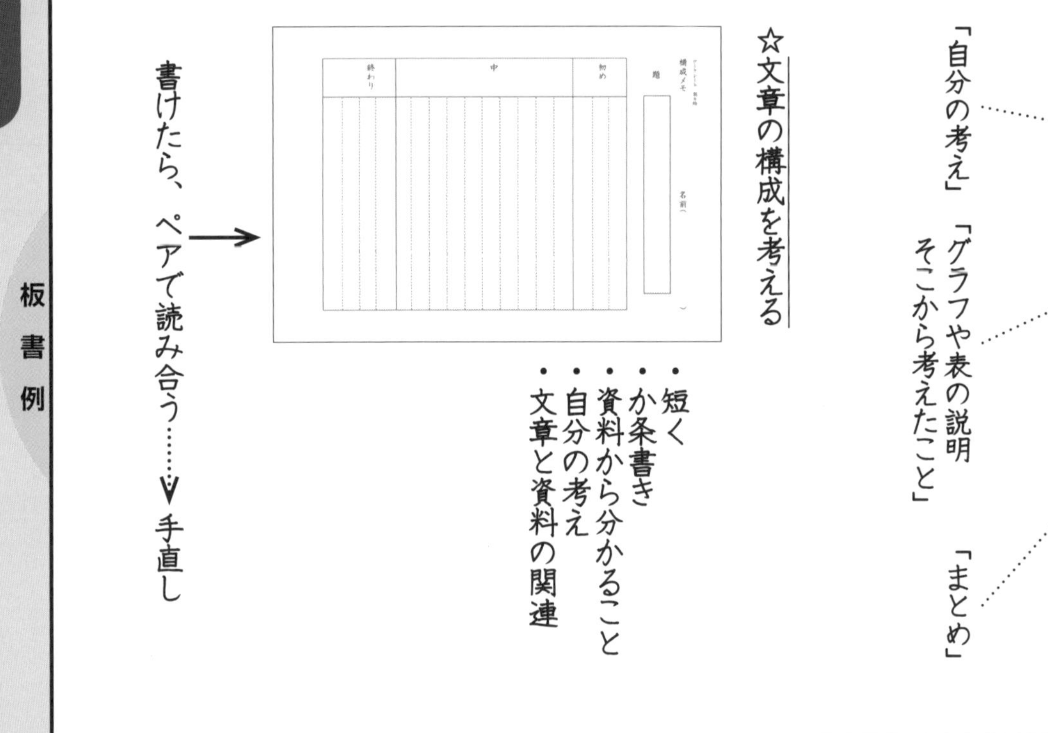

「自分の考え」
「グラフや表の説明
そこから考えたこと」
「まとめ」
☆文章の構成を考える
・短く
・か条書き
・資料から分かること
・自分の考え
・文章と資料の関連
書けたら、ペアで読み合う……手直し

1 整理する　選んだ資料から分かることや自分が考えたことをまとめよう。

「自分が選んだ資料を，詳しく見ていきましょう。」

資料から分かること全てをノートにメモしましょう。自分が考えたことも書いておきます。
主な食料品の輸入が増え続けている。値段は安くなる。でも，輸入が止まったら…
一つのグラフからでも，いろいろ分かることがある。
ここから考えられることは…

メモは箇条書きにする。その中で，自分の考えを裏付けるもの，補強するものには印をつけておく。

「書けたら，隣同士で読み合って，気づいたことがあったら，伝え合いましょう。」

・これは，考えとはあまり関係がないと思うよ。
・資料から分かったことと考えたことが，しっかり書けている。

2 確かめる　例文を読んで構成や特徴を確かめよう。

「P152 の例文を読みましょう。」

始めに範読し，その後，一人読み・斉読をする。

文章は，大きく分けると，どこでいくつに分けられますか。
３つに分けられるね。「初め」「中」「終わり」だね。
「初め」は，「～たくさんいます。」まで。「このように～」からが「終わり」ね。
「初め」は，自分の考え，「中」は詳しい説明，「終わり」はまとめかな。

P151 の最後に３行を読んで確かめる。

「題名は，何としていますか。」

・「社会はくらしやすい方向に向かっている」です。

「これが，中川さんの意見ですね。そのことを，どんな資料を使って説明していますか。」

・「ごみの総排出量の推移」というグラフです。
・資料は「中」の文章で使っています。

できます。接続詞や大事な言葉も書いておくとよいでしょう。

グラフや表を用いて書こう

Ⓜ 選んだ資料についてまとめ、文章の構成を考えよう

☆資料から分かること

（例）
・食料品の輸入は増え続け
・大豆と小麦の輸入が多い
・米はほとんど輸入なし

⇓

☆考えたこと

・安い品が買える
・輸入が止まったらこまる
・安全はどうか

〈例文〉

・「初め」「中」「終わり」の構成

主体的・対話的で深い学び

・選んだ資料から分かることと，そこから考えたことをしっかりとまとめさせる。
・例文を読んで，最終的にどのような文章を書けばよいのかイメージを持たせる。
・上記の２項を基にして文章の構成メモを書き，対話で助言し合ってメモを完成させる。自分が一番書きたいことは何かを明確に持たせておくことが，ポイントとなる。

準備物

・構成メモ用紙  収録【5下_04_05】

3 まとめる　文章の構成を考えよう。

「自分が書く文章の構成を考えて，構成メモにまとめましょう。」

構成メモ用紙を配り，本時の展開 1，展開 2 でわかったことや考えたことを基にして，書き込ませる。

「初め」。くらしやすい方向に向かっている。理由は…
「終わり」は，「中」で説明したことをまとめないと。
「中」は，日本の年齢別人口のグラフを使う。2017 年は…

「短く箇条書きにしましょう。」

・年れい別人口のグラフから分かること。1975 年は高齢になるほど人口が少ない。2017 年は，年令が低いほど人口が少ない。…これで全部かな。

4 助言する　構成メモを読んで助言し合おう。

構成メモを読み合います。自分の考えが分かるように示せているか，資料と文章の関連もよいか確かめましょう。

「初め」に考えは書いてあるけど，そう考えた理由がないよ。
「中」で，資料から分かることは書けているけど，それをもとに考えたことが不十分よ。

「確かめ合ったことを基にして，構成メモを手直ししましょう。」

・資料をもとに考えたことをもっと付け加えよう。
・特に直すところはないから，これでいいわ。

「文章の構成を考える上で，工夫したことや話し合って気づいたこと等をノートにメモしておきましょう。」

グラフや表を用いて書こう
第 9 時（9/11）

本時の目標
グラフや表を活用し，自分の考えが伝わる書き方を工夫して，文章の下書きをまとめることができる。

授業のポイント
教科書の例文をよく読み，基本的な形式（ぼくは … と思います。上のグラフは … 示したものです。このように … など）を取り入れて下書きをさせる。

本時の評価
グラフや表を活用し，自分の考えが伝わる書き方を工夫して，文章の下書きをしている。

〈例文〉 例文で文章のイメージが具体的に分かります。特に，何をどのような順で書いているか，

板書例

「終わり」
「中」のまとめ↓結論（ろん）の理由↓自分の考え（結論）
「このように・・・」

「中」の説明が考えの理由になる。

「中」
資料の説明・分かること↓注目する言葉や数字・分かること↓資料をもとにした考え
「上のグラフは・・・示したものです。」

まず，何を表す資料かを述べる。

文末表現のしかたも参考に。

構成メモをもとに下書き
☆自分の考えを伝える
☆グラフや表と本文の関連

1 読む　例文を再読し，「初め」の書き方を詳しく見よう。

例文の「初め」を音読させる。
「『初め』で，意見が書かれている文はどれですか。」
・「ぼくは…思います。」の文です。
「他は，何が書かれていますか。」
・「なぜなら…からです。」は，その理由です。
・その後は，いくつか例があげてあります。

「初め」の例文で，自分が文章を書くときに，こんな書き方を参考にしたい，取り入れたいというところはありますか。

「ぼくは…思います。」と初めに考えを書くのがいいなと思うよ。

「なぜなら…」と次に理由を書くのを，取り入れたいな。

身近なところから，具体例を挙げて書いておくのも説得力があると思う。

2 読む　「終わり」の書き方を詳しく見よう。

「終わり」の文を音読させる。
「『終わり』の最初の文は，何が書かれていますか。」
・「このように」から始まっているね。
・「この」は，「中」に書いてあることを指している。
・「中」で分かったことをまとめている。
「その後の文は，何が書いてあるのですか。」
・次は，くらしやすいと言える理由を書いている。
・最後にもう一度，自分の意見を書いている。

自分が書くときに，こんな書き方を参考にしたい，取り入れたいというところはありますか。

「このように」という書き出しは使いたいな。

「中」で説明したことを理由にして，自分の考えを書かないといけないね。

「中」のまとめ→理由→自分の考え，という順で書くのが分かりやすくていい。

論の進め方を踏襲させると書きやすくなります。

グラフや表を用いて書こう

㋱ 例文の書き方を参考にして、グラフや表を用いた文章の下書きをしよう

〈例文をくわしく見る〉

「初め」
考え（意見）→理由→身近な例
「ぼくは・・・と思います。」
「なぜなら・・・からです。」

はじめに考えを書くのがいい。

考えた理由も書いておく。

主体的・対話的で深い学び

・例文の書き方や内容を丁寧に読み，対話しながら書き方の工夫を確かめ，自分が書く文章の参考にさせる（何箇所か，書き方をそのまま取り入れてもよい。）
・例文の書き方と照らし合わせながら，構成メモに書いた内容に肉付けをして，下書きを完成させる。

準備物

・各自が使う資料（グラフや表）のコピーなど
・下書き用紙 DVD 収録【5下_04_06】（原稿用紙でもよい）

3 調べる 「中」の書き表し方や工夫について詳しく調べよう。

「次は『中』の文を詳しく読んでいきます。どんな書き方の工夫があるか，しっかり確かめて自分が書く文章の参考にしましょう。」

P152 の下段の解説と上の文章を見比べながら，書き表し方の工夫や順序などを確かめていく。

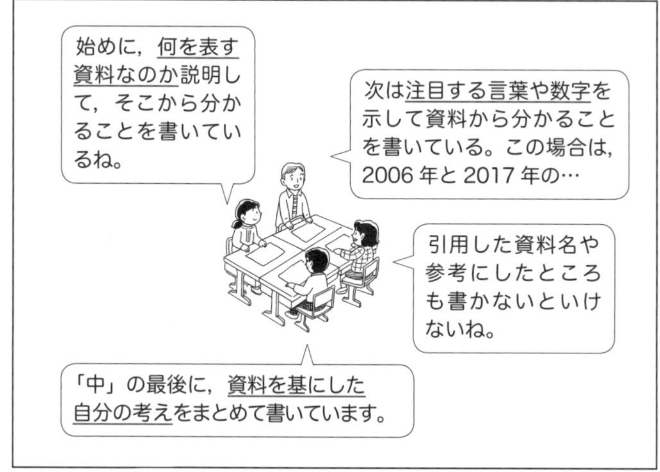
始めに，何を表す資料なのか説明して，そこから分かることを書いているね。
次は注目する言葉や数字を示して資料から分かることを書いている。この場合は，2006 年と 2017 年の…
引用した資料名や参考にしたところも書かないといけないね。
「中」の最後に，資料を基にした自分の考えをまとめて書いています。

「ここで，取り入れたい書き方はありますか。」
・「上のグラフは…示したものです。」かな。
・「表しています」「分かります」「思います」など，文末の表現の仕方も参考になります。

4 書く 構成メモをもとに，下書きをしよう。

「例文を詳しく見ていって，どのように文章を書いていけばよいか，分かってきましたか。」
・大体分かってきたと思います。
・上手く書けるか，まだ不安です。

「隣同士で，困ったときには相談してもよいので，構成メモを見ながら文章の下書きをしましょう。」

自分の考えを伝えることを第一に考えて，本文とグラフや表の関連にも注意しましょう。
再生エネルギーの利用の身近な例はないかなあ。
屋根にソーラーパネルをつけている家があるわよ。
わたしは，日本の社会は…と思います。なぜなら…

グラフや表は，仮に貼り付けておく。

グラフや表を用いて書こう
第10時（10/11）

本時の目標
下書きを見直して，グラフや表を用いた文章を完成させることができる。

授業のポイント
これまで学習してきたことを基にして推敲の観点を明白にし，下書きの見直しをする。

本時の評価
グループで下書きの推敲をし，文章を清書して完成させている。

板書例

〈下書きの修正〉消しゴムで消してしまわないで，できる限り赤字で修正し，どこをどのように

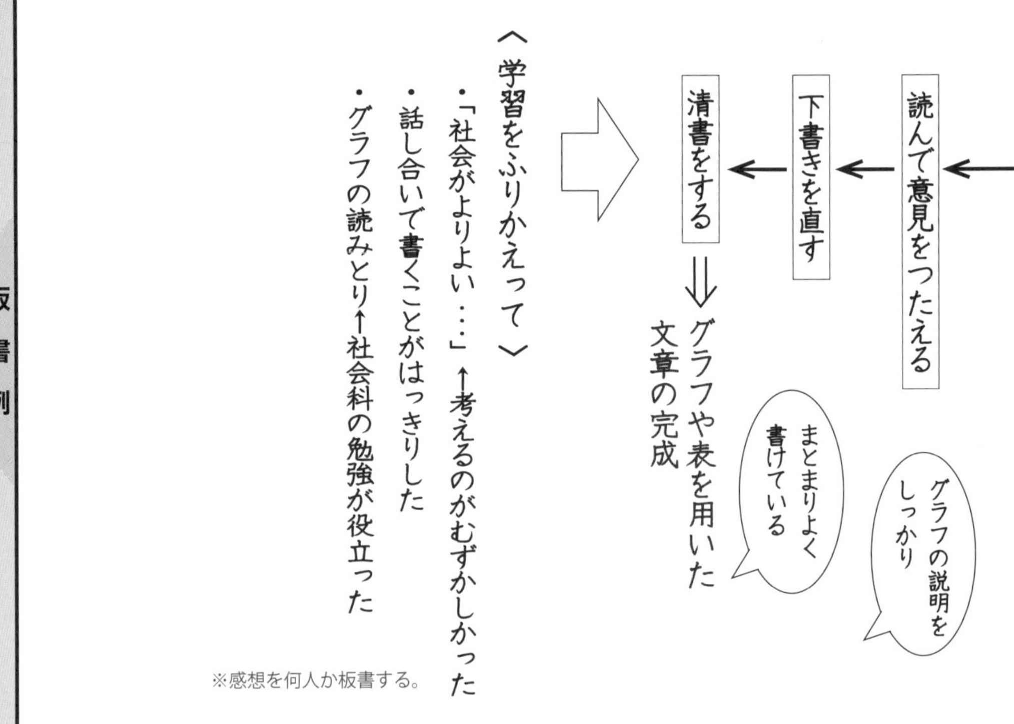

読んで意見をつたえる
下書きを直す
清書をする
グラフの説明をしっかり
まとまりよく書けている
グラフや表を用いた文章の完成
〈学習をふりかえって〉
・「社会がよりよい…」←考えるのがむずかしかった
・話し合いで書くことがはっきりした
・グラフの読みとり←社会科の勉強が役立った
※感想を何人か板書する。

1 観点の共有　文章を見直す観点を明確にしよう。

「今日は，下書きしたものを読み合って，必要なところは書き直します。その後，清書もします。」

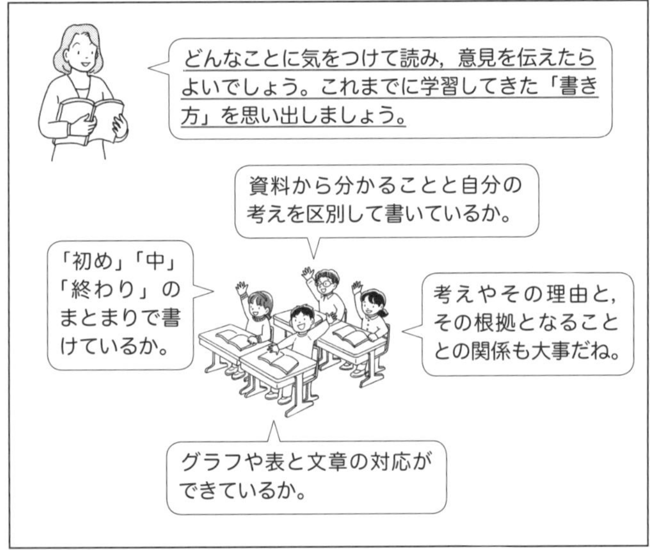

どんなことに気をつけて読み，意見を伝えたらよいでしょう。これまでに学習してきた「書き方」を思い出しましょう。
資料から分かることと自分の考えを区別して書いているか。
「初め」「中」「終わり」のまとまりで書けているか。
考えやその理由と，その根拠となることとの関係も大事だね。
グラフや表と文章の対応ができているか。

「いつも，見直しで気をつけていることは？」
・字や言葉の使い方のまちがいはないか。

2 読む　文章を読み合い，気づいたことを伝えよう。

「グループの中で文章を回し読みして，気づいたことを伝えましょう。」

グループの全員分を読み，気づいたことは，その都度付箋に書いて貼らせる。

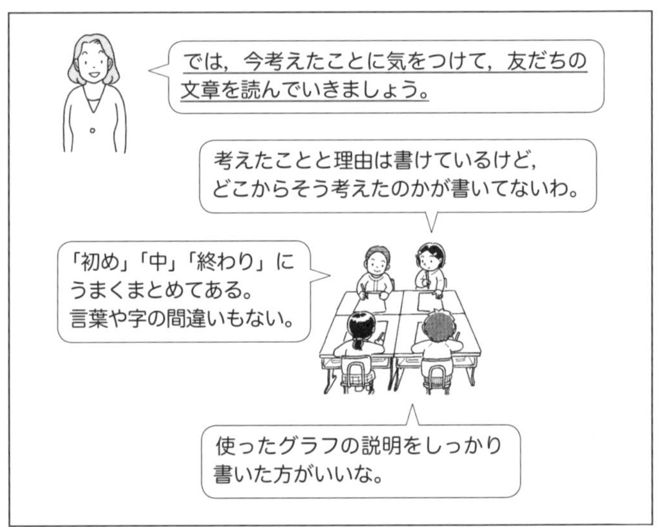

では，今考えたことに気をつけて，友だちの文章を読んでいきましょう。
考えたことと理由は書けているけど，どこからそう考えたのかが書いてないわ。
「初め」「中」「終わり」にうまくまとめてある。言葉や字の間違いもない。
使ったグラフの説明をしっかり書いた方がいいな。

「書いてくれた意見に質問があれば聞きましょう。」
・書いている意味が分かりにくいんだけど…。
・もう少し，説明を付け加えるよ。それはね…

修正したかが分かるようにしておきます。

グラフや表を用いて書こう

㋱ 下書きを見直して清書をしよう

〈下書きを読み合う〉
・「初め」「中」「終わり」のまとまり
・資料からわかること、自分の考えを分ける
・グラフや表と、文章の対応
・考えや理由↑根きょ
・字や言葉

根きょが
かけていない

主体的・対話的で深い学び

・これまでの学習を基にして，どのような観点で下書きを読めばよいか話し合って確認し合う。
・下書きを読んで意見を伝え合い，よりよい文章に仕上げる。

準備物

・清書用紙 DVD 収録【5下 _04_07】（原稿用紙でもよい）
・付箋

3 書く　下書きを見直して，必要な修正を加え，清書しよう。

友だちの意見を読んで，下書きを手直ししたいところがあれば書き直しましょう。

ぼくは書き直さなくてもいいと思うから，これでいいや。

グラフと文章との対応をもっと分かりやすくしよう。

考えや理由の根拠をもっと詳しく書こう。

下書きに赤で線を引いて消したり，赤字で書き加えたりして，どこを加筆修正したか分かるようにする。

「下書きの手直しができましたか。それでは，手直しができた文章を清書しましょう。」

・清書だから，丁寧な字で書こう！

資料（グラフや表）の位置も考えて，書き込んだりコピーを貼ったりさせる。

4 交流する　学習を振り返って，感想を交流しよう。

「グラフや表を用いた文章を書くために，ここまでどんな学習をしてきたか，振り返ってみましょう。」

・「固有種が教えてくれること」を読んで，資料を用いた文章の読み方や資料の効果を勉強した。
・社会がくらしやすい方向に向かっているか考えた。
・自分な考えに合う資料を選びました。
・構成メモを作り，下書きをして，清書をした。

ここまでの学習を振り返って，よかったこと，難しかったこと，その他，感想を出し合いましょう。

グラフや表からの読みとりは，社会科で勉強していたから分かりやすかった。

「社会はよりよい方向に向かっているか」考えるのが難しかったよ。

みんなと話し合って，書くことがだんだんはっきりしてきてよかった。

グラフや表を用いて書こう
第11時（11/11）

本時の目標
書いた文章を読み合い，組み立てや説得力のある資料の使い方について気づいたことを伝えあうことができる。

授業のポイント
グループで読み合うことが中心となるが，全体の場でもできるだけ多く発表させ，知り合えるようにする。

本時の評価
文章の組み立てや説得力のある資料の使い方について気づき，相手に伝えている。

〈交流〉グループでは，少人数のよさを生かした中味の濃い読みとりや意見交流，全体では，

板書例

☆どんなグラフや表
・何を見つけているか
・どのように用いているか

感想をつたえ合う

☆グループで

同じ考え。理由がなっとくできる。

資料の使い方説得力が弱い。

そうは思わない。考え方がちがう。

☆全体で…「なるほど」
・移動電話が3倍。もっと便利になる。
・移動電話グラフで考えをうら付け
　固定電話のグラフはどう考える？

〈気づいた　おもしろい〉
・資料で考えをうら付け→おもしろい
・同じグラフでもちがう考えも…

1 視点をもつ　読み合うときのめあてを持とう。

「今日は，友だちが書いた文章を読み合います。友だちの考えと，グラフや表を用いた文章の書き方について見ていきましょう。」

読んで，どんなことを知りたいですか。相手に伝えたいですか。
今の社会についての友だちの考えです。自分の意見と比べます。
資料からどんなことを見つけているか知って，意見を伝えたいです。
どんな資料を使ったのか，知りたいです。

「教科書の“5書いた文章を友達と読み合おう。”も見ておきましょう。」
・文章の構成の仕方も見ておかないといけないね。
・説得力があるかどうかで，よい文章かどうかが決まるね。

2 読む伝える　文章を読み合い，考えや書き方について感想を伝えよう。

グループ（下書きを読み合ったグループとは別のグループ）で，書いた文章を１人ずつ順番に発表していく。聞いて思ったことをメモしておく。

友達の発表を聞いて，先ほど話し合った観点で思ったことを伝えましょう。

ぼくは，日本の社会は，くらしやすい方向に向かっていると思います。なぜなら…
わたしは，くらしやすい方向に向かっているとは思えないわ。だって…
わたしも同じ意見だけど，この資料の使い方では，説得力が弱いと思います。その理由は…
くらしやすい方向に向かっていると考えた理由は，納得できるように書いてあります。

視野を広げてさまざまな考えや書き方に触れることを目指します。

グラフや表を用いて書こう

㋱ 書き表し方や内容に注意して文章を読み合い、気づいたことやよい点をつたえ合おう

文章を読み合う

☆今の社会についての考え
・くらしやすい方向に向かって（いる・いない）
・自分の考えと比べる ⇨ 説得力は？

主体的・対話的で深い学び

・観点を明確にして読み合うことで，相手に助言を伝えると同時に，自分自身も文章の書き方を再認識し，理解を深める。
・全体で交流することで，社会についての考え方や文章の書き方についてのより広い視点に触れる。

準備物

・児童が清書した文章

3 交流する　クラス全体の中で文章を発表し，聞き合おう。

「今度は，グループから１人，みんなの前で読んでもらいます。『なるほど。』と思えるところを見つけてみましょう。」

「○○さんはこう思っていたのか」など，「クラスみんなで学習した」という感覚を大切にする。

わたしは，日本の社会は，くらしやすい方向に向かっていると思います。なぜなら…

大川さんの発表について，「なるほど」と思ったことを言いましょう。

移動電話が３倍にも増えていることから，これからもっと便利になるだろう，という意見には，なるほどと思いました。

自分の考えを裏付けるように移動電話のグラフを使っています。固定電話のグラフはどう考えるのかな？

4 まとめる　交流で気づいたことを確かめ合い，学習を振り返ろう。

読んだ感想を伝え合って，気づいたことや面白かったことを言いましょう。

資料で自分の考えを裏付けていくって，面白いなと思いました。他のテーマでも考えてみたい。

食料品輸入の割合の同じグラフから，「くらしやすい」「くらしにくい」という２つの考えが出てきて意外でした。

「教科書の“たいせつ”と“いかそう”を読んで話し合いましょう。」
・目的に合った資料を選ぶのは結構大変だけど，大事なことだね。
・資料から分かることと，自分の考えたことを分けて書くのはできそうだ。
・理科や社会の学習で，グラフや表を使ってみよう。

収録（児童用ワークシート見本）

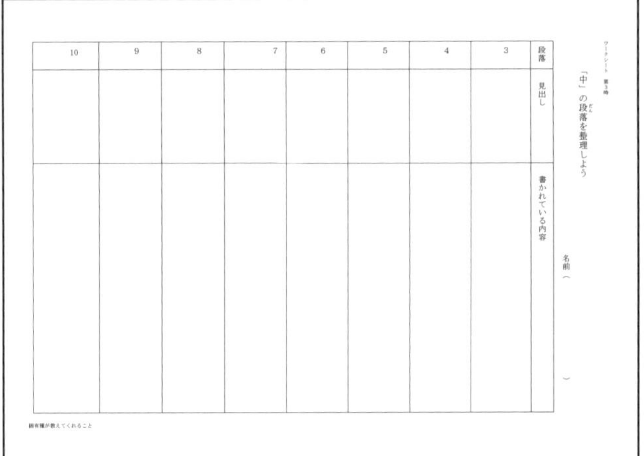

ワークシート　第3時

「中」の段落を整理しよう

名前（　　　　　　）

段落	見出し	書かれている内容
3		
4		
5		
6		
7		
8		
9		
10		

固有種が教えてくれること

ワークシート　第3時

「中」の段落を整理しよう（記入例）

名前（　　　　　　）

段落	見出し	書かれている内容
3	日本には固有種が多い	同じように大陸に近い日本とイギリスで、陸地にすむほ乳類を比べると、日本のほうが種の数も固有種の数も多い。
4	三つのちいきに分けられる日本列島	はるか昔、日本列島が大陸と陸続きのときに、多くの動物がわたってきた。その後、北海道、本土、南西諸島の三つの地域が、ことなった時期に大陸から切りはなされて島になった。
5	他の地域と分断されて生まれる固有種	南西諸島は更新世前期に大陸から切りはなされ、アマミノクロウサギは生き残った。本土は、ニホンザルなど更新世中期のものが生き残り固有種になった。
6	固有種が少ないちいき	北海道は、新しい時代に大陸とはなれたので、大陸と同じ種が多い。さらに新しい時代に分かれたイギリスには固有種がいない。
7	固有種が多い日本列島の環境	日本列島にさまざまな動物が長い間生き続けられたのは、気候的なちがいが大きく地形も変化に富んでいるからである。長く保たれてきた固有種が生き続けられる環境が保全される必要がある。
8	固有種が減ってきている	人間の活動によって、動物のすむ場所が失われていき、固有種の絶滅が進んでいる（ニホンオオカミ、ニホンカワウソなど）。
9	固有種の保護	積極的な保護が行われて、再び数が増加している動植物もある（ニホンカモシカなど）。
10	生息環境と保護のバランス	ニホンカモシカは、保護で増えたが、生息場所が減少して食害を起こしている。固有種の保護は、生息環境の保護とのバランスが重要である。

固有種が教えてくれること

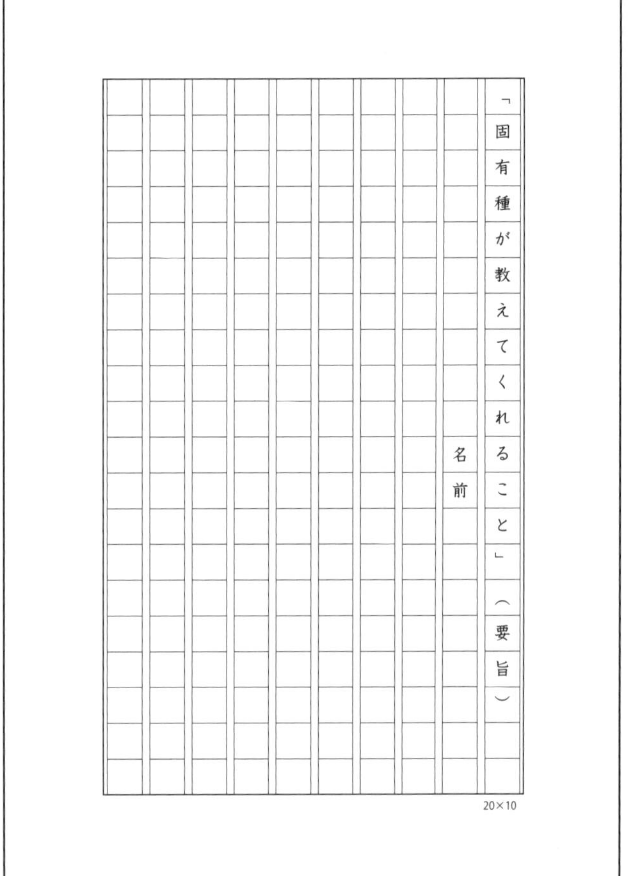

「固有種が教えてくれること」（要旨）

名前

20×10

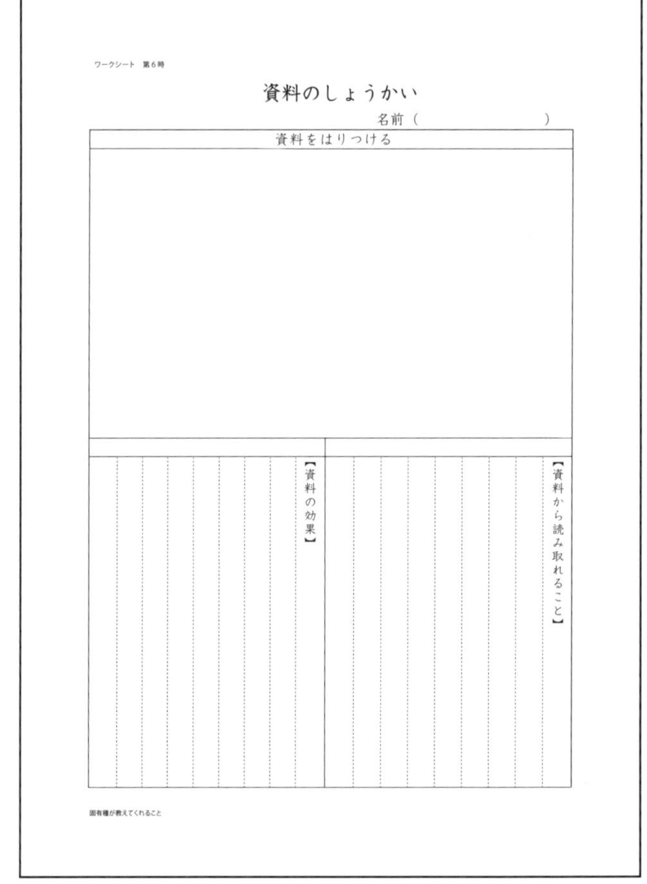

ワークシート　第6時

資料のしょうかい

名前（　　　　　　）

資料をはりつける

【資料から読み取れること】

【資料の効果】

固有種が教えてくれること

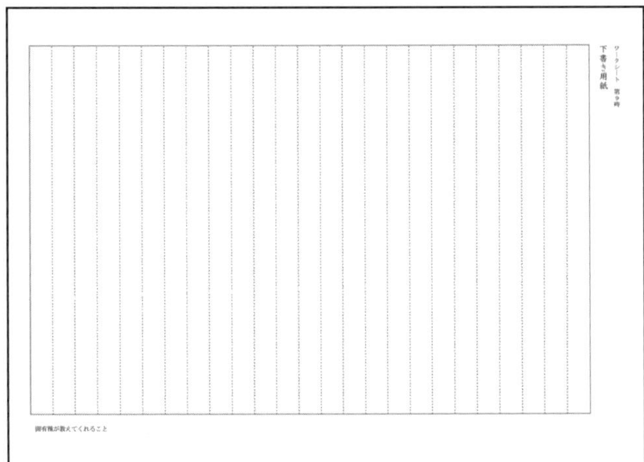

ワークシート　第9時

下書き用紙

固有種が教えてくれること

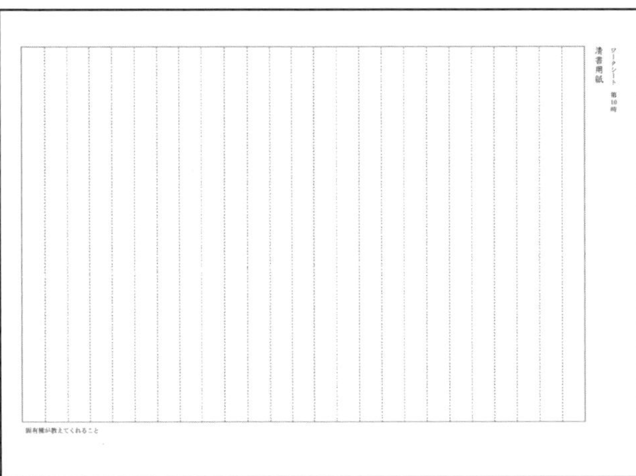

ワークシート　第10時

清書用紙

固有種が教えてくれること

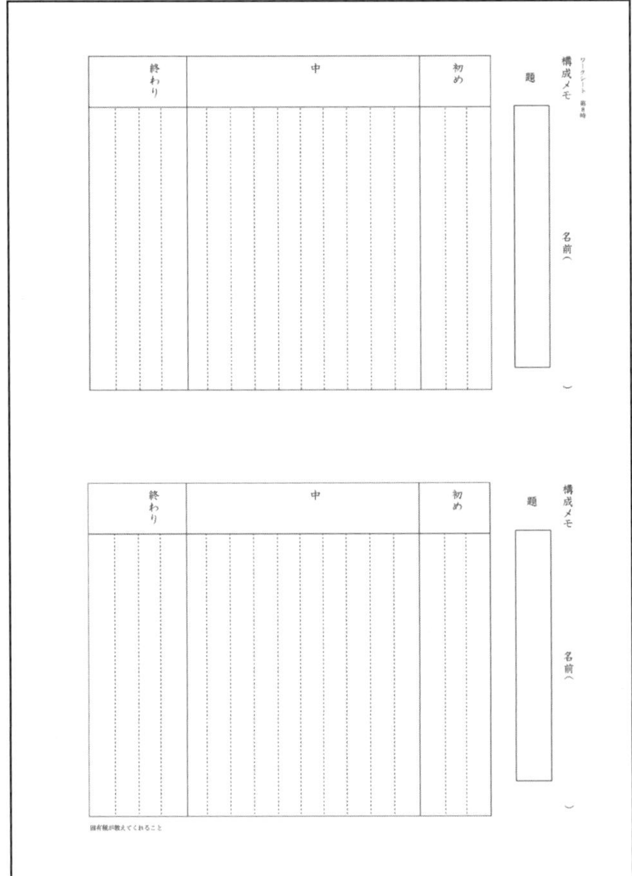

ワークシート　第8時

構成メモ

題

名前（　　　　）

終わり	中	初め

構成メモ

題

名前（　　　　）

終わり	中	初め

固有種が教えてくれること

古典芸能の世界―語りで伝える

全授業時間１時間

◉ 指導目標 ◉

・古典について解説した文章を読むことを通して，昔の人のものの見方や感じ方を知ることができる。

◉ 指導にあたって ◉

① 教材について

落語は，扇子や手ぬぐいといったわずかな小道具と身振り手振り，演者の話芸だけで何人もの登場人物を演じ分け，さまざまな場面や状況を表現します。児童にとっては，漫才の方がより身近な演芸かも知れませんが，落語のおもしろさに触れることができるよい機会になるでしょう。

江戸時代以来，多くの落語家たちに演じられ，今日に至っている演目がたくさんあります。新作落語以外は，ほとんどの登場人物は現代人ではなく，江戸庶民たちです。お金一つ例にとっても「何円」ではなく，「何文」の世界であったり「何円何十銭」の世界です。さまざまな場面で，児童の生活感覚とのズレはありますが，それでも，登場人物がくり広げるやりとりのおもしろさや話術の巧みさなどを味わうことはできます。

まずは，指導する教師が，いくつか代表的な落語を聞いて，そのおもしろさや奥深さを味わいましょう。落語のCD や DVD も多く販売されています。本単元は 1 時間の設定ですが，別に時間が取れるなら，児童と一緒に落語の世界を楽しむのもよいでしょう。

② 主体的・対話的で深い学びのために

この単元のねらいには，落語という古典芸能について知り，関心を高めていくことがあげられています。そのためには，言葉や知識として落語を理解しおもしろさを知るだけでは不十分です。できる限り，「本物」に触れさせ，そのおもしろさを味わえることが大切です。

教科書から見られる動画資料や，他に落語が演じられているものを十分活用して，児童が（できれば児童と教師が一緒に）落語のおもしろさを味わえる機会を設けたいものです。見るだけでなく，自分たちも演じてみて，それについて意見を交流することで落語を楽しむこともよいでしょう。1 時間の学習で得られることには限界があるので，さらに調べてみたいという意欲を持たせましょう。

◉ 評価規準 ◉

知識及び技能	古典について解説した文章を読むことを通して，昔の人のものの見方や感じ方を理解している。
主体的に学習に取り組む態度	進んで昔の人のものの見方や感じ方を知り，学習課題に沿って，古典について解説した文章を読もうとしている。

◉ 学習指導計画　全１時間 ◉

次	時	学習活動	指導上の留意点
1	1	・落語について知っていることを話し合い，落語の一部分を視聴する。 ・教科書から，落語の特徴を読みとる。 ・落語のしぐさについて確かめ，試しに自分たちで演じてみる。 ・「まんじゅうこわい」を読んで，どこがおもしろいか話し合う。	・知識として落語の特徴やおもしろさを知るだけでなく，演じている場面を見たり，実演したしてみておもしろさを体感させる。

古典芸能の世界

第 1 時 (1/1)

本時の目標

落語の演じ方の特徴を知り，古典芸能としての落語への関心を高めることができる。

授業のポイント

落語の一部を視聴したり，仕草をまねて見たりするなど，実際の体験を通して落語のおもしろさに気づかせる。

本時の評価

落語の表現方法や仕草を知り，落語のおもしろさを感じ取って関心を高めている。

〈視聴〉普段，落語をあまり聞いたことがない教師は，いくつかの話を是非とも視聴し，落語の

板書例

・声の調子、表情や向き、体の動き↓多くの人物

・せんすやてぬぐい…さまざまなしぐさ

道具をあまり使わず、声や体の動きでたくさんの人物やしぐさを演じ分ける。

〈いろいろなしぐさをためしてみる〉

・そばを食べる　・飲む

・戸をたたく　・寒い

・手紙を読む　など

せんすを使ってやってみよう

〈「まんじゅうこわい」おもしろいところ〉

・こわいと言っていっぱい食べる

・松っちゃんと仲間のやりとり

・「落ち」＝「あとは、こいお茶が一杯(ぱい)こわい」

→今度はお茶を持ってこさせようと…

1 つかむ　落語って何だろう。

「落語を見たり聞いたりしたことがありますか。知っていることがあれば言って下さい。」

- テレビで見たことがあります。
- おじいちゃんが好きで，よく CD を聞いている。
- 着物を着た人が，一人で話していた。

落語の一場面を実際に見せて，感想を交流する。

今のが落語です。途中までですが，感想を出し合いましょう。
座ってしゃべっているだけだけど，何か面白そうな話になりそうだね。
次々と言葉が出てきて，楽しくなりそうだね。
話し方がとても上手だね。聞いていて飽きないよ。

落語を見たり聞いたりしたことがない児童も多いだろう。まずは「百聞は一見にしかず」，どんなものか感覚的にとらえさせる。

2 知る　落語の演じ方の特徴を知ろう。

「落語には，どんな特徴があるのか，教科書で確かめましょう。」

教科書 P154 の本文を読む。

分かったことを言いましょう。先程見た落語から，分かったことも出してもいいですよ。

身振りを交えて１人で話をします。江戸時代頃から今のようになった。

たくさんの人物を一人で演じ分ける。扇子や手ぬぐいを使う。

笑える話が多いが，感動する話や怖い話もある。

話の最後は「落ち」で締めくくって，観客の笑いを誘う。

「他とは違う特徴を簡単にまとめましょう。」

- 道具をあまり使わず，声や体の動きでたくさんの人物やさまざまなしぐさを演じ分ける。

おもしろさを味わってから，児童にも教えましょう。

古典芸能の世界―語りで伝える

㋱ 落語についてくわしくなり、おもしろさを味わってみよう

〈落語の特ちょう〉
・身ぶりをまじえて一人で語る
・江戸(えど)時代ごろから
・笑える話、感動する話、こわい話
・「落ち」…しゃれ、意外な結末→笑いをさそう

主体的・対話的で深い学び

・演じている場面を見たり，自分たちでも試してみて，それについて感想を出し合ったり話し合うことで，落語のおもしろさを肌で感じさせたい。
・本文と「まんじゅうこわい」の話を読んで，特徴やどこが面白いかを対話を通して理解させる。
・落語への関心を高め，さらに調べてみようとさせる。

準備物

・落語一席（教科書の QR コード，DVD など）
・扇子1本，てぬぐい1枚（児童各自）
・落語の本（図書館などから借りてくる）

3 試す　落語のしぐさを確かめて，実際に試してみよう。

「扇子や手ぬぐいを使って，どのようなしぐさを表現しているのか１つずつ確かめてみましょう。」

P155 の８枚の写真から，仕草を確かめる。

そばを食べるしぐさをどのように表現していますか。右手，左手は何をしている？顔はどうですか？
右手はお箸でそばを口に運んでいる。お箸のように持っているのは扇子だね。
顔は，おそばを食べている顔。ズルズルッとか言っているのかな。
左手はお椀を持っているしぐさをしているわ。

他のしぐさも同様に確かめていく。

「グループの中で，１人が１つずつしぐさを選んで実際に扇子と手ぬぐいを持って演じてみましょう。」

・戸をたたくしぐさをしてみるね。右手は，多分扇子で床をたたいて音を出す。左手は戸をたたくしぐさです。

4 対話する　「まんじゅうこわい」を読んで，おもしろさについて話し合おう。

教科書 P275 の「まんじゅうこわい」を音読させる。初めは，役を決めてセリフを言わせる。

「次は，１人で演じてもらいます。声や話し方，顔や体の向きを変えて工夫して下さいね。」

・「おう，松っちゃん，おい松。」…

希望する数人の児童に演じさせる。

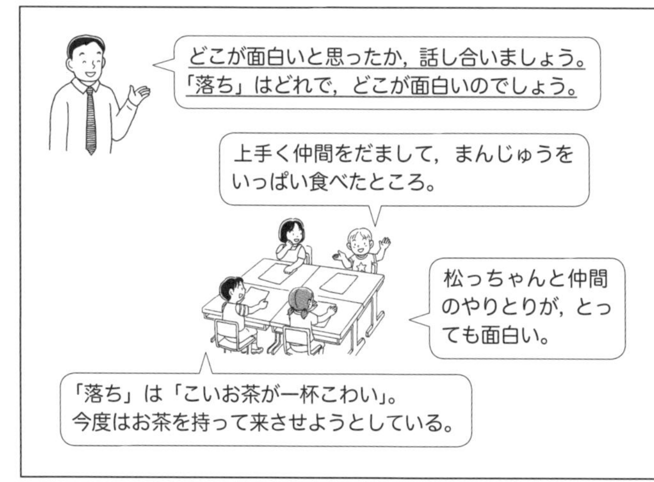
どこが面白いと思ったか，話し合いましょう。「落ち」はどれで，どこが面白いのでしょう。
上手く仲間をだまして，まんじゅうをいっぱい食べたところ。
松っちゃんと仲間のやりとりが，とっても面白い。
「落ち」は「こいお茶が一杯こわい」。今度はお茶を持って来させようとしている。

「落語についてもっと知りたいことはありませんか。

・怖い話って，どんなのがあるのかな？

教室に落語の本を置いて，調べられるようにする。

カンジー博士の暗号解読

全授業時間２時間

◉ 指導目標 ◉

・第５学年までに配当されている漢字を読むとともに，漸次書き，文や文章の中で使うことができる。

◉ 指導にあたって ◉

①　教材について

漢字暗号文の解読に取り組み，漢字暗号文を自らも作って出題するという２つの活動をする教材です。本単元の教材で出題された暗号文を解くポイントは，文脈から読み方を推測し，それに該当する漢字を見つけることです。このときに，熟語の知識が必要になります。この教材は，「暗号」を解く，作るというゲーム的なものの楽しさの中で，熟語や漢字の意味を考えさせ，漢字を書く機会を重ねさせることが主なねらいになっています。

②　主体的・対話的で深い学びのために

漢字を苦手とする児童の場合，漢字の理解が不十分であることの他に，日常の文章を書くときに，漢字を「使う」ことが不十分になっていることも起因していると考えられます。暗号文を解くだけの学習に終わらず，国語辞典や漢字辞典を十分活用して，同音異義の漢字や熟語を見つける楽しさにも触れながら語彙を増やし，文の中で使えるようにさせていきます。

暗号を解き，出題することは，児童にとって楽しい活動です。しかし，ゲーム的な活動だけに，うまくできなければ，楽しいどころか苦痛になってしまいます。話し合いの中で，暗号の解き方や問題文の作り方を見つけさせることで，学習への関心と意欲を高め，主体的に活動していく姿勢を引き出すことができます。

◎ 評価規準 ◎

知識 及び 技能	第５学年までに配当されている漢字を読むとともに，漸次書き，文や文章の中で使っている。
主体的に学習に取り組む態度	進んで漢字の読み方について関心をもち，これまでの学習をいかして，漸次書こうとしている。

◎ 学習指導計画　全２時間 ◎

次	時	学習活動	指導上の留意点
1	1	・アンゴー教授からの漢字暗号文について，何をすればよいかを知る。 ・グループで解き方を相談しながら，アンゴー教授の暗号文を解く。 ・教科書①の問題を解き，どのように解いたか交流をする。	・暗号文の解き方の手順がどの児童にもしっかりと分かるように確認させ合う。 ・暗号文を解くだけでなく，どのようにして解いたのかも交流させる。
	2	・教科書②③の問題を解き，解き方を交流する。 ・暗号文作りの手順を知り，暗号文を作ってみる。 ・作った暗号文を解き合う。	・教科書の問題を解きながら，自分で問題を作ろうとする意欲を喚起する。 ・ワークシートを活用して問題作りの手順を理解させる。 ・漢字・国語辞典などを準備しておく。

DVD 収録（児童用ワークシート見本）

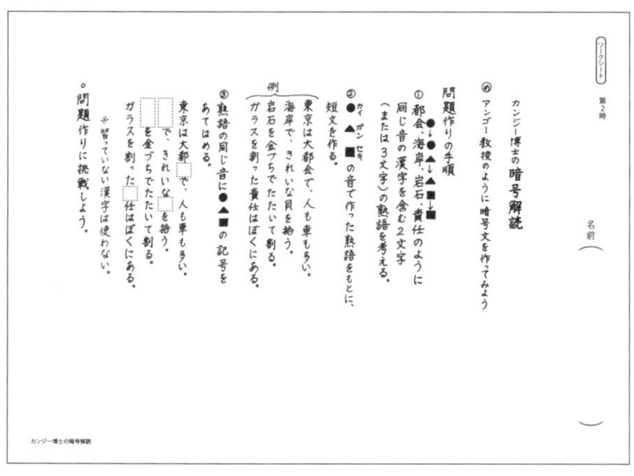
ワークシート　第2時

カンジー博士の暗号解読

名前（　　）

◎アンゴー教授のように暗号文を作ってみよう

問題作りの手順

①都会、海岸、岩石、責任のように同じ音の漢字を含む２文字（または３文字）の熟語を考える。

●→●▲→▲■→■

②●（カイ）▲（ガン）■（セキ）の音で作った熟語をもとに、短文を作る。

例
東京は大都会で、人も車も多い。
海岸で、きれいな貝を拾う。
岩石を金づちでたたいて割る。
ガラスを割った責任はぼくにある。

③熟語の同じ音に●▲■の記号をあてはめる。

東京は大都□で、人も車も多い。
□で、きれいな□を拾う。
□を金づちでたたいて割る。
ガラスを割った□任はぼくにある。

※習っていない漢字は使わない。

。問題作りに挑戦しよう。

カンジー博士の暗号解読

カンジーはかせの暗号解読
第1時（1/2）

本時の目標
同じ音を持つ漢字に興味を持ち，漢字の暗号文の解き方を考え，問題を解くことができる。

授業のポイント
児童が，意欲的に取り組めるかどうかは，暗号文の解き方の手順を分からせることがカギになる。暗号文の解き方が理解できるように丁寧に指導する。

本時の評価
漢字の暗号文の解き方を考え，問題を解いている。

板書例

〈分かるところから順に〉●▲■のうち，どれか1つ目の読み方が分かれば，そこから順次分かってい

(3) 小説▲（カ①／家）が書いた紀行文を読む。

☆解き方
① ●▲■のどれか一つの読み方を見つける
② 分かった読み方を手がかりに次の読み方を見つけていく
③ あてはまる漢字を見つける

教科書問題㈠
●＝カク　▲＝チ　■＝シン

(1) 親友と世界各地へ旅に出る。
(2) 山脈の正確な位置を調べる。
(3) ライトに新品の電池を入れる。
(4) 組織の一員としての責任を自覚する。
(5) 進行方向に、建築中の家がある。

1 つかむ　アンゴー教授からの暗号文を調べよう。

アンゴー教授からの漢字暗号文を黒板にはる。

「アンゴー教授からカンジー博士に届いた漢字暗号文です。これを解いてみましょう。」
- 面白そう！

みんなで暗号文を読む。
- （1）北西の●角で▲■が…

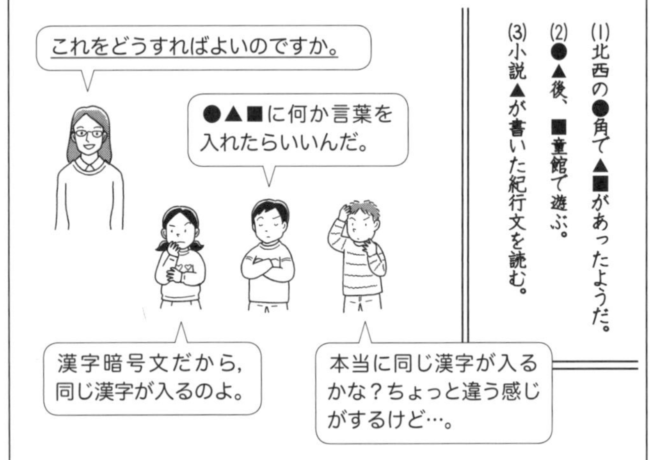

これをどうすればよいのですか。
●▲■に何か言葉を入れたらいいんだ。
漢字暗号文だから，同じ漢字が入るのよ。
本当に同じ漢字が入るかな？ちょっと違う感じがするけど…。
(1) 北西の●角で▲■があったようだ。
(2) ●▲後、■童館で遊ぶ。
(3) 小説▲が書いた紀行文を読む。

「カンジー博士の吹き出しを読んで確かめましょう。」
- ●▲■の中に入るのは，同じ漢字じゃなくて，同じ読み方の別の漢字なんだ。

2 考える　暗号文の解き方を考えよう。

「グループで相談して，暗号を解いてみましょう。」

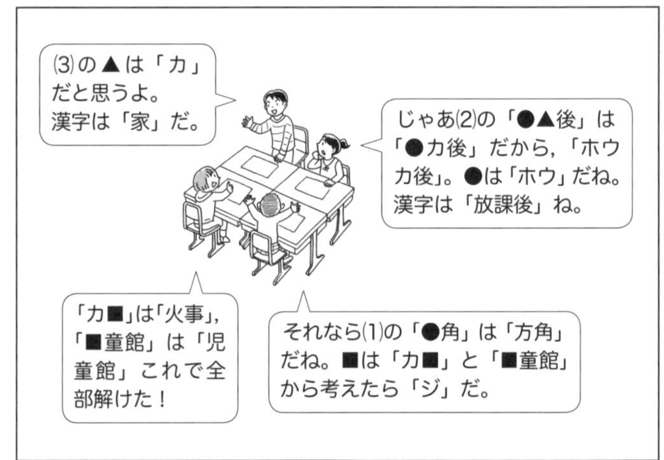

(3)の▲は「カ」だと思うよ。漢字は「家」だ。
じゃあ(2)の「●▲後」は「●カ後」だから，「ホウカ後」。●は「ホウ」だね。漢字は「放課後」ね。
「カ■」は「火事」，「■童館」は「児童館」これで全部解けた！
それなら(1)の「●角」は「方角」だね。■は「カ■」と「■童館」から考えたら「ジ」だ。

「解いてみて分かった暗号の解き方の手順をみんなで確認しましょう。」
- まず，●▲■中で読み方が分かる言葉を探す。
- 見つけた読み方を入れてみて，２つめの読み方が分かる言葉を探す。それも入れたら最後の読み方も分かるね。
- それぞれの読み方に合う漢字を探す。
- 読み方が１つ分かる毎に漢字を探してもいいね。

きます。このような方法（考え方）は他の学習場面でも役立ちます。

古典芸能の世界ー語りで伝える

㋱ 漢字暗号文の解き方を考えて、暗号を解読しよう

●▲■の記号ごとに、同じ読み方の別の漢字を入れる

(1) 北西の●角で▲■があったようだ。

方　火事（ジ③）

(2) ●▲後、■童館で遊ぶ。

放課（ホウ②）　児

主体的・対話的で深い学び

- 暗号文を解く設定なので，興味を持って取り組める教材である。
- 暗号の解き方の手順が分かれば，後は自力でも十分解いていけるので，まずその手順をしっかりと理解させておく。
- 教科書のアンゴー教授からの漢字暗号文は，グループで話し合いながら解き方を見つけていく。
- 問題①は，自分の力で解かせる。分からなくなったら，国語辞典で調べたり，隣同士で相談してもよいことにしておく。

準備物

- 国語辞典

3 問題を解く　①の暗号文を解いてみよう。

では，今分かった解き方の手順で，教科書の①の問題を解いてみましょう。今度は，相談しないで自分の力で解きましょう。

(2)の正●な位▲は，「正確な位置」だわ。●は「カク」▲は「チ」だから…

どれが分かるかな？(5)の「■行方向」は「進行方向」かな。だったら…

(1)の「■友」は「親友」だ。(3)は「新品」で，(5)は「進行方向」どれも「シン」だから間違いなし！

●▲■の読み方は分かったが，漢字が分からない児童は，国技辞典で調べさせる。見つけた答えはノートに書いていく。

・「カクチ」はどう書くのかな…調べよう。

(1)の答えは「親友と世界各地へ旅に出る。」

4 交流する　①の答えと解き方を発表して確認しよう。

「では，●▲■は，どんな読み方で，それぞれどんな字が入るか答え合わせをしていきましょう。」

- ●の読み方は「カク」です。
- ▲は「チ」，■は「シン」です。

(1)～(5)の正解の文を黒板に書いて発表させる。

どのように解いていったのかも説明しましょう。

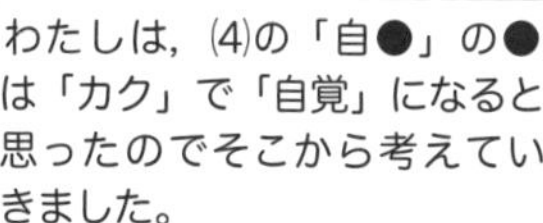

わたしは，(4)の「自●」の●は「カク」で「自覚」になると思ったのでそこから考えていきました。

ぼくは，(1)の「■友」が「親友」だと，すぐに分かりました。そこから次に…

・一人で考えても，全部正解だった！

「今日の学習で気づいたことや，覚えておきたい漢字や熟語は，ノートに書いておきましょう。」

カンジーはかせの暗号解読
第2時（2/2）

本時の目標
漢字の暗号文の解き方に慣れ，作り方を理解して，暗号文を作ることができる。

授業のポイント
問題作りをすることで，漢字への興味関心を高める。問題作りを丁寧に指導し，楽しませることが大切である。

本時の評価
前時の学習を生かして，漢字の暗号文を解いている。暗号文の作り方を理解して，自分で問題を作っている。

〈手順の理解〉前時と同様，手順をしっかりと掴ませることが大切です。手順通りにすれば問題が

板書例

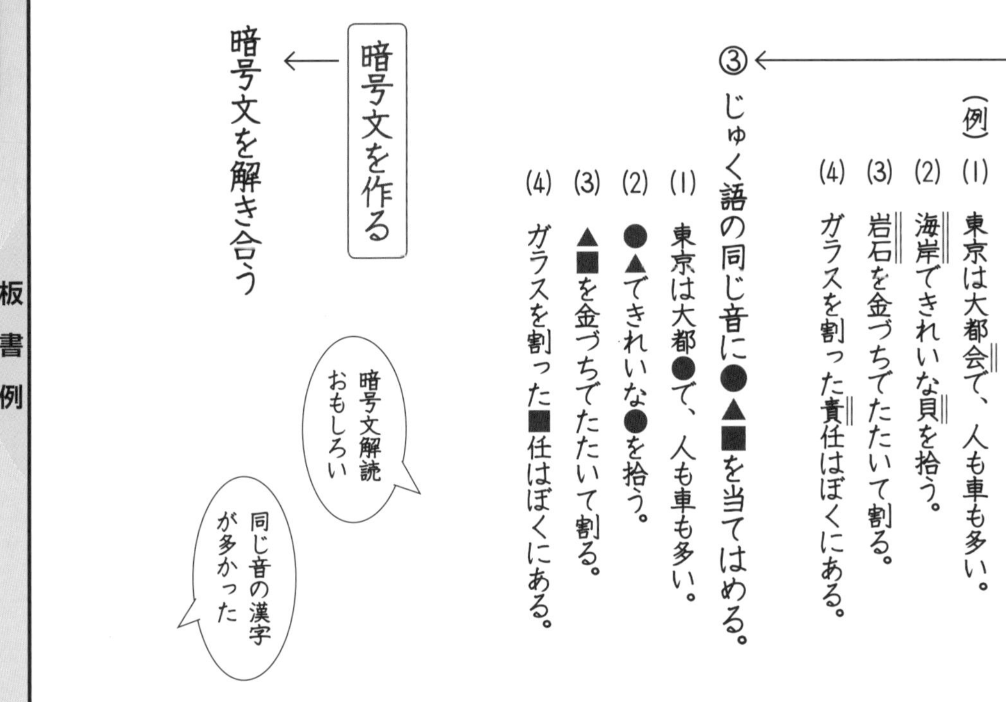

（例）
(1) 東京は大都会で、人も車も多い。
(2) 海岸できれいな貝を拾う。
(3) 岩石を金づちでたたいて割る。
(4) ガラスを割った責任はぼくにある。
③
じゅく語の同じ音に●▲■を当てはめる。
(1) 東京は大都●で、人も車も多い。
(2) ●▲できれいな●を拾う。
(3) ▲■を金づちでたたいて割る。
(4) ガラスを割った■任はぼくにある。
暗号文を作る
暗号文を解き合う
暗号文解読おもしろい
同じ音の漢字が多かった

1 つかむ　前の時間の学習を振り返り，本時の目標をつかもう。

前時に学習したこと（特に暗号の解き方）を思い出して，本時の学習につなげる。

前の時間にどんなことを勉強しましたか。思い出しましょう。
アンゴー教授からの漢字暗号文の解読をしたね。
●▲■に入る漢字を見つけて暗号を解くのだった。同じ読み方の別の漢字だった。
どれか一つ，分かる読み方を見つけて，そこから順に分かる漢字を見つけていったよ。

「今日も，教科書の問題に答えることから始めますが，その後，今度は自分で暗号文を作ってもらいます。」

・やりたい，やりたい。

・面白そう。暗号の解き合いもしてみたいな。

「はい，自分で暗号文を作る。友達の暗号文を解く。両方ともしますよ。」

2 問題を解く　教科書の問題に答えよう。

「教科書の②と③の問題を解いて，答えの文をノートに書いていきましょう。」

始めは，自分１人の力で解きましょう。分からないものは，国語辞典で調べたり，班で相談しましょう。
ねえ，ちょっとこれを聞いていいかな。(2)の■だけど…
□２の(1)の「天▲」は「天気」だから，▲の読み方は「キ」だ。次に分かるのは…
□３の●は「ブン」だ。「学級新聞に文章を書く。」１つできた。次は…

「答え合わせをします。どのように解いたのかも，みんなに説明しましょう。先ず②の問題からです。」

何人か，違う手順で解いた児童に発表させる。

・(1)の答えは，「水圧の実験で…」

・わたしは，まず「天▲」が「天気」だと思ったので，▲の読み方だ「キ」だと分かりました。…

③の問題も同様に答えと解き方を発表させる。

つくれるという見通しを持たせることで，意欲も高めることができます。

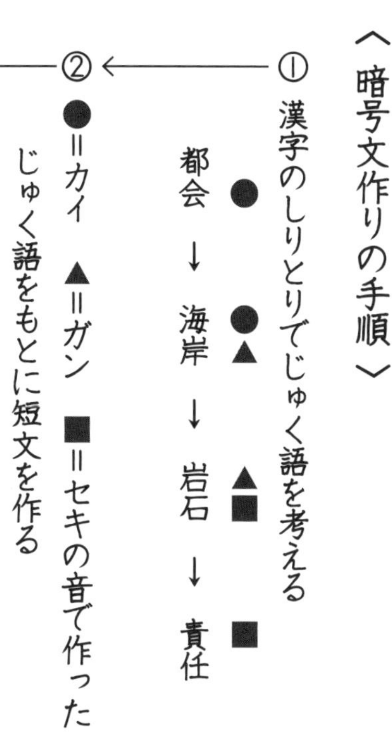
古典芸能の世界
め 暗号の解き方に慣れ、自分で暗号文を作ろう
〈暗号文作りの手順〉
① 漢字のしりとりでじゅく語を考える
● ●▲ ▲■ ■
都会 → 海岸 → 岩石 → 責任
② ●＝カイ ▲＝ガン ■＝セキの音で作った
じゅく語をもとに短文を作る

主体的・対話的で深い学び

・前時に続いて教科書の問題を解き，暗号文の問題やそのスタイルに慣れさせて，暗号文作りの下準備とする。
・暗号文を作る活動は，問題を解く活動と比べてかなり難度が高くなる。ワークシートを活用して，問題文作りの手順をしっかりと理解させる。
・自力では困難な場合は，国語辞典や漢字辞典を使い，グループで相談しながら作らせる。

準備物

・国語辞典・漢字辞典
・暗号文作りワークシート DVD 収録【5下_06_01】
・画用紙

3 作る　暗号文作りにチャレンジしよう。

「今度は，自分で暗号文を作ってみましょう。」

ワークシートを配り，問題作りの手順をつかませる。

・漢字の２文字しりとりで，熟語を考えるのか。
・それで，●▲■の音が決まったら，その音で作った熟語をもとに短文を作る。
・先に答えの文を作ってから，●▲■に置き換えたらいいんだ。これならできそう！

作った問題は画用紙に書き，次の交流で使う。

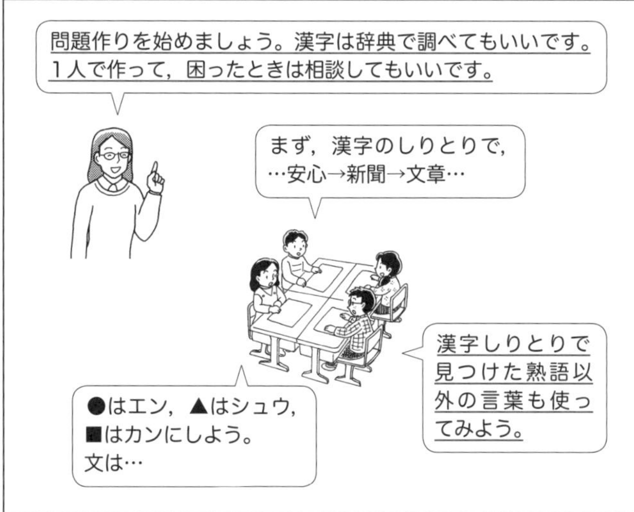
問題作りを始めましょう。漢字は辞典で調べてもいいです。1人で作って，困ったときは相談してもいいです。
まず，漢字のしりとりで，…安心→新聞→文章…
●はエン，▲はシュウ，■はカンにしよう。文は…
漢字しりとりで見つけた熟語以外の言葉も使ってみよう。

4 交流する　作った暗号文を解き合おう。

グループで相談して作った場合は，グループを変えて問題を出し合う。

「グループで１人ずつ問題を見せて，みんなで暗号を解いてみましょう。」

画用紙に書いた問題を見せて，答えてもらう。

答える人は，分かったところから答えをノートに書いて行きましょう。
これが，ぼくの作った暗号文です。
(1)の「エン▲」は，多分「円周」だから▲は「シュウ」だ。
(4)の「完■」の■は「セイ」が入るから…

「暗号文を作って，解き合った感想を言いましょう。」

・友達が作った暗号を解くのはおもしろい。
・調べたら，同じ音の漢字が思ったより多かった。
・しりとりで見つけた熟語以外の熟語も使っている人がいて，よく考えたなと思った。

古典の世界（二）

全授業時間１時間

◉ 指導目標 ◉

・親しみやすい漢文を音読するなどして，言葉の響きやリズムに親しんでいる。

◉ 指導にあたって ◉

①　教材について

児童にとって，古典の音読は意外に楽しいものです。教科書では，漢文を書き下し文に直したものを学習します。書き下し文は，日本の古文よりも，歯切れがよくリズミカルな表現になります。それが，児童にとって心地よく感じられるのでしょう。

「論語」や「漢詩」では，児童にとって馴染みのない言葉が多く使われています。一見すると難しい感じを受けますが，声に出してみると言葉の響きを心地よく感じます。また，現代語訳と対照しながら読んでいけば，意味が分かり，漢文の表現や用いられる言葉に関心が持てるかも知れません。

日本人の考えに大きな影響を与えた論語や，これまでよく親しまれてきた漢詩「春暁」に触れることで，中国の古典にも関心を持たせたいものです。

②　主体的・対話的で深い学びのために

音読の指導は，いい音読を聞かせ耳から音読のよさに触れさせることです。それにはまず，指導者が繰り返し音読し，範読の質を高めることが基本です。そして，範読や CD でいい音読を聞くことと，児童自身が音読することの繰り返しで，音読の楽しさを体で味わうことができるようにします。

あくまでも，この教材は音読を楽しむことがねらいですから，内容の読み取りや昔の人々のものの見方・感じ方については，深く掘り下げていく必要はありません。しかし，孔子の考えについて自分の意見を持ち，詩で表現されている情景をとらえることで，音読の工夫や質も変わってくるかもしれません。「ただ声に出して読むだけ」の音読よりは，少し先を目指させるのも大事なことでしょう。

また，指導者自身が，古典の鑑賞者になりながら自らの考えを述べることで，今も昔も「同じ」「変わらない」といった共感を引き出すのもよいでしょう。

◉ 評価規準 ◉

知識及び技能	親しみやすい漢文を音読するなどして，言葉の響きやリズムに親しんでいる。
主体的に学習に取り組む態度	進んで言葉の響きやリズムに親しみ，学習課題に沿って，漢文を音読しようとしている。

◉ 学習指導計画　全1時間 ◉

次	時	学習活動	指導上の留意点
1	1	・「論語」「漢詩」について知り，学習課題をつかむ。 ・「論語」を読んで伝えている内容を知り，孔子の考えについて話し合う。 ・「漢詩」を読んで，情景や詩のリズムを味わう。 ・好きな作品を暗唱し，発表し合う。	・原文と現代語訳を対照しながら読んで，内容を理解させる。 ・暗唱するだけでなく，なぜその作品を選んだのかも交流させる。

DVD 収録（黒板掲示用資料）

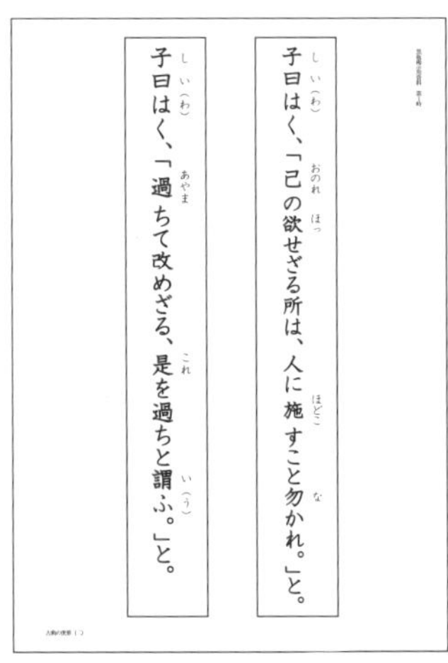
子曰はく、「己の欲せざる所は、人に施すこと勿かれ。」と。

子曰はく、「過ちて改めざる、是を過ちと謂ふ。」と。

春暁　孟浩然

春眠暁を覚えず
処処啼鳥を聞く
夜来風雨の声
花落つること知る多少

古典の世界（二）
第1時　(1/1)

本時の目標
現代語訳を参考にして意味を理解し，漢文特有の言い回しやリズムを味わいながら音読することができる。

授業のポイント
「論語」や「漢詩」は，音読することで心地よく感じることができる。音読を大切にしながら内容を読み取っていく。

本時の評価
漢文特有の言い回しやリズムを味わいながら音読し，大体の内容をつかんでいる。

〈範読〉どのように音読すればよいか，手本となる範読を聞かせることも大事です。それを目標にして

板書例

自分がいやなことは他人にしてはいけないと思う。

失敗をすなおに認めて改めることが大事。

漢詩　中国の詩　もとは漢字だけ

春暁（しゅんぎょう）　孟浩然（もうこうねん）

春眠（しゅんみん）暁（あかつき）を覚えず　〔夜明け　気づかない〕
処処（しょしょ）啼鳥（ていちょう）を聞く　〔鳥の鳴き声〕
夜来（やらい）風雨（ふうう）の声　〔物音〕
花落つること知る多少　〔どれほどかわからない〕

リズムよく気持ちよく読める

目覚めて，「あ，雨は止んだな」と思っている。

暗唱しよう　→　発表する
↑ 選んだ理由

1 つかむ　「論語」「漢詩」って何？―学習課題を確かめよう。

「古典の世界（二）の学習をしますが，（一）では，どんなことをしましたか。」
- 古くから読まれてきた「古典」の勉強でした。
- 「竹取物語」や「平家物語」の音読をしました。
- 「徒然草」や「奥の細道」も読みました。

今回は，中国の『論語』と『漢詩』を読みます。どんなものか教科書の説明を読みましょう。

「論語」は，孔子という人と弟子たちとの問答を記録している。

「漢詩は」中国の詩で，元々は漢字だけで書かれていました。

古代の思想家の話や漢字ばかりの詩だから難しそう…

「それぞれどんなことが書かれているのか確かめ，音読をしていきましょう。」
- 今回も音読か。中国の文章だから難しいかな。

2 対話する　「論語」とその現代語訳を読み，孔子の考えを話し合おう。

論語の２つの文を範読する（付録 CD でもよい）。

「次は，先生の後に続けて音読しましょう。」

「子曰はく，」　→　・子曰はく

「己の欲せざる所は，」　→　・己の欲せざる所は，

２つの文を読点で区切り，追い読みしていく。

「次に，現代語訳も音読しましょう。」

読点で区切り，対応する現代語訳と交互に読んでいく。意味は教師が補説しながら確認する。

「子曰はく，」→・孔子は言った。（最後まで）

孔子が言っていることについて，どう思うか話し合いましょう。

失敗は誰にでもあるから，それを素直に認めて改めることが大事だと言っているんだね。

自分が嫌なことは，他人にしてはいけないとわたしも思います。

どちらも当たり前だけど，大切なことだね。こんなことを弟子に教えていたんだ。

練習し，慣れてくればそこに自分なりの工夫を加えさせていきます。

古典の世界（二）

Ⓜ 論語（ろんご）や漢詩の内容を知り、音読をしよう

論語　孔子（こうし）と弟子（でし）たちの問答

言った　されたくないこと　してはならない

子曰（しい（わ））はく、「己（おのれ）の欲（ほっ）せざる所は、人に施（ほどこ）すこと勿（な）かれ。」と。

過ちをおかしてあらためない

子曰（しい（わ））はく、「過（あやま）ちて改めざる、是（これ）を過ちと謂（い（う））ふ。」と。

主体的・対話的で深い学び

・ただ「声に出して読む」だけではなく，伝えていることや表現している情景について理解をした上で音読させることで，より工夫された深みのある音読をすることができる。

準備物

・黒板掲示用資料 DVD 収録【5下_07_01～02】

3 想像する 感じる　「春暁」を読み，情景を想像して言い回しやリズムを味わおう。

「春暁」を範読する（付録 CD でもよい）。

「今度も，先生の後に続けて読みましょう。」

「春眠　暁を覚えず」　→　・春眠　暁を覚えず

1 行ずつ，追い読みしていく。

「次は，意味を確かめながら読んでいきましょう。」

1 行読む毎に現代語訳で意味を確認していく。

「さあ次は，１人で何度も音読してみましょう。」

音読して感じたことや，この詩から，どんな情景が思い浮かぶか，話し合いましょう。

朝目覚めたら，鳥の声が外から聞こえてきて，「あ，雨は止んだな」と思っています。

何回も読んでいると，すらすらと読めていきます。

リズムがよくて，意味が分からなくても気持ちよく読めるね。

朝が気持ちよくて，いつまでも寝ていられるときがわたしもあるわ。

4 暗唱する　「論語」や「春暁」を暗唱しよう。

「言い回しやリズムに気をつけ，情景や考えが伝わるように工夫して音読できるように練習しましょう。」

1 人読み，一斉音読，グループ読みなどを取り入れ，単調にならないように練習する。はじめに教師（または CD）が正確に読み聞かせることが大切。

・読んでいるうちに，覚えてしまいそうだね。

・すごくスムーズに読めるようになってきた。

好きな作品を暗唱しましょう。どうしてその作品を選んだのか理由も発表しましょう。

ぼくは「己の欲せざる所は…」です。言っている内容がすごくいいと思ったからです。

わたしは，「春暁」を暗唱発表します。「春眠，処処，夜来」という漢字の言葉が気に入ったからです。

グループ内で暗唱と理由を発表し合う。

漢字の広場 4

全授業時間 1 時間

◉ 指導目標 ◉

・第 4 学年までに配当されている漢字を書き，文や文章の中で使うことができる。
・文章全体の構成や書き表し方などに着目して，文や文章を整えることができる。

◉ 指導にあたって ◉

①　教材について

4 年生で学習した 47 都道府県の都道府県名とイラストが提示されています。それらを使って，4 年生で習った漢字の復習をして，条件に合った文を作ります。

作文が苦手な児童にとっては,「それぞれのますに合った文章を書きましょう」というだけで大変かもしれません。文章への意識が高くならざるを得ません。

ただし，メインの目標は，漢字の復習です。全体で一斉に読む，二人組で問題を出し合う，グループで文作りの役割分担をするなどの工夫をして，漢字の復習もしっかりやりたいところです。

②　主体的・対話的で深い学びのために

この単元では,「それぞれの都道府県のますにあった文を考える」という条件が付いています。児童にとって，既習内容を振り返るのに良い教材でしょう。

まず，都道府県名を確認するのと，どのようなものが有名だったかを確認することで文章にしやすくなります。また，文作りの前に,「それぞれの絵からどのような話になるのか，想像したことを出し合いましょう。」とすることで，文作りが苦手な児童もイメージしやすくなるでしょう。その後，文作りをし，それぞれが作った文を交流し合います。1 時間の配当のため，重点的に復習する漢字を選ぶ，作文が進まない児童も多く居る場合は，役割を決めてグループで文章作りをするなどの対応を考えます。

◎ 評価規準 ◎

知識及び技能	第４学年までに配当されている漢字を書き，文や文章の中で使っている。
思考力，判断力，表現力等	「書くこと」において，文章全体の構成や書き表し方などに着目して，文や文章を整えている。
主体的に学習に取り組む態度	進んで第４学年までに配当されている漢字を書き，学習課題に沿って，文を書こうとしている。

◎ 学習指導計画　全１時間 ◎

次	時	学習活動	指導上の留意点
1	1	・４年生までに学習した漢字を声に出して正しく読む。 ・教科書の絵を見て，都道府県名とその特産などを確かめる ・提示された言葉を使って，４年生までに習った漢字を正しく用いて，例にならってそれぞれの都道府県のことが分かる文章を書く。	・漢字の練習方法を紹介し，自分に合ったやり方を考えさせる。 ・イラストを手掛かりに，それぞれの都道府県の特産を確かめる。 ・班対抗で双六ゲームをして楽しむことができるように時間配分する。

DVD 収録（漢字カード見本）

青森県　北海道

宮城県　岩手県

山形県　秋田県

茨城県　福島県

群馬県　栃木県

千葉県　埼玉県

神奈川県　東京都

富山県　新潟県

静岡県　石川県

長野県　岐阜県

福井県　山梨県

滋賀県　三重県

大阪府　京都府

奈良県　兵庫県

鳥取県　和歌山県

岡山県　島根県

山口県　広島県

香川県　徳島県

高知県　愛媛県

佐賀県　福岡県

熊本県　長崎県

宮崎県　大分県

沖縄県　鹿児島県

漢字の広場４

第 1 時 (1/1)

本時の目標

第４学年で学習した漢字を使い，絵を見てそれぞれのますに入る文章を書いて，都道府県すごろくを完成することができる。

授業のポイント

県によっては，教科書の絵だけでは文章を考えにくいところもある。地図帳を持ち込む，教師から県の名産品をいくつか提示するなど，ヒントを与えるとよい。

本時の評価

第４学年で学習した漢字を使い，絵を見てそれぞれのますに入る文章を書き，都道府県すごろくを完成することができている。

〈活動〉クラスによっては，完成したすごろくで遊ぶ時間が取れない場合もあります。ゲームは，別の

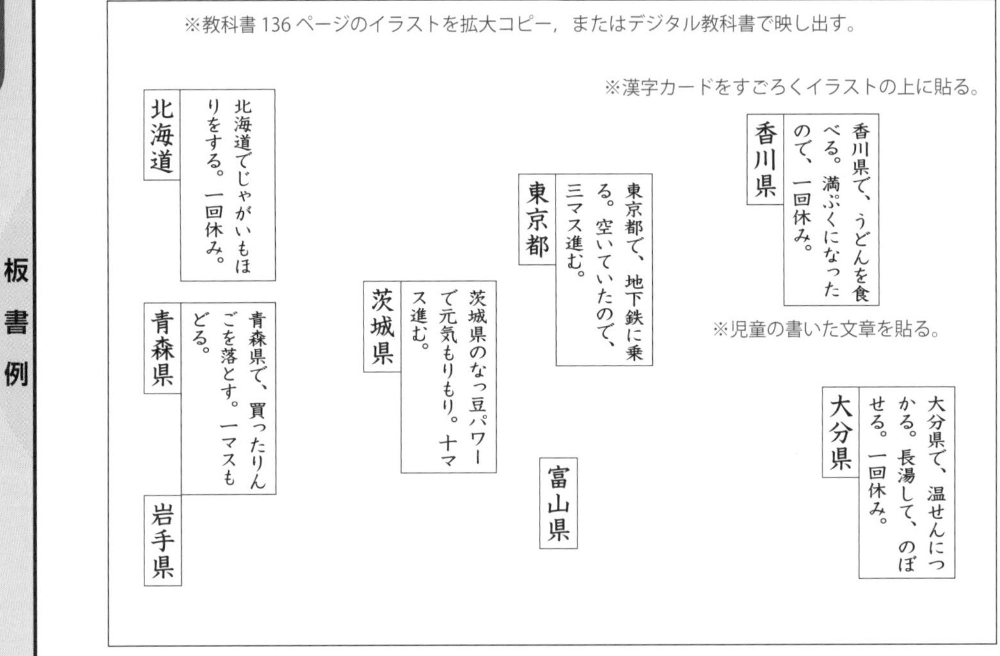

板書例
※教科書 136 ページのイラストを拡大コピー，またはデジタル教科書で映し出す。
※漢字カードをすごろくイラストの上に貼る。
香川県
香川県で、うどんを食べる。満ぷくになったので、一回休み。
東京都
東京都で、地下鉄に乗る。空いていたので、三マス進む。
茨城県
茨城県のなっ豆パワーで元気もりもり。十マス進む。
北海道
北海道でじゃがいもほりをする。一回休み。
青森県
青森県で、買ったりんごを落とす。一マスもどる。
岩手県
富山県
※児童の書いた文章を貼る。
大分県
大分県で、温せんにつかる。長湯して、のぼせる。一回休み。

1 読む　4年生までにならった漢字を，声に出して読もう。

「今日は，４回目の漢字の広場です。」

・まず，４年生で習った漢字の復習だね。

・もう覚えているよ。

では，教科書 160 ページの漢字を，隣の人と読み合いましょう。
最初は僕が読むよ。「ほっかいどう」「あおもりけん」「いわてけん」「みやぎけん」…
絵は，都道府県の特産品だね。いろいろなものがあるね。

「漢字を読みながら，都道府県にどんな特色があるのかも話し合ってみましょう。」

・北海道の特産品，イラストにはじゃがいもが描いてあるよ。

・魚介類も有名だね。

・雪がたくさん降る。寒い。

2 考える　都道府県にちなんだ，すごろくの文章を考えよう。

「都道府県の漢字は読めましたか？　これから，４年生までに習った漢字を使って，都道府県にちなんだ文章を書き，都道府県すごろくを完成させます。」（めあて）

「うまくすごろくになるような文章にしないといけませんね。教科書の例文を読んでみましょう。すごろくらしい言葉は，どれですか。」

・「宮城県で…。一回休み。」一回休みがすごろくだね。

ほかに，すごろくらしい言葉にはどんなものがあるか考えましょう。

１マス進むとか，２マス戻るとかもよく使われるよ。

もう一度サイコロを振るというのもあるね。

サイコロの数字によって，進み方が違うこともある。偶数が出たら３マス進む，奇数が出たら１回休み。

特色がわかりやすい都道府県を例にして，全員で一度文章を作ってみてもよい。

時間に行ってもよいでしょう。

漢字の広場4

㋱ 四年生までの漢字を使って、都道府県にちなんだ文章を書き、都道府県すごろくを完成させよう

〈すごろくらしい言葉〉
・一回休み
・〇マス進む、〇マスもどる
・サイコロの数字によって・・・進む、もどる、休む

主体的・対話的で深い学び

・都道府県名については，覚えていない児童も多い。読みの段階から丁寧に取り組みたいが，1時間の中でできることも限られてくる。事前に児童がどの都道府県を担当するか決めておく，グループごとに地方を割り振って相談しながら文作りをするなど，クラスの実態に応じて効率的に進めることで，主体的な学びになる。

準備物

・漢字カード DVD 収録【5下_08_01】
・B5（または A4）用紙

3 書く　既習の漢字を使い，都道府県にちなんだ文章を書こう。

どの都道府県について書くかは，くじ引きで決めます。2個作りたい人は，2枚引いてください。

私は香川県だった。このうちわは何かな。こっちの食べ物はうどんかな。

僕は富山県。あまり知らないなあ…チューリップが有名なのかな。

ここではくじ引きで分担を決めているが，グループで分担，教師が事前に振り分けるなど，クラスの実態に応じて決める。

「では，文章を考えてノートに書きましょう。」
・香川県で，うどんを食べる。満腹になったので，1回休み。
・東京都で，地下鉄に乗る。空いていたので，3マス進む。

文作りで困ったときは，グループで相談したり，地図帳を持ち込んだりしてもよい。書く時間を十分に確保する。

4 発表する　書いた文章を読み合おう。

書いた文章は，B5用紙に清書して，黒板に貼ってみんなで読みます。字の間違いがないか，習った漢字を使っているか，清書する前に確認しましょう。

広島県で，レモンを食べる。すっぱくて，2マス戻る。

兵庫県の甲子園で，野球を見る。1回休み。甲子園の甲の字は習っていないね。

教科書のイラストを拡大コピーして黒板に掲示したり，デジタル教科書で紙面を大きく映し出したりして，その上に児童の書いた文章の用紙を貼るとよい。

「できた都道府県すごろくで，グループ対抗すごろく大会をしましょう。」

時間があれば。なければ，別の時間に機会を設けてもよい。

やなせたかし－アンパンマンの勇気

全授業時間５時間

◉ 指導目標 ◉

・文章を読んで理解したことに基づいて，自分の考えをまとめることができる。
・語句と語句との関係，語句の構成や変化について理解し，語彙を豊かにすることができる。
・登場人物の相互関係や心情などについて，描写を基に捉えることができる。
・文章を読んでまとめた意見や感想を共有し，自分の考えを広げることができる。

◉ 指導にあたって ◉

①　教材について

単元目標は「伝記を読んで，自分の生き方について考えよう」です。アンパンマンの作者やなせたかしの伝記を読み，伝記とは何か，伝記の読み方を学習します。さらに，自分が選んだ伝記を読んで，自分の生き方を考え文章にまとめていきます。

アンパンマンは，ほとんどの児童が知っています。しかし，作者のやなせたかしをよく知っている児童は，皆無に近いでしょう。「たかし」の生い立ちや戦争での悲惨な体験が彼の生き方に影響を与え，アンパンマンを生み出すことになりました。やなせたかしの生き方，考え方に接することで，児童が「正義」や「勇気」を考えるきっかけとなり，夢や信念を持つことの意味にも気づくことでしょう。

②　主体的・対話的で深い学びのために

「自分の生き方について考える」ことを，難しく考えすぎると「努力が大切」「勇気のある人になりたい」など，一般的形式的な生き方の言葉になってしまいがちです。「伝記を読んで考える」という設定を生かして，まず，自分が取り上げた人物の生き方，考え方，人柄を，出来事や言動などからしっかり読みとることが必要です。そこから，自分は何に共感でき，どんなことが学べるのか，自分の生き方に生かせることは何かを考えます。あれもこれもと多くを望まず，一つに絞って自分の経験や生活と結びつけて考え，対話をすることで学びは深まっていきます。

◉ 評価規準 ◉

知識 及び 技能	語句と語句との関係，語句の構成や変化について理解し，語彙を豊かにしている。
思考力，判断力，表現力等	・「読むこと」において，登場人物の相互関係や心情などについて，描写を基に捉えている。 ・「読むこと」において，文章を読んで理解したことに基づいて，自分の考えをまとめている。 ・「読むこと」において，文章を読んでまとめた意見や感想を共有し，自分の考えを広げている。
主体的に学習に取り組む態度	積極的に，文章を読んで理解したことに基づいて自分の考えをまとめ，学習課題に沿って，考えたことを交流しようとしている。

◉ 学習指導計画　全 5 時間 ◉

次	時	学習活動	指導上の留意点
1	1	・「アンパンマン」とその作者のやなせたかしについて意見交流をする。 ・伝記について知る。 ・本文を読み，初発の感想を書いて発表し，話し合う。 ・単元のめあてと学習の見通しをつかむ。	・「アンパンマン」を書いたやなせたかしの人生という具体例から「伝記」とは何かをとらえさせる。 ・本文を読んだ感想や教科書の「学習」ページを基にして，単元のめあてや学習計画をつかませる。
2	2	・本文を読んで場面に分ける。 ・主な出来事，「たかし」の行動や考えをまとめる。 ・出来事がたかしの人生やアンパンマンの誕生に与えた影響について考える。	・ワークシートを活用してまとめ，それを見ながら考えていく。 ・できれば，45 分ではなく 60 分ぐらいの授業時間が欲しい。
	3	・「たかし」の考え，筆者のとらえた「たかし」人物像を確かめる。 ・自分は「たかし」という人物をどうとらえるかまとめ，交流する。	・文中に表現されている，筆者の考え，「たかし」の言動をもとにとらえさせる。 ・グループや全体での対話，交流で捉え方を深めていく。
	4	・読んできた伝記の交流をする。 ・どのようなことを書けばよいかを確かめ，文章の構成を考える。 ・構成をもとにして，伝記を読んで自分の生き方を考えた文章を書く。	・短い文章なので，書く内容を 1 つに限定させる。 ・構成メモを簡単に書いて，それをもとに文章を書いていかせる。
3	5	・伝記を読んで考えをまとめた文章を読み，感想を伝え合う。 ・読み合いや感想交流をして気づいたこと，考えが広がったことをまとめる。 ・学習をふりかえる。	・文章の読み合いは，違う人物の伝記を選んだ人どうし，同じ人物の伝記を選んだものどうしなど，相手を変えて何回か交流をさせる。

DVD **収録（児童用ワークシート見本）** ※本書 P97, 101「準備物」欄に掲載しています。

やなせたかし－アンパンマンの勇気

第 1 時 (1/5)

本時の目標

伝記に関心を持ち，自分の生き方を考えていこうとする学習について，課題を確認し見通しを持つことができる。

授業のポイント

アンパンマンの話題で児童の興味を引き，その作者であるやなせたかしとはどんな人なのか関心を持たせる。

本時の評価

伝記に関心を持ち，自分の生き方を考えていこうとする学習について，課題を確認し見通しを持っている。

〈考える〉伝記を読んで「自分の生き方を考える」のは，児童にとって高いハードルです。あまり

板書例

〈本文を読む〉

感想

・なぜ「アンパンマンのマーチ」が人々を元気づけたのか。
・アンパンマンは、戦争のつらい経験から生まれた
・「本当の正義とは…食べ物を分けてあげることだ。」
・絵をかくことでさびしさからすくわれた→マンガ家に

めあて：伝記を読んで自分の生き方について考えよう。

・「たかし」がしたこと、考え、人物像
←
・自分が共感すること、こうありたいと思うこと
←
・自分が読んだ伝記から考えたことを書く

1 交流する アンパンマンとやなせたかしについて話し合おう。

アンパンマンの絵本を１冊読み聞かせる。

「アンパンマンの本を読んだことがありますか。」
・あります！
・本じゃなくて，テレビで見た。

「アンパンマンのことを，みんなはどう思いますか。」
・空が飛べる正義のヒーローです。
・すごくやさしい。お腹がへった人には自分の顔を食べさせてあげる。

アンパンマンの作者のやなせたかしさんはどんな人だと思いますか？想像してみましょう。

あんなマンガが描けるんだから，やさしい人だよ。
マンガ家だから，いつも人を笑わせている愉快な人かな。

どうしてあのマンガを描くことになったのか知りたいね。

2 つかむ 伝記について知り，教科書の本文を読もう。

「教科書にやなせたかしさんの写真が載っています。」
・やっぱり，やさしそうな人だよ。
・でも，思っていたより，おじいさんだ。

副題に「アンパンマンの勇気」とありますがどういうことでしょう。扉のページの３行文も読みましょう。

アンパンマンが何かに勇気を出して立ち向かったのかな？

アンパンマンがくれた勇気ということかな。

やなせたかしさんがどんな人生をおくったかと関係があるのかも。

「ある実在の人の人生が書かれた本を伝記といいます。何か伝記を読んだことがありますか。」
・アンネ・フランクを読んだことがあります。

「ここでは，やなせたかしさんの伝記を読みます。」

教科書の本文を読む。まず教師が範読し，その後，児童に音読（交代で指名読み）をさせる。

大上段に振りかぶらず，自分もこうしたいという希望を語らせましょう。

やなせたかし―アンパンマンの勇気

め 伝記について知り、学習の見通しを持とう

アンパンマン →作者 やなせたかし

↑ 実在の人物の人生を書いた本＝伝記

主体的・対話的で深い学び

・『アンパンマン』の本を読んだりテレビ番組で見たりした児童は多いだろう。『アンパンマン』の感想交流から，その作者であるやなせたかしさんに目を向け，どんな人物だろうと想像させることで「伝記」とは何かを具体事的に理解させ，今後の学習につなげていく。
・自分が書いた初発の感想や教科書の「学習」ページ（P172～173）を読んで，学習のねらいと見通しをつかませる。

準備物

・アンパンマンの絵本
・伝記（図書室所蔵のもの，その他）

3 書く　初発の感想を書いて，話し合おう。

「初めて読んだ感想を言いましょう。」

2～3人に感想を発表させる。

・東日本大震災の被災地で，アンパンマンのマーチが，みんなを元気づけていたのはなぜかな？
・アンパンマンがどうして作られたかが分かった。

「では，みんなも，やなせさんの伝記を読んで心に残ったことや疑問に思ったことなどを書きましょう。」

各自で初発の感想をノートに書く。

感想を発表し合って，やなせさんについて思ったことを話し合いましょう。

寂しさから救われたから，マンガ家になりたいという夢を持つようになったのだね。
「本当の正義とは…分けて上げることだ。」という言葉が印象的でした。
アンパンマンは，戦争のつらい経験から生まれたのだね。

4 見通しをもつ　単元のめあてを確かめ，学習の見通しをもとう。

やなせさんの伝記から，どんなことを学習していくのですか。

伝記を読んで，自分の生き方について考えるのだね。
自分の生き方なんて考えたことがないよ。何か難しそうだ。できるかな？
やなせさんの生き方を勉強して，そこから自分のことも考えるんだ。

扉のページから単元のめあてを確認する。

「伝記には何が書かれているのか確かめましょう。」

教科書 P172「1伝記の表現」を読む。

「どのように学習を進めていくのか，P172 の“とらえよう～ひろげよう”も見ておきましょう。」

・たかしのしたこと，考えたことを確かめる。
・自分が読んだ伝記から考えたことも書くんだ。

教科書に掲載や図書室にある伝記も紹介して，好きな伝記を選んで読み進めるように提起する。

やなせたかしーアンパンマンの勇気

第 2 時 (2/5)

本時の目標

出来事や，そこでの「たかし」の行動や考えを確かめ，「たかし」の人生にとっての意味を考えよう。

授業のポイント

ワークシートに整理しながらまとめていく。展開4では，十分に対話をさせる。

本時の評価

出来事や，そこでの「たかし」の行動や考えを確かめ，人生にとってどのような意味があったのか考えている。

〈時間の配分〉１時間で内容をまとめ，考えるのは時間的に厳しいでしょう。できるだけ簡単に書かせて

板書例

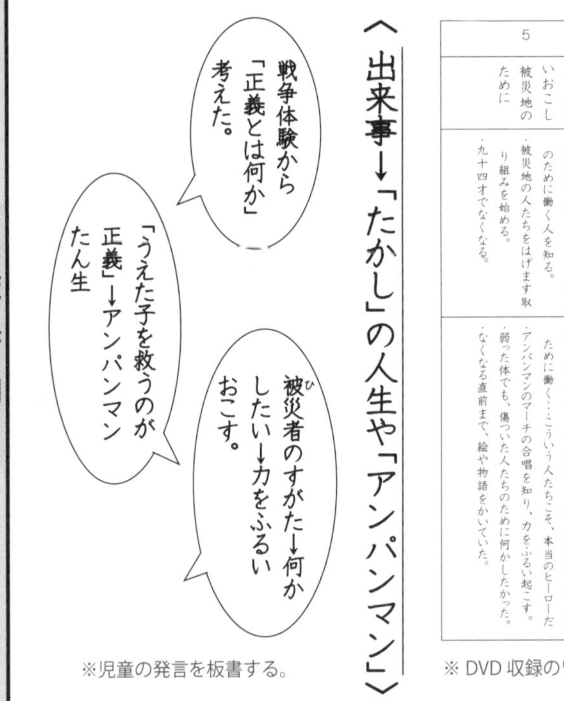
〈出来事→「たかし」の人生や「アンパンマン」〉
戦争体験から「正義とは何か」考えた。
「うえた子を救うのが正義」→アンパンマンたん生
被災者のすがた→何かしたい→力をふるいおこす。

※児童の発言を板書する。

3	4	5
本当の正義とは何だろう	信念から生まれたアンパンマン	力をふるいおこし被災地のために
・廃品回収の仕事を始める。 ・おにぎりを分け合い，幸せそうに笑う幼い兄弟と出会う。	・マンガ家を夢見て，作品を送り続ける。 ・三十四才でマンガ家デビュー。 ・ヒット作が出ず，さまざまな仕事をする。 ・五十四才で「アンパンマン」を出版。大人の評判は悪かった。 ・書き続け，子どもたちの人気作品になった。	・被災地でゆずり合う人，他人のために働く人を知る。 ・被災地の人たちをはげます取り組みを始める。 ・九十四才でなくなる。
・「正義とは何だろう。」という問い。 ・「本当の正義とは，おなかがすいている人に，食べ物を分けてあげることだ。」 ・今も世界中で戦争。戦場でのぼくよりもっと苦しい思いをしている人がいる。	・まんがの才能がないかもしれない。でも，どんな仕事も決して手をぬかない。 ・アンパンマンは，戦争のつらい経験をもとに，正義や命について考えぬいた末に生み出した主人公。 ・「自分がうえるかも，いじめられるかもしれない，それでも，どうしてもだれかを助けたいと思うとき，本当の勇気がわいてくる。」	・悲しみを心にしまい，はげましあい，助け合い，他人のために働く…こういう人たちこそ，本当のヒーローだ ・アンパンマンのマーチの合唱を知り，力をふるい起こす。 ・弱った体でも，傷ついた人たちのために何かしたかった。 ・なくなる直前まで，絵や物語をかいていた。

※ DVD 収録のワークシート見本参照。

1 音読する 本文を読んで場面に分けよう。

本文を範読する。

「みなさんにも音読してもらいます。場面分けをしますので，どこで分けるか考えながら聞きましょう。」

１ページずつぐらいで交代して音読させる。

場面に分けて番号をつけていきましょう。場面の間は１行空いています。
１の終わりは，「何かできることをしなければ。」だな。
２は少し長いな。３のはじめは「戦争が終わってからずっと…」からだわ。

分けた場面を確認して，ワークシートを配る。

「『場面』の欄に，何が書かれているか小見出しのようにして書きましょう。」

・１は，「被災地を勇気づけたアンパンマン」かな。
・２は，「少年時代と戦争体験」にしよう。

2 整理する 場面ごとに，主な出来事をまとめよう。

「ワークシートに，主な出来事を書き入れましょう。できるだけ短く簡単に書きましょう。」

各自で書いていく。書けない児童には，大事な言葉や文を見つけるよう助言する。

・１は，被災地の子がアンパンマンのマーチで元気づけられた。

まとめたことをグループで発表して確かめ合いましょう。
２は，５才の時におじ夫婦に引き取られた。
マンガ家になるために東京の学校に入学できたね。
戦争に行って，ひどい飢えを体験した。帰ってきても弟が戦死していた。

発表し合って気づいたことがあれば，自分がまとめたことを修正したり加筆させる。

なぜたかし―アンパンマンの勇気

ⓜ 出来事をまとめて、「たかし」の行動や考え方について話し合おう

場面	おもな出来事	「たかし」の気持ち、考えたこと、行動、言葉
1 被災地を勇気づけたアンパンマン	・東日本大震災の被災地で、子どもたちが「アンパンマンのマーチ」で元気づけられていた。	・仕事をやめて、ゆっくりくらそう。 ・被災地の子どもたちの「アンパンマンのマーチ」の大合唱に心を動かされた。 ・「ぼくも、何かできることをしなければ。」
2 少年時代と戦争体験	・5さいの時、父が病死。おじ夫婦とくらす。 ・東京高等工芸学校に入学、デザイナーとして就職。 ・徴兵され、戦場で飢えを体験 ・敗戦帰国後、弟の戦死を知る	・おじ夫婦にえんりょしてすなおになれない。さびしい。 ・戦場では、食べる物がなかったことが最もつらかった。 ・空腹で、何でも食べた。どんなにまずくても、うえるくるしさよりましだった。 ・たった一人の弟を失った悲しみ。 ・弟の代わりに、何をすればいいのだろう。

主体的・対話的で深い学び

・主な出来事，「たかし」の行動や考えをまとめる際は，まずは，できる限り自力でまとめさせ，グループで確かめあって必要なところは修正させる。

・それぞれの出来事が「たかし」の人生に与えた影響については，グループ以内で各自の考えを出し合い，対話を通して捉え方を深めていく。

準備物

・ワークシート DVD 収録【5下_09_01～02】

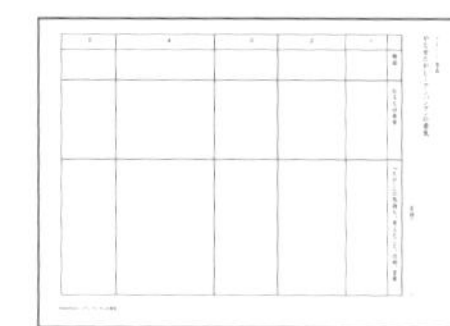

3 確かめる 「たかし」の行動や考えたことを確かめよう。

「次は，ワークシートにそれぞれの出来事に対して，『たかし』が考えたことや行動を書きましょう。」

・もう 92 才なので，仕事をやめてゆっくりくらそうと思っていたんだ。
・それが東日本大震災で，子どもたちの歌に心を動かされて，何かしなければと思った。

主な出来事と同様，短い文で記入させる。

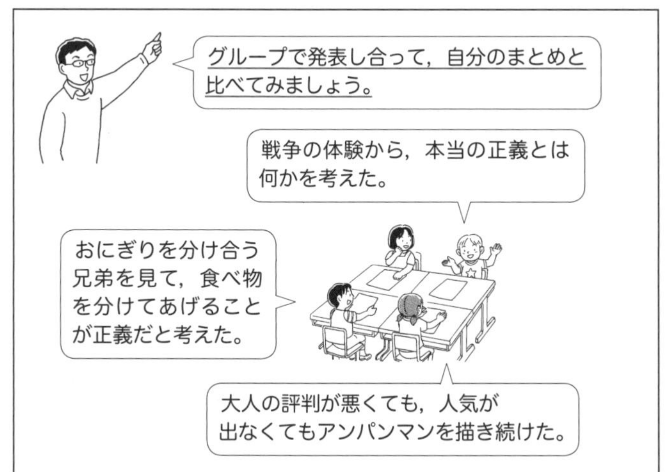
グループで発表し合って，自分のまとめと比べてみましょう。
戦争の体験から，本当の正義とは何かを考えた。
おにぎりを分け合う兄弟を見て，食べ物を分けてあげることが正義だと考えた。
大人の評判が悪くても，人気が出なくてもアンパンマンを描き続けた。

グループで交流して，気づいたことがあればワークシートを修正加筆する。

4 考える それぞれの出来事は，「たかし」の人生にとってどんな意味があったのだろう。

「ワークシートを見直してみて，アンパンマンの誕生について，気がついたことはありますか。」

・いろいろな出来事があって，アンパンマンが生まれてきた。
・アンパンマンには，たかしの思いがこもっている。

それぞれの出来事が，「たかし」の人生にどのような影響を与え，アンパンマンが生み出されてきたのか，話し合いましょう。

戦争体験から，「正義とは何か」を考えるようになった。

飢えている人を救うのが「正義」だと気づき，「アンパンマン」が生まれてきた。

被災者の姿を見て力を奮い起こし，被災者を励ます活動を始めた。

グループで話し合ったことを全体で発表し合って交流する。

やなせたかし－アンパンマンの勇気

第3時（3/5）

本時の目標

「たかし」の考えや筆者の評価を踏まえて，「たかし」がどんな人物なのか考えることができる。

授業のポイント

「たかし」の考えや行動から，どんな人物だと思うのか，自分なりの考えを持たせる。

本時の評価

「たかし」の考えやそれに対する筆者の評価をとらえている。「たかし」がどんな人物なのか考え自分なりの評価をしている。

板書例

〈人物評価〉何の根拠もなく主観的にただ思うのではなく，文中からその人物の言動などを見つけ，

〈筆者の考え↓たかし〉…グループで対話

・（例）強い信念の持ち主 ↑ マンガ家になる夢を持ち続けた
・
・
※児童の意見を板書する。

〈自分の考え↓たかし〉…グループ、全体発表

・（例）心がやさしい ↑ 被災（ひ）者に心を動かされた
・（例）真けんに取り組む ↑「正義とは何か」を考えた
・（例）勇気がある ↓ 自分が傷つくこともかくご
・
・
※児童の意見を板書する。

1 まとめる　「たかし」は，どんな考えをもつ人物だと言えるだろうか。

「たかしはどんな考え方をもつ人なのか，彼の行動や言ったことから考えていきます。」

各自で教科書を黙読させ，本文のどこからわかるか，傍線を引かせておく。

考えたことを隣同士で話し合って，一文ぐらいでノートにまとめましょう。
本当の正義とは，食べ物を分けてあげることだと考えている。
正義を行い，人を助けるためには，自分も傷つく覚悟が必要だと思っている。

「まとめたことを発表しましょう。」
・困っている人を助けたいと思うとき，本当の勇気がわいてくるという考えを持っています。「自分の食べ物をあげてしまったら…」から分かります。

2 読みとる　筆者は「たかし」をどんな人物だととらえているのだろう。

「P172の“1伝記の表現”をもう一度読みましょう。伝記には，筆者のどんな考えが書かれていますか。」
・その人物に対する筆者の考えです。

筆者は「たかし」をどんな人物だと思っているのでしょう。それは文中のどこから分かりますか。
強い信念の持ち主だと思っている。マンガ家になる夢を持ち続けたことを書いているから。
アンパンマンの評判が悪くても「信念があった。」「書き続けた。」と書いているね。

ヒット作が出なくても，どんな仕事も決して手を抜かなかったと書いていることからもわかるよ。

筆者がどうとらえているかを読みとってまとめるのは難しい活動。グループで十分対話をさせて，考えをまとめさせる。

そこからその人物への評価や人物像を描かせるようにします。

やなせたかしーアンパンマンの勇気

め 「たかし」がどんな人物なのか、自分の考えをまとめて交流しよう

〈「たかし」はどんな考えを持っているか〉
・本当の正義→食べ物をわけてあげる
・正義を行い人を助ける→自分が傷つくかくご
・人を助けたいと思う→本当の勇気がわいてくる

主体的・対話的で深い学び

・筆者の「たかし」観については，グループの共同作業で，文中の筆者の考えが表れている箇所やエピソードの取り上げ方をヒントにして考えさせる。
・各自が考えてまとめた「たかし」像を発表し合うことで，共有できるようにする。
・本時の学習活動を通して，「たかし」の人物像を描かせる。

準備物

3 考える 「たかし」は，どんな人物だと思うか，自分の考えをまとめよう。

「今度は，自分が『たかし』をどんな人物だと思うか，ノートにまとめましょう。」

自分が共感できるところや，自分もこうありたいと思うところなども考えてまとめましょう。

苦しい思いをしている人たちを助けるのが正義だと思うのは，きっと心のやさしい人だからだ。

自分が傷つくことも覚悟して正義を行い，人を助けようと考える勇気のある人なんだ。

「書けたら，自分の考えが分かりやすく書けているか読み返して確かめておきましょう。」

4 交流する 「たかし」の人物像について，考えたことを交流しよう。

自分が考えた「たかし」の人物像について，グループで発表し合いましょう。発表を聞いて気づいたことや意見があれば伝えましょう。

ぼくは「たかし」が，何事も真剣に考え取り組んでいく人だと思いました。「正義とは何か」についても真剣に考えたし…

わたしは，とてもやさしい人だと思いました。被災者の人たちに心を動かされたのも…

そうだね。死の直前まで被災者を励ます活動ができたのは，やさしさがあったからだね。

グループの中で出された意見のうち，何人かを全体でも発表させる。（教師が机間指導しながら，選んでおいて指名するのでよい。）

「次からは，自分が選んだ伝記を取り上げて，学習していきます。」

やなせたかし－アンパンマンの勇気
第 4 時 (4/5)

本時の目標
自分が選んだ伝記を読んで考えたことを，自分のことと結びつけてまとめることができる。

授業のポイント
伝記を読んで考えたことを自分とどのように結びつけるかがカギになる。簡単な文章の構想メモを作らせる。

本時の評価
自分が選んだ伝記を読んで考えたことを，自分のことと結びつけて書いている。

板書例

〈文章の基本形〉まとまりのある文章を書くときに基本になるのは「初め」「中」「終わり」の構成です。

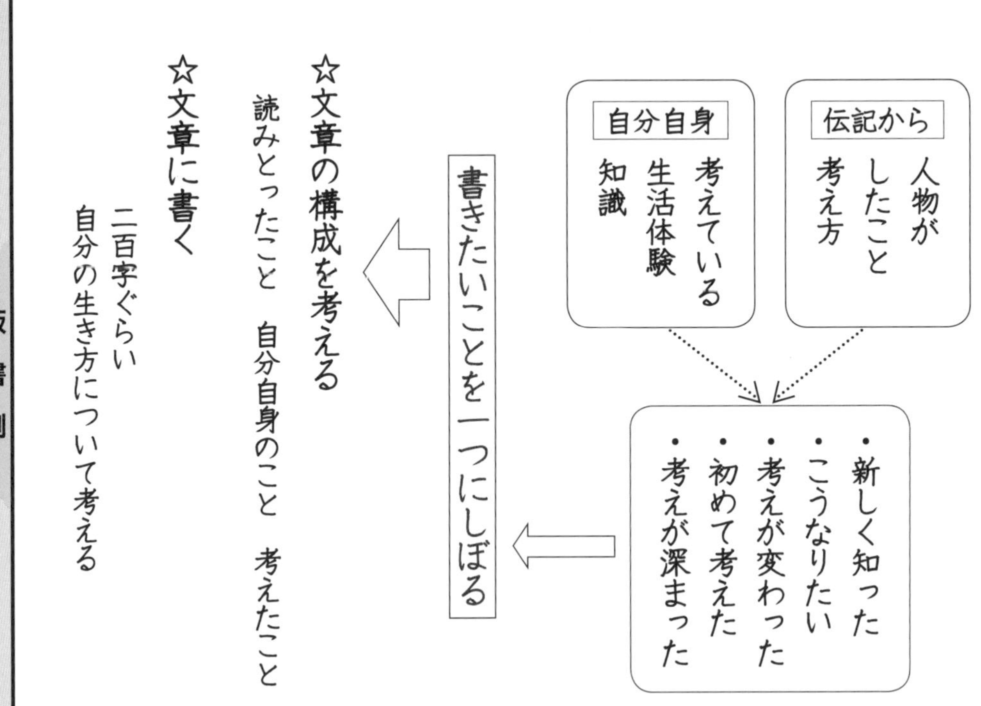

伝記から
人物が
したこと
考え方
自分自身
考えている
生活体験
知識
・新しく知った
・こうなりたい
・考えが変わった
・初めて考えた
・考えが深まった
書きたいことを一つにしぼる
☆文章の構成を考える
読みとったこと　自分自身のこと　考えたこと
☆文章に書く
二百字ぐらい
自分の生き方について考える

1 交流する　自分が読んだ伝記を紹介し合おう。

「やなせたかし」の伝記には，どんなことが書かれていましたか。」
・子どもの時からマンガ家になるまでの出来事。
・アンパンマンが生まれて人気になるまでのこと。
・東日本大震災とやなせたかしのこと。

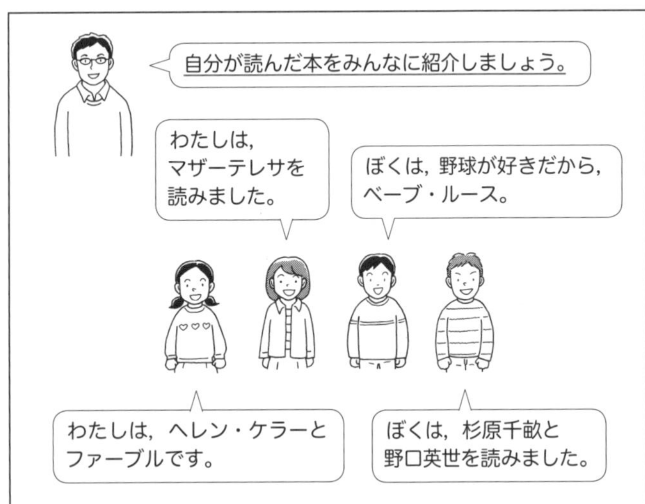

自分が読んだ本をみんなに紹介しましょう。
わたしは，マザーテレサを読みました。
ぼくは，野球が好きだから，ベーブ・ルース。
わたしは，ヘレン・ケラーとファーブルです。
ぼくは，杉原千畝と野口英世を読みました。

本を持ってきていれば，見せながら紹介させる。できれば重なってもよいので，全員紹介させる。

「今日は，伝記を読んで考えたことを文章にします。」

2 着目する　伝記から読みとることを知り，1冊選んで読もう。

何をもとにして，どんなことを考えればよいか，教科書 P172「伝記を読んで考える」で確かめましょう。
伝記から読みとったことや自分自身のことを基にして考えたらいいんだ。
「新しく知った」「こうなりたい」「考えが変わった」…そうか，こんな風に考えたらいいのか。
自分のことは，普段考えていることや体験などでいいんだね。

「では，簡単に読み返して，これを読んで書こうという1冊を選びましょう。」

自分が持ってきた本だけでなく，グループの中で持ってきた本を交換して読み合い，その中から選んでもよい。

・ぼくは，やっぱり自分が読んできた本にする。
・わたしは，吉田さんのヘレン・ケラーがいいわ。

これを基本に文章を考えさせれば，全体のイメージがとらえ易くなるでしょう。

やなせたかし―アンパンマンの勇気

Ⓜ 伝記を読んで、自分の生き方について考えたことを書こう

☆自分たちが読んだ伝記
・マザーテレサ　・杉原ちうね
・野口英世　・ファーブル
・ヘレンケラー　・ベーブルース　など

主体的・対話的で深い学び

・伝記を読んで考えた自分の生き方についての考えを明確にさせる。
・自分の考えを伝えるために，どのように文章表現すればよいか考えさせる（構成メモを書く，伝記の人物と自分を結びつけて考える）。

準備物

・児童各自が読んだ伝記を持ってこさせる
・構成メモ用紙 DVD 収録【5下_09_03】
・原稿用紙 DVD 収録【5下_09_04】

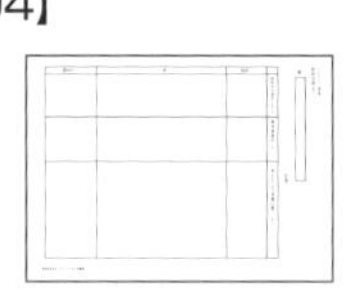
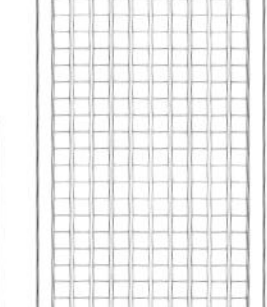

3 整理する　材料になりそうな言葉や文を書き出し，書きたいことを整理しよう。

「決まった本をもう一度読んで，心に残ったところや書く材料になりそうな言葉や文を見つけましょう。」

ノートに書き出したり，付箋を貼らせたりする。

・エジソンのこの言葉をチェックしておこう。
・ヘレン・ケラーのこの行動がすごいな。

これまで学習してきた「初め」「中」「終わり」の構成を思い出させ，構成メモ用紙を配って，活用させる。

自分が一番書きたいこと一つに絞ります。それに関連する文章と自分自身のことを結びつけてワークシートに書きましょう。

エジソンが白熱電球を発明したエピソードをメモしておこう。
マザーテレサのこの言葉を書いておこう。わたしの体験は失敗したことだけど…

4 書く　伝記を読んで考えたことを文章に」まとめる。

「この学習のねらいをもう一度確認しましょう。」

・「伝記を読んで，自分の生き方について考えよう。」です。

「教科書の『伝記を読んで考える』を参考にして，文章に書くことを構成メモに短く書き入れましょう。」

・初めに，この伝記を選んだ理由を書いておこう。

ワークシートに整理したことをもとに，200字ぐらいを目途にして，考えたことを書きましょう。

書き始めの文を工夫してみよう。…この言葉は，引用として，使おう。
わたしも，ヘレンケラーのように，困難に向かっていけるようになりたいな。

やなせたかし－アンパンマンの勇気

第5時（5/5）

〈メモの活用〉話を聞いたり文章を読む場合，気づいたことをその都度メモをする習慣をつけておくと，

本時の目標

伝記を読んで考えたことを書いた文章を読み合い，感想を伝えて生き方についての考えを広げよう。

授業のポイント

前時に書いた文章を読み合い，感想を伝え合うことで，自分の生き方についての考えを広める。

本時の評価

友達が書いた文章を読んで感想を伝え，友達の感想を聞いて生き方についての考えを広げている。

板書例

目も、耳も、口も不自由な三重苦
←
努力することの大切さが分かった
努力すれば、希望が生まれてくる

② 同じ人物の伝記 → グループで
・少し考えのちがう友だちもいた
・同じことを自分の生き方に→元気がでた

気づいた　考えが広まった

キング牧師の伝記を読んで、黒人差別の問題を知った。

こまっている人のために人生をささげる人は今もいる？

「たかし」も杉原ちうねも、自分が傷つくことをかくごして人々を助けた。

1 対話する　相手を変えて文章を読み合い，感想を伝え合おう。

違う人物の伝記を選んだ児童どうしでペアを作り，文章を読んで感想を伝え合う。

「読み合ったら，まず，分からないことやもっと知りたいことを質問してから，感想を伝えましょう。」

伝記の人物の人生，印象に残る言葉やエピソードなど，聞いておいたらよい内容を例示しておく。

読んだり，感想を聞いて，気づいたことはメモをしていきましょう。
この人物は，どんな困難を乗り越えたのですか？
子どもの時から，目も見えない，耳も聞こえない，しゃべれないの３重苦だったのです。
そこから，努力することの大切さが分かったのだね。努力することで，希望が持てる。

2～3回相手を変えて，同じように読み合い，感想を伝え合う。

2 意見交流　同じ人物や同じ分野の人物を選んだ人どうしで読み合おう。

同じ人物の伝記（または同じ分野）を読んだ児童でグループを作り，文章を読み合って感想を伝え合う。

読んで気づいたことは，すぐにメモをしておいて，話し合う時に使いましょう。

ガンジーの「非暴力・不服従」って，初めて知ったけどすごいことだと思った。
でも，ガンジーをみんなが尊敬していたからできたので，誰もができることではないよ。
今の世の中でも戦争や暴力が絶えないから，ガンジーの考えを私たちももっと大事にしないといけないね。

「同じ人物の伝記を読んだ人どうしで感想を出し合って，何か思ったことがありますか。」

- 私とは，少し違うことを考えた人もいました。
- 同じことを自分の生き方に取り入れたいと思う人がいて，自分も元気づけられた。

後で分かったことや自分の考えをまとめるときに役立ちます。

やなせたかしーアンパンマンの勇気

㋱ 伝記を読んで考えた文章を読み、感想を伝え合おう

伝記を読んで考えた文章を読み合う

① 違う人物の伝記 ↓ ペアで、相手をかえて

（例）どんなこんなんを乗り越えたのか？

←

主体的・対話的で深い学び

・友だちの書いた文章を読み，感想を伝え合うことで，それぞれが考えた「生き方」について知り，自分自身の考えを広げる。
・自分が読んでいない伝記上の人物の生き方，考え方からも，自分の生き方を考えるヒントを得る。

準備物

・前時に児童各自が書いた文章

3 まとめる 文章を読み合って，気づいたこと，考えが広がったことをまとめよう。

友達の文章を読んで，感想を伝え合って，この２つの中で気づいたことや，考えが深まったことをノートにまとめましょう。
マザーテレサのように，困っている人のために人生を捧げる人が今もいるのかな？

やなせたかしも杉原千畝も，自分が傷つくことを覚悟して人々を助けた。
アメリカの黒人差別は知らなかったけど，キング牧師の話を読んで初めて分かった。

「まとめたことを，みんなに発表しましょう。」
・杉原千畝はもっと多くの人を救いたかっただろう。でもそれは自分の家族の命を危険にさらすので，できなかったのだと思いました。
・違う行動でも，困った人のためにつくすということでは同じだということもあると分かりました。

4 振り返る 学習してきたことをふりかえろう。

「教科書 P173 の“たいせつ”を読んで，伝記を読むポイントを確かめましょう。」
・「やなせたかし」を読んだ時もそうだったし，生き方や考え方を読みとってきたね。
・筆者の考えを確かめるのは，ちょっと難しかった。
・自分自身とつなげながら読んだよ。

教科書の「振り返ろう」を読んで，思ったことを出し合いましょう。
「今も世界中に戦争を…正しいことのはずだ」に考えが表れているとぼくは思う。

自分の信念を貫くことが大事だと思うようになったよ。
伝記を読むよさは，その人物の生き方に触れられることだと思うわ。

「機会があれば，また伝記を読んでみましょう。」

あなたは，どう考える

全授業時間６時間

◉ 指導目標 ◉

・目的や意図に応じて，感じたことや考えたことなどから書くことを選び，集めた材料を分類したり関係づけたりして，伝えたいことを明確にすることができる。
・目的や意図に応じて，事実と感想，意見とを区別して書くなど，自分の考えが伝わるように書き表し方を工夫することができる。
・文章全体の構成や展開が明確になっているかなど，文章に対する感想や意見を伝え合い，自分の文章のよいところを見つけることができる。
・文と文との接続の関係，話や文章の構成や展開，話や文章の種類とその特徴について理解することができる。

◉ 指導にあたって ◉

① 教材について

身の回りや興味のある事柄から題材を選び，自分の主張を明確にして意見文を書くのが本単元の学習です。選ぶ題材は，誰もが同じ意見になってしまうものではなく，意見が明確に分かれるものがよいでしょう。また，児童の生活とどこかでつながりのある題材の方が，より主体的に主張を持つことができるでしょう。

単元目標は「読み手が納得する意見文を書く」ことです。読み手を納得させるためには，自分が主張する理由とその裏付けとなる根拠を明確にすることが必要です。文章構成とともに，理由と根拠を考える学習が重要になってきます。

書いた文章は，読み合い，感想や意見を伝え合って練り上げます。

② 主体的・対話的で深い学びのために

読み手を納得させるためには，それを主張する理由と，理由の根拠となる資料に説得力が必要です。数的なデータ，体験，具体的な事象，専門家の意見など，誰もが受け入れられる資料を選び，それを集める活動が必要です。また，自分の立場から一方的に考えるのではなく，異なった視点や反対の立場も想定することで，題材について多面的な見方をすることができます。これらの学習を丁寧にこなしていくことが，より深い学びにつながっていくことになります。各時間中になされる対話によっても，自分の考え，理由，根拠を練り上げ「説得力のある意見文」を書くための学びが深まっていくでしょう。

◉ 評価規準 ◉

知識 及び 技能	文と文との接続の関係，話や文章の構成や展開，話や文章の種類とその特徴について理解している。
思考力，判断力，表現力等	・「書くこと」において，目的や意図に応じて，感じたことや考えたことなどから書くことを選び，集めた材料を分類したり関係づけたりして，伝えたいことを明確にしている。 ・「書くこと」において，目的や意図に応じて，事実と感想，意見とを区別して書いたりするなど，自分の考えが伝わるように書き表し方を工夫している。 ・「書くこと」において，文章全体の構成や展開が明確になっているかなど，文章に対する感想や意見を伝え合い，自分の文章のよいところを見つけている。
主体的に学習に取り組む態度	粘り強く，自分の考えが伝わるように書き表し方を工夫し，学習の見通しをもって，意見文を書こうとしている。

◉ 学習指導計画　全６時間 ◉

次	時	学習活動	指導上の留意点
1	1	・新聞の投書を読んで意見を出し合う。 ・学習課題や学習の流れをつかむ。 ・意見文の題材を見つけ，自分の意見とその理由や根拠を考える。	・導入で新聞の投書記事を使い，意見文のイメージを持たせ，関心を持たせる。 ・この１時間で，意見文についての大枠を決めてしまう。
2	2	・教科書の２つの例文から，意見文の書き方の工夫を見つける。 ・意見文を書くときの観点をまとめる。 ・主張の理由やその根拠についてイメージを持ち，自分の考えを深める。	・２つの例文（岡本さんの投書，木原さんの意見文）を十分活用し，そこから必要な情報を読みとらせる。
	3	・意見文を読む相手を想定し，その相手に応じた主張の理由や根拠を考える。 ・考えた理由や根拠に対し，説得力がつくように助言し合う。 ・助言をもとに，意見文で取り上げる理由や根拠を決める。	・一般的な意見文ではなく，読み手を意識して，書き方や内容の工夫をさせる。 ・対話を通して，自分の主張の理由や根拠を練り上げさせる。
	4	・構成例と例文を見比べ，構成からどのように文章化していくかをつかむ。 ・自分の意見文の構成表をつくる。 ・構成表を見て，助言し合う。	・書きためてきた「主張」「理由」「根拠」のカードを活用して，構成を考える。 ・助言し合うことで構成内容を改善し，構成表を完成させる。
	5	・意見文を書くときに大切なことを確かめ，例文から使える表現を見つける。 ・下書きをして，見直しをする。 ・意見文の清書をする。	・「意見文を書くときに大切なこと」「活用できそうな表現を見つける」「書き出しの工夫」など，書くための下準備を十分にしてから書かせる。
3	6	・意見文を読み合う観点を確かめる。 ・読み合って，感想や意見を伝える。 ・全体で意見文を交流する。 ・学習の振り返り。	・意見文の内容と書き方の２点について，よかった点を重点にして感想や意見を伝え合う。

DVD **収録（児童用ワークシート見本）** ※本書 P113「準備物」欄に掲載しています。

あなたは，どう考える

第 1 時 （1/6）

本時の目標

意見文に関心を持ち，学習の見通しを立てて，意見文の題材を決めることができる。

授業のポイント

対話をすることを通して，意見文の題材を決め，その理由や根拠を明確にしていく。

本時の評価

意見文に関心を持ち，自分が書きたい意見文の題材を決めている。学習課題をとらえ，見通しを立てている。

板書例

〈新聞の投書欄〉１週間分ぐらいの投書欄に目を通すと，意外と，小中学生の投稿があったり，子ども

← 読み合う

題材

・マスクのつけかた　・公園の使い方
・自転車のマナー　・ボランティア活動
・優先座席は必要か
・集団登校はいる？いらない？　など

← 題材を決める。（自転車に乗るマナー）

← 考え（意見）をはっきりさせる（交通ルールを守る）

← 意見の理由や根きょを考える（自分と他人の安全）

1 関心を持つ　新聞の投書を読んで，思ったことを話そう。

「新聞の投書欄というのを知っていますか？」
・読者のいろいろな意見を載せているところです。
・読者が新聞社に意見を送って，それが載っている。

新聞の投書を印刷して配る。小学生か中学生が書いた投書，または，子どもの生活に関係がある記事を選ぶ。なければ教科書 P175 の例を使う。

この投書を読んで思ったことを出し合いましょう。

タバコは，体に悪いし，周りの人が迷惑するから，ルールを守ってもすわない方がいいと思う。
私のお父さんはタバコが好きです。周りに迷惑をかけないならすってもいいと思うわ。
小学６年生がこんな投書をしているのだね。なぜ投書をしようと思ったのかな？

話し合って意見文に関心を持たせる。

2 つかむ　学習課題や進め方をつかもう。

「これからどんな学習をしていくのか，教科書の最初のページを見て確かめましょう。」

最初のページの上段の題名や文を読む。

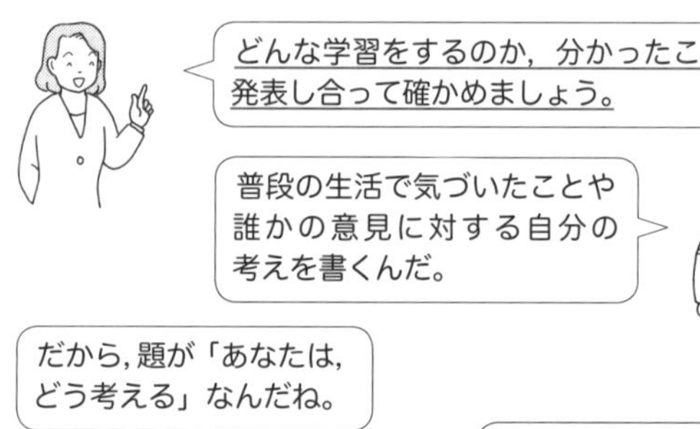
どんな学習をするのか，分かったことを発表し合って確かめましょう。
普段の生活で気づいたことや誰かの意見に対する自分の考えを書くんだ。

だから，題が「あなたは，どう考える」なんだね。

今回は，読み手が，納得する意見文を書くんだよ。

「どのような流れで学習していくのか，最初のページの『学習の進め方』も見ましょう。」
・まず題材を決めて，自分の考えを持つ。「他の立場から…見直す。」，どうするのかな？
・文章の構成を決めて，意見文を書く。
・最後に読み合うんだね。感想を伝えるのかな。

の生活や興味に関わる投書が見つかるものです。

あなたは、どう考える

㋱ 意見文の題材を決め、自分の意見と
その理由や根拠を考えよう

新聞の投書を読む ↑ 思ったことを出し合う

読み手が納得(なっ)する意見文を書こう

⇦ 生活の中で気づいた
だれかの考え

題材を決める ← 文章の構成 ← 意見文を書く

主体的・対話的で深い学び

- 何を題材として選ぶかが，出発点になる。自分では，すぐに題材が思い浮かばない児童もいるだろう。できるだけ多くの児童に意見を出させ，その中から自分が書きたい意見文の題材を見つけさせる。
- 自分の考え（意見）とその理由や根拠は，自力で考えるのが基本だが，後で，隣同士で助言し合えるようにする。

準備物

- 新聞の投書記事

3 見つける　生活の中から，考えたい題材を探そう。

「先生が持ってきた投書は，タバコを吸うことについてでした。教科書の例は，病院で，番号でよばれることについてでしたね。」

普段の生活の中や身の周りのことで，関心や意見のあることを出し合いましょう。
コロナ対策でマスクの付け方に関心があります。
自転車に乗るマナーを考えたい。
教科書に載っている優先座席は必要かどうか。
登校班での集団登校は必要か必要ないか。

全体の中で，できるだけ多く意見発表をさせる。意見を聞きながら，出てきた題材のメモをして，自分が題材を決めるときの参考にさせる。

- 自分が考えていなかった題材がたくさんあるな。

4 考える　題材を決め，自分の意見を明確にして，理由や根拠を挙げよう。

「取り上げたい題材がたくさん出てきましたね。友だちの意見も参考にして，自分が書く意見文の題材を決めて，自分の考えをノートに書きましょう。」

題材が決まらない児童は，周りの友だちと相談させる。興味あることを教師も聞き出して支援する。

- ぼくは，ボランティア活動について書こう
- 私は，地域の公園の使い方について。

自分の意見の理由や根拠になることを書きましょう。書けたら，隣の人の助言をもらいましょう。

優先座席がいらないと考えたのは，優先される人があまり座っていないから…

だから優先座席があっても意味がないと考えるんじゃなくて…

あなたは，どう考える
第2時 (2/6)

本時の目標
意見文の例を読んで，自分が書く文章の参考にし，文章の構成や書き方の特徴を理解することができる。

授業のポイント
教科書の2つの例文（岡本さん，木原さん）から，取り入れたい書き方の工夫や，根拠にできる情報についてとらえさせる。

本時の評価
意見文の例を読んで，自分が書く時に生かしたいところを見つけ，文章の構成や書き方の特徴を理解している。

〈例文の活用〉教科書の例文には，さまざまな情報が具体例として含まれています。それを参考にする

板書例

共通
・「初め」「中」「終わり」で構成されている
・「はじめ」と「終わり」に自分の考え
・具体例（見聞き、引用など）が書かれている
・反対意見を予想して、それの反論を書いている
・「終わり」に主張の理由が入れてある

☆根拠にできる情報はどこから
自分の体験
見たり聞いたりしたこと
調べたこと

☆自分の主張の理由と根拠…考えを深める

1 つかむ　岡本さんの例文を読み，書き方の工夫をみつけよう。

教科書の岡本さんの投書を音読させる。

「岡本さんの主張は，どんなことですか。その意見について，自分はどう思いますか。」
- 病院で患者を呼び出すときは，番号ではなく名前で呼んで欲しいということです。
- ぼくには名前があるのだから，ちゃんと自分の名前で呼んで欲しいです。
- 名前で呼ばれたら嫌だったり困る人もいるから，番号でいいと思います。

自分の意見文にも取り入れてみたい書き方や参考になったことはありますか。
初めに，自分の意見となぜそう考えたのかが分かるエピソードを書いているのがいい。
お年寄りの例を挙げて，意見を言っているのがいいわ。

自分とは違う考えについても，どう考えるか書いてるね。

2 見つける　木原さんの例文を読み，書き方の工夫や前の例文との共通点をみつけよう。

教科書の木原さんの意見文を音読させる。

「木村さんは，どんな考えを持っていますか。
- 病院での呼び出しは，個人情報を守るためには番号の方がよいと考えています。

岡本さんと木原さん，2つの文章で共通している「いいな」と思う書き方を見つけましょう。
どちらも，初めと終わりに，自分の考えを書いているね。

自分が見聞きしたことや引用した文が例として書かれているから説得力がある。
違う意見に対する自分の考えも，どちらにも書かれている。

「他に，この文章で参考になる書き方がありますか。」
- 専門家の意見を引用して自分の考えを述べている。
- 始めと終わりの考えは，余分な言葉を省いて短く書いているのでわかりやすいです。

ことで，文章の書き方や内容などのイメージを持つことができます。

あなたは、どう考える

Ⓜ 意見文の二つの例を読んで、自分の意見文に生かしたいことをみつけよう

とりいれたい書き方の工夫

〈岡本さんの例文〉
・考えを持ったエピソード

〈木原さんの例文〉
・考えを短くまとめている
・専門（せん）の人の意見を引用

主体的・対話的で深い学び

・２つの例文を読み，対話での友だちの意見も参考にして，意見文の書き方の観点（工夫）をつかむ。
・自分の主張の裏付けとなる理由とその根拠としてどのようなことを挙げればよいのか例文でイメージを広げ，理由や根拠についての考えを深める。
・根拠となることを調べてみようとする。

準備物

・主張，理由，根拠を書くカード（主張＝赤，理由＝青，根拠＝緑の印または縁取りなどをして，色で区別できるようにしておく。カード用紙の色を変えるのでもよい。）

3 まとめる　説得力のある意見文の書き方をまとめよう。

「グループで，２つの例文を読んで書き方の工夫を確かめてきました。次は，全体で意見を出し合い，説得力のある意見文の書き方をまとめましょう。」

最初と最後に自分の考えを入れると，意見が相手によく伝わるね。

最後の段落には主張の理由も入れてあるのがいいわ。

反対意見も予想して，それに対する考え書くと一層説得力が出るよ。

文章を「初め」「中」「終わり」に分けて書く。

理由の根拠として，調べたこと，見聞きしたことなどを取り上げると「なるほど」と思える。

出された意見について，みんなが納得できるものを取り上げ，板書でまとめていく。

4 深める　説得力のある意見文の書き方をまとめよう。

教科書「木原さんの考え」で理由と根拠を確かめる。

「では，岡本さんの考えの理由と根拠は何ですか。」
・理由①は「分かりにくい」です。その根拠は近所のお年寄りの勘違いの例です。

「２人は根拠にする情報をどのように得ていますか。」
・自分の体験したこと，見聞きしたことです。
・調べたこともあります。

理由や根拠のイメージがわきましたか。今日の学習をもとにして，自分の考えの理由とその根拠をもう少し深めてみましょう。

マナーを守らない自転車で危ない目に遭った人の体験を聞いてみよう。

マスクはどんなところでもつけないといけないのか，マスクの役割を根拠に入れよう。

理由や根拠は１つではなく，できるだけ多く（P177「構成の例」のようなカードを準備して）書いていかせる。

あなたは，どう考える

第3時 (3/6)

本時の目標

意見文の読み手を想定し，説得力のある理由や根拠を考えることができる。

授業のポイント

友だちと読み合って助言し合い，反対意見も想定して，それに対する自分考えをまとめ，理由や根拠を明確にさせる。

本時の評価

これまでに考えてきた理由や根拠について検討し，説得力のあるものを選んでいる。

〈他の立場から〉自分の考えを客観的にとらえたり，敢えて反対の立場で考えることで，視点が広がり

板書例

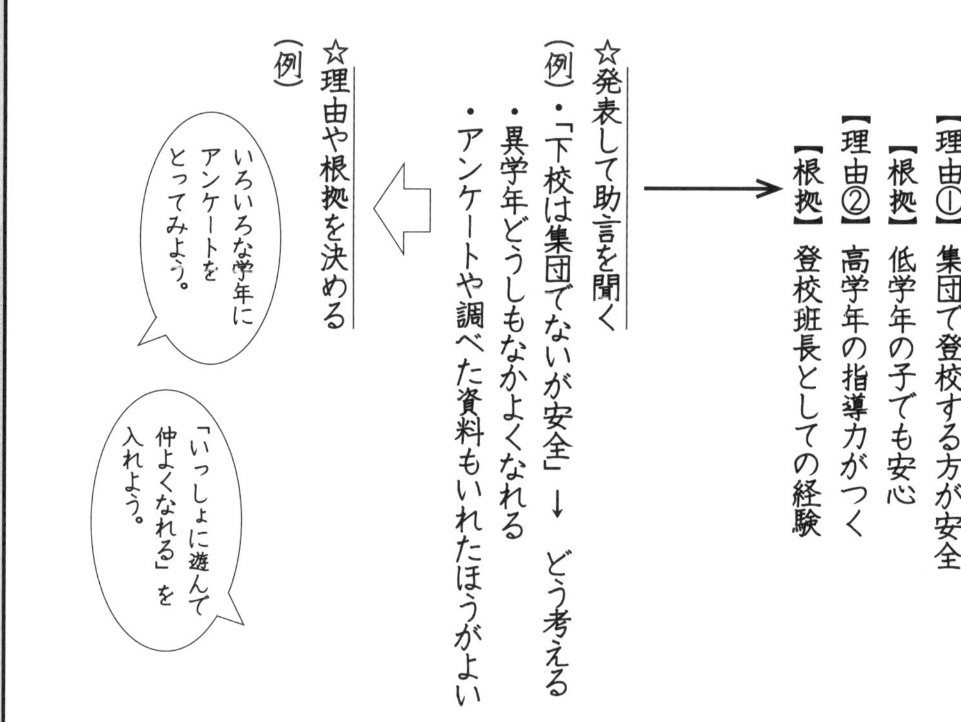
【理由①】集団で登校する方が安全
【根拠】低学年の子でも安心
【理由②】高学年の指導力がつく
【根拠】登校班長としての経験
☆発表して助言を聞く
(例)・「下校は集団でないが安全」→ どう考える
・異学年どうしもなかよくなれる
・アンケートや調べた資料もいれたほうがよい
☆理由や根拠を決める
(例)
「いっしょに遊んで仲よくなれる」を入れよう。
いろいろな学年にアンケートをとってみよう。

1 想定する 意見文を読む相手を想定しよう。

「意見文を読む相手によって，書く内容や説明の仕方を考えないと，説得力が変わってきますね。」

- そうか，取り上げた課題について詳しい人と，よく知らない人と同じ書き方ではだめなんだ。
- 関心のない人には，まず関心を持ってもらわないといけないな。

どんな人に読んでもらいたいのか，そのためにどんなことに気をつけて書けばよいのか，考えましょう。

クラスの友だちに読んで欲しい。みんなタバコの吸い方なんて考えていないだろうから，取り上げた理由を…

若い大人の人に，優先座席について考えて欲しいので…

登校班の人に集団登校について意見が言いたいので…

2 選ぶ 相手に合わせた自分の主張の理由や根拠を考えよう。

「意見文を読んで欲しい相手は決まりましたか。」

- はい，ぼくは電車で通勤や通学をしている人です。
- 私は，クラスの友だちです。
- 私は，自転車によく乗っている人です。

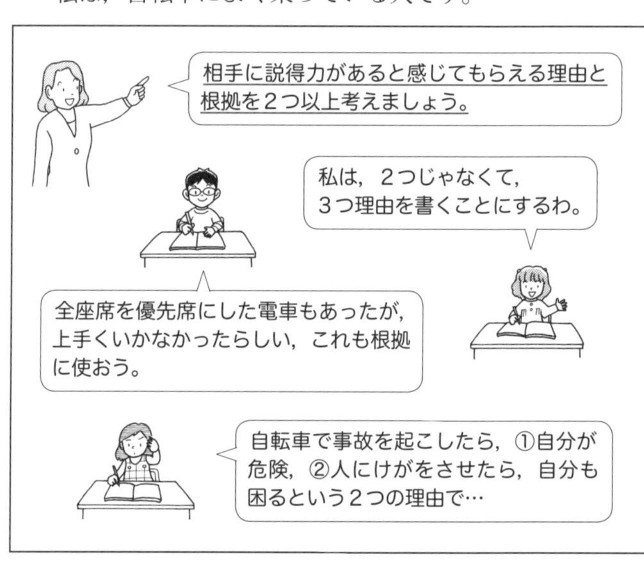
相手に説得力があると感じてもらえる理由と根拠を２つ以上考えましょう。
私は，２つじゃなくて，３つ理由を書くことにするわ。
全座席を優先席にした電車もあったが，上手くいかなかったらしい，これも根拠に使おう。
自転車で事故を起こしたら，①自分が危険，②人にけがをさせたら，自分も困るという２つの理由で…

決まった主張，理由，根拠を，前時と同じカードを用意して，それに書かせる。

ます。それは自分の考えを深めたり補強することにつながります。

あなたは、どう考える

㋱説得力のある理由や根拠を考えよう

☆意見文を読んでほしい相手
クラスの友だち
登校班の人
電車で通勤や通学をしている人
自転車によく乗る人
など

☆相手に合わせた理由や根拠

（例）集団登校はなくさないほうがよい ↓ 友だち

主体的・対話的で深い学び

・それぞれが考えた理由と根拠を発表して，助言し合い，より説得力のある意見文が構想できるようにする。
・自分の主張への批判的な意見を想定し，その反論を考えて，自分の主張を補強し深める。
・助言を参考にして，必要な場合はさらに進んで情報を集め，活用できるようにする。

準備物

・主張，理由，根拠を書き込むカード（第2時と同じ色で区別する）

3 助言を聞く　主張の理由や根拠について発表し合い，助言し合おう。

グループで１人ずつ順に題材，自分の主張，理由，根拠を発表し，それについて助言をしていく。

発表を聞いて，意見文にもっと説得力がでるように，助言してあげましょう。

登校班での集団登校はなくさない方がよいというのがぼくの意見です。理由は，集団で登校する方が安全だからです。その根拠は…

安全だけじゃなくて，他学年の子が仲よくなれることもあるわよ。

下校は集団ではないが安全にできていると思うけど，どう考えますか。

アンケートや調べた資料も根拠として入れたらどうかな。

出された意見は，メモをして，後で活用できるようにさせる。

4 見直す　自分の理由や根拠を見直し，必要な情報を集めよう。

友だちの助言も参考にして，自分の考えにどんな反論があるか想像し，自分の考えをまとめましょう。

逆に優先席以外では席を譲ってもらえないことが多くなるという反論に対しては…

マスクをつける必要とどんな時につけたらよいか，お医者さんの意見を根拠として入れよう。

「友だちの助言や，そこから考えたことをもとにして，理由や根拠を見直して，最終決定しましょう。必要なことがあれば，さらに調べましょう。」
・集団登校についてどう思っているのか，いろいろな学年の人からアンケートをとってみよう。
・登校班があったらいいという理由に，一緒に遊んだりして仲良くなれることを入れよう。

書き込んできているカードの修正や追加をする。

あなたは，どう考える
第 4 時 (4/6)

本時の目標
説得力のある意見文になるように，文章の構成を考えることができる。

授業のポイント
これまでに書いてきた「主張」「理由」「根拠」のカードの中から適切なものを選んで構成表に並べ，友だちの助言も受けて構成を考える。

本時の評価
これまでの学習をもとにして，説得力のある意見文になるように，文章の構成を考えている。

板書例

〈カード〉主張，理由，根拠をカードにしておくと，構成表の順序の入れ替えや差し替えなどが簡単に

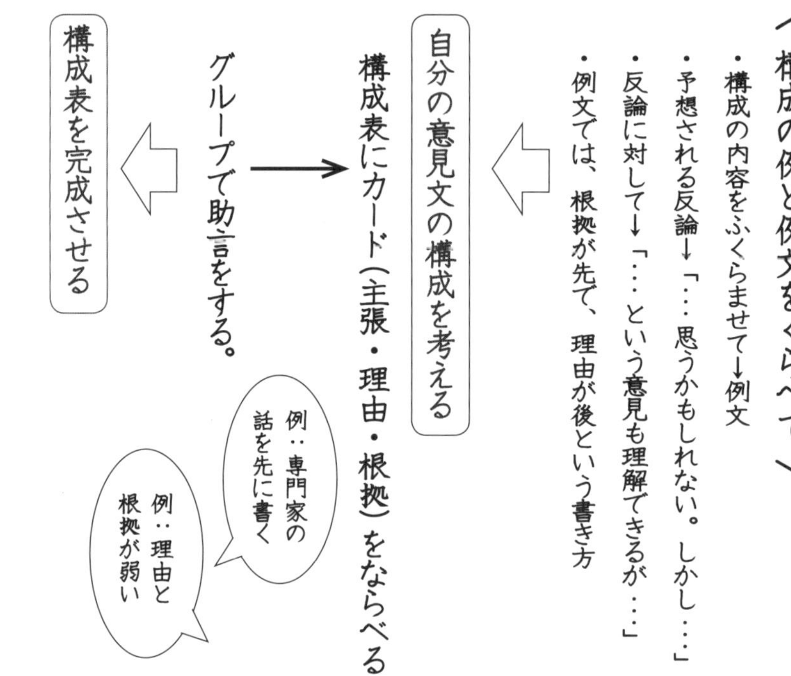
〈構成の例と例文をくらべて〉
・構成の内容をふくらませて↓例文
・予想される反論↓「…思うかもしれない。しかし…」
・反論に対して↓「…という意見も理解できるが…」
・例文では，根拠が先で，理由が後という書き方
自分の意見文の構成を考える
構成表にカード（主張・理由・根拠）をならべる
グループで助言をする。
例：専門家の話を先に書く
例：理由と根拠が弱い
構成表を完成させる

1 振り返る 学習したことを振り返り，意見文の構成を確認しよう。

「２時間目の学習を思い出しましょう。２つの例文の書き方にはどんな工夫がありましたか。」

第２時のノートを見返しさせる。

「文章の構成は，どのようになっていましたか。」

・「初め」「中」「終わり」の構成になっていました。

「みなさんも，この構成で文章を書いてもらいます。」

「初め」「中」「終わり」には，それぞれ何を書けばよいのでしょう。

「初め」と「終わり」には，自分の考え（主張）を書きます。

岡本さんは「初め」に考えを持つことになったエピソード，木原さんは「終わり」に主張の理由が入っていたね。

「中」は，主張の理由や根拠が具体例を挙げて詳しく説明する。

「中」には，予想される反対意見とそれに対する考えも入れる。

2 比べる 構成の例と例文を比べてみよう。

「木原さんの『構成の例』と『例文』を比べて，構成がどのように文章になっているか確かめましょう。」

「初め」「中」「終わり」と順に見比べていく。特に「中」に重点を置いて見ていく。

・構成の例の「番号のほうが…」が理由で，「町田さんの話」がその根拠だね。例文では第２段落の７行にもなって詳しく書いてある。
・予想される反論は，「…思うかもしれない。」という書き方をしている。

比べて気がついたことを話し合いましょう。

木原さんの文章では，根拠の話や引用が理由より先に書いてある。

反対の意見でも「…という意見も理解できるが」と全く否定していないところもあるね。

その後で「わかりやすさ」と「安全面」を対比させて主張を述べている。

できます。項目毎に色を変えるとより分かりやすくなります。

あなたは、どう考える

Ⓜ 説得力のある文章の構成を考えよう

「初め」…自分の主張 ← エピソード

「中」…主張の理由と根拠
予想される反論とそれに対する考え

「終わり」…自分の主張 ← 理由
まとめ

主体的・対話的で深い学び

・教科書の構成例と例文を見比べ，構成で挙げたことが例文でどのように文章化されているかを丁寧に見ていく。これによって，自分の構成表をどのように文章にしていくのかの見通しを持たせる。
・構成表をグループで検討し合うことで，自分が気づかなかった視点にも目を開き，より完成度の高い構成表に改善していく。

準備物

・前時までに主張，理由，根拠を書き込んできたカード
・意見文構成表用紙 DVD 収録【5下_10_01】

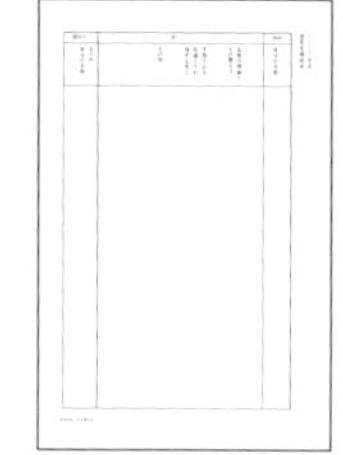

3 考える 自分が書く意見文の構成を考えよう。

「自分の意見文の構成を考えます。特に，どの点をしっかり考えたらよいでしょう。」
・「中」が自分の主張に説得力を持たせるのに，特に大事だと思います。
・「中」で「理由」や「根拠」にどんなことを選ぶか。
・「理由」や「根拠」の並べ方も，説得力に関係してくるから，しっかり考えたい。

構成表に，選んだカードを並べて考える。

自分の文章の構成を考えましょう。理由や根拠をどんな順にすればよいか考えましょう。

みんなの興味を引きつけるためには，アンケートの結果をまず示そうかな。

教科書の例では初めに根拠が書いてあったけど，やはり，理由をしっかり先に書いた方がいいかな。

4 検討する グループで構成表を見て，助言し合おう。

1人ずつの構成表をみんなで見て，変えたらよいところがあれば助言しましょう。

この理由と根拠じゃ説得力が弱いよ。もっと他の理由は考えてないの？

予想される反論は，よく考えたね。それに対する考えも分かりやすい。
ここは，教科書のように，専門家の話を先に書いた方がいいと思うよ。

「友だちの助言や，そこから考えたことをもとにして，理由や根拠を見直して，最終決定しましょう。必要なことがあれば，さらに調べましょう。」
・集団登校についてどう思っているのか，いろいろな学年の人からアンケートをとってみよう。
・登校班があったらいいという理由に，一緒に遊んだりして仲良くなれることを入れよう。

書き込んできているカードの修正や追加をする。

あなたは，どう考える 第5時 (5/6)

本時の目標

自分の考えが説得力を持って伝わるように工夫をして，意見文を書くことができる。

授業のポイント

「意見文を書くときに大切にすること」「例文などから活用できそうな表現を見つける」「書き出しの工夫」など，書くための下準備を十分にして書かせる。

本時の評価

表現や内容に注意をして，説得力のある意見文を書いている。

板書例

〈準備〉書き進められない児童を出さないように，文章の構成の他に，活用できそうな表現，書き始め，

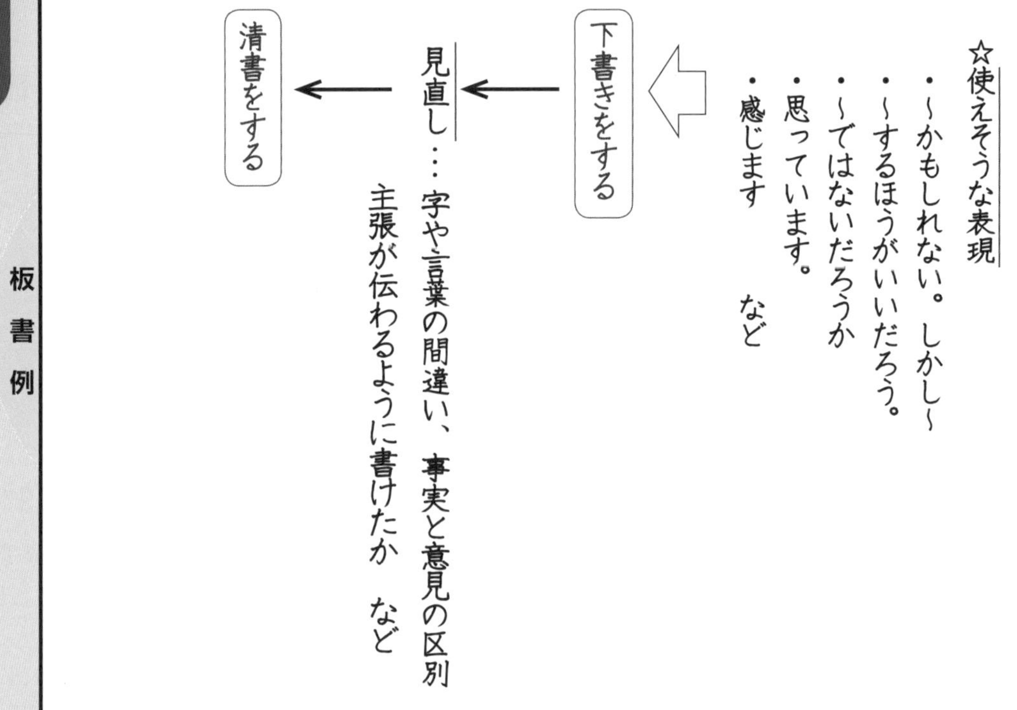

☆使えそうな表現
・～かもしれない。しかし～
・～するほうがいいだろう。
・～ではないだろうか
・思っています。
・感じます
など
下書きをする
見直し…字や言葉の間違い、事実と意見の区別
主張が伝わるように書けたか　など
清書をする

1 確かめる　意見文を書くとき大切にすることを確かめよう。

「今日は，自分の意見文を書いてもらいます。書くときに大切にすることを教科書で確かめましょう。」

「たいせつ　説得力のある意見書を書く」を読む。

・実際にあったことやそれらの記録と自分の考えを区別して書く。教科書には「事実と意見の区別」とも書いている。同じことだね。
・異なる立場からの反論に対する考えは，もう考えている。

他に，自分としては，この点を大切にして書きたいということがありますか。
ぼくは1つの文が長くなりすぎるので，短く読みやすく書きます。
反対意見も理解できるけど，この方が大切だという書き方をしたいです。
ぼくも反対意見も大事にしながら，自分の考えを主張します。

2 見つける　例文から，使えそうな表現を見つけよう。

「木原さんの例文を，もう一度読んでみましょう。自分の意見文で使えそうな，文の書き始めや文末の表現はありませんか。」

各自で黙読し，使えそうな表現は，傍線を引いたりノートに書き出したりしておく。

「…かもしれない。しかし…」という表現がいいなと思う。
例文にはあまりないけど，文と文をつなぐ言葉もうまく使ってみよう。
「するほうが～いいだろう。」「ないだろうか。」とあまり決めつけて言わない方がいいかもしれないな。

岡本さんの投書も参考にしてもよい。

・「思っています。」「感じます。」も使えるかな。
・文末は敬体か常体かどちらがいいのかな？

最後のまとめ等々，具体的に準備をしてから書き始めるようにします。

あなたは、どう考える

㋱ 説得力があるように工夫をして意見文を書こう

☆書くときに大切にすること
・事実と意見を書き分ける。
・反論を想定して、考えをいれる。

文が長くならないように短く分かりやすく書く

反対意見も大切にして自分の考えを主張

主体的・対話的で深い学び

・対話より個人作業が多い時間である。それだけに一人ひとりの意欲や主体性が必要になってくる。書くときに大切にしたいこと，使えそうな表現や書き出しの工夫，推敲の観点などは，全体で意見を出し合って，「書ける」土台を持たせるようにする。
・書くことに行き詰まった時は，再度例文を見させ，書き方をまねさせたり，参考にさせたりする。
・必要な場合は，教師が個別に支援をする。

準備物

・前時に作成した構成表
・下書き用紙，清書用紙（原稿用紙でもよい）

3 書く 意見文の下書きを書こう。

「意見文の下書きをします。文末は，常体と敬体が，混ざらないように注意しましょう。教科書の最後の『言葉のたから箱』も見ておくといいですよ。」
・考え方を表す言葉も書いてある。
・「～の点から」という表現は使えるかもしれない。
「書き始めも工夫するといいですね。」
・「題材をなぜ選んだか」から書き始めます。
・まず，主張をはっきりと書きます。

事実と意見を書き分けることや自分が大事にする書き方に気をつけて，説得力のある文章を書きましょう。

書く内容は構成表で出来上がっているので，より説得力があるように表現にも気をつけよう。

ある日，公園でこんなことを見かけました。それは…。書き始めはこれでいいな。

4 書く 下書きを見直して，意見文を清書しよう。

「書けたら，自分で文章を見直します。どんなところを見直せばよいでしょう。」
・「初め」「中」「終わり」のまとまりになっているか。
・字や言葉の間違い，抜けているところはないか。
・主張が伝わるように書けたか。
・事実と意見がきちんと区別して書けているか。

文章の推敲の観点を出し合い，見直しをさせる。

「見直しができたら清書をしましょう。」

漢字の間違いを１つ見つけた。直しておこう。

特に直すところはないわ。清書だからていねいに書こう。

何が言いたいか分かりにくいな。どう直そうかな…。

「上手く書けたところや気をつけたことをノートにメモをしておきましょう。」

あなたは，どう考える 第6時 (6/6)

本時の目標

意見文を読み合って感想や意見を伝え，自分の文章のよいところを見つけることができる。

授業のポイント

意見文を読み合って，感想を伝え合うが，ここではよかった点を伝えることに重点を置く。意見文の内容と書き方の２点について感想を伝えるようにする。

本時の評価

内容と書き方についてよい（説得力がある）点を友だちに伝え，自分の文章のよいところを見つけている。

板書例

〈グループ分け〉日常の生活班，同じテーマを選んだグループ，違うテーマを選んだグループ等の分け方

意見文を読み合う

①グループで読み合う…意見文のコピーを配る
②ペアで読み合う…意見文を交かんする
（①②のどちらか）
→ 感想や意見を伝える
・内容と書き方について
・よいところ、説得力があるところ
→ ・自分の文章のよいところも見つける

☆クラスの中でも発表する
↓いろいろな意見文を知る

☆学習をふりかえる
・教科書「ふりかえろう」
・自分が学べたことで一番よかったこと

1 確かめる 意見文を読み合う観点を確かめよう。

「今日は，この学習の最後の時間です。お互いの意見文を読み合って，感想や意見を伝えます。」

教科書全文を各自で黙読し，学習を振り返る。

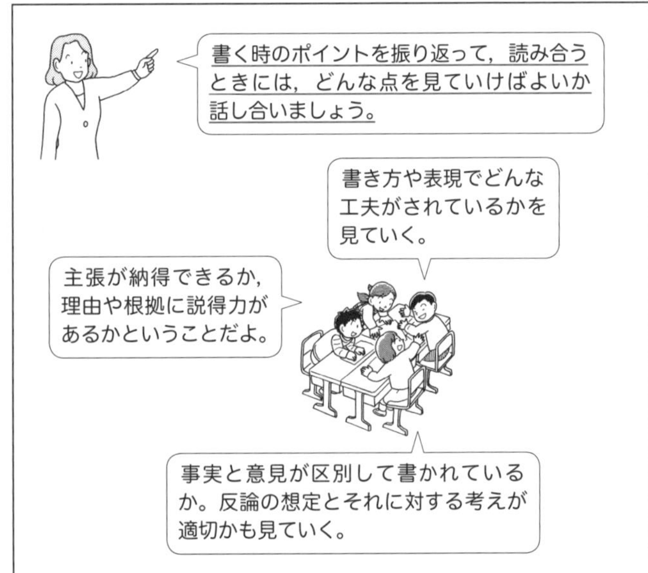
書く時のポイントを振り返って，読み合うときには，どんな点を見ていけばよいか話し合いましょう。
書き方や表現でどんな工夫がされているかを見ていく。
主張が納得できるか，理由や根拠に説得力があるかということだよ。
事実と意見が区別して書かれているか。反論の想定とそれに対する考えが適切かも見ていく。

グループで話し合った観点を全体で交流し，意見文を読み合う観点を確認しておく。

「では，意見文を読み合いましょう。」

2 つかむ 意見文を読み合って，感想や意見を伝え，それぞれの文章の良さを知ろう。

各自の意見文のコピーをグループの中で配り，読み合って感想や意見を伝える。（ペアの場合は，意見文を交換して読み合う。どちらの形態でも可。）

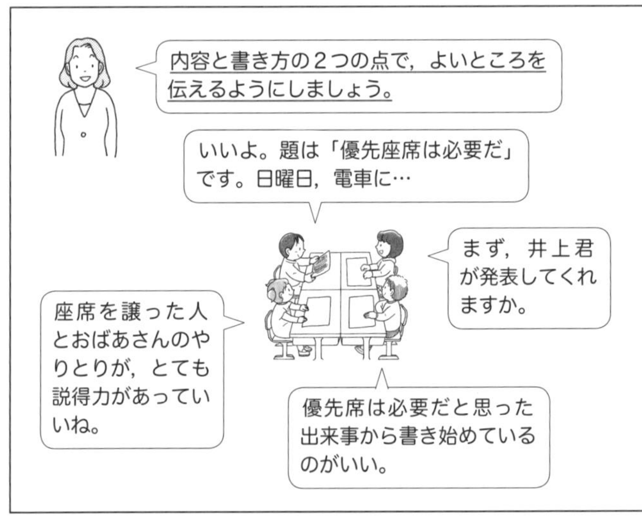
内容と書き方の２つの点で，よいところを伝えるようにしましょう。
いいよ。題は「優先座席は必要だ」です。日曜日，電車に…
まず，井上君が発表してくれますか。
座席を譲った人とおばあさんのやりとりが，とても説得力があっていいね。
優先席は必要だと思った出来事から書き始めているのがいい。

「意見文を読み合い感想を伝え合って，自分の文章のどこがよいところだと思いましたか。」

・反論に対して「確かに今は席を譲らない人が多いけど…希望はある。」と考えたところはよかった。
・最後のまとめと主張も上手く書けたと思う。

が考えられます。どんな対話をさせるかで選択しましょう。

あなたは、どう考える

Ⓜ 意見文を読み合って感想や意見を伝え、自分の文章のよいところを見つけよう

☆意見文の読み方
・書き方や表現のくふう
・主張が納得できるか
・理由や根拠の説得力
・事実と考えを区別した書き方
・反論の想定と、それに対する考えが適切か
など

主体的・対話的で深い学び

・意見文を読み合い，友だちの書いた文章から良さを学び取る。
・感想や意見の交流を通じて，自分の書いた文章のよいところにも気づけるようにする。
・自分が書ける文章の領域を広げ，文章を書くことへの意欲や関心を高めたい。

準備物

・意見文のコピー（グループの人数分：グループで読み合う場合）

3 交流する　クラスの中で意見文を発表し合おう。

「次は，クラス全体で，自分の意見文を発表します。今度は，話し合うよりも，いろいろな意見文があることを知るのが目的です。」

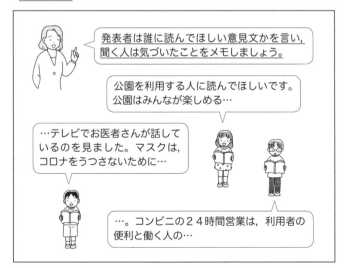

発表者は誰に読んでほしい意見文かを言い，聞く人は気づいたことをメモしましょう。

公園を利用する人に読んでほしいです。公園はみんなが楽しめる…

…。コンビニの２４時間営業は，利用者の便利と働く人の…

…テレビでお医者さんが話しているのを見ました。マスクは，コロナをうつさないために…

進んで発表を希望した児童を順次指名していくが，グループからの推薦があればそれも取り上げる。

4 振り返り　学習を振り返ろう。

教科書の『振り返ろう』を読んで，気づいたことをノートに書き，グループで話し合いましょう。

自分の考えは「…と考える。」や「…と思う。」事実は「…の資料では，」等の書き方をしたよ。
私は，考えと事実を区別をするために，文末の言葉に気をつけました。
説得力あるように数字のデータを使って誰がみてもそうだと思える資料を根拠にした。
友だちと意見を出して話し合ったことが一番自分の考えを深めるのに役だったと思う。

「自分が学べたことで一番よかったことは何ですか。」
・理由や根拠を挙げて自分の意見を言うことの大切さが分かった。
・意見文を初めて書いたことがよかった。

季節の言葉

冬の朝

全授業時間２時間

◉ 指導目標 ◉

・親しみやすい古文を音読するなどして，言葉の響きやリズムに親しむことができる。
・目的や意図に応じて，感じたことや考えたことなどから書くことを選ぶことができる。

◉ 指導にあたって ◉

① 教材について

５年生の「季節の言葉」では，「気象」を中心的なテーマとして，「枕草子」の第一段を季節ごとに分け，季節に関わる言葉や俳句と併せて取り上げてきました。既に「春の空」「夏の夜」「秋の夕暮れ」と学習を進め，本単元「冬の朝」で四季の学習が完結します。

本単元では，冬の厳しい天候や自然の様子，その中での人々の営みに目を向けさせ，「冬」を感じ取って文章を書かせることを目指します。他の季節と比べて「冬」は，やや暗いイメージを持つ児童もいるかもしれませんが，その中にも，様々な楽しみがあり，心を動かす美しい光景や人々の確かな生活の営みもあります。「冬」のよさをしっかりと感じ取らせ，日本の四季の魅力に触れさせたい教材です。

② 主体的・対話的で深い学びのために

身の回りの自然や生活の中から「冬」を感じ取り，それに心を動かされる「感性」を育むことが大事な学習課題になります。まずは「枕草子」「冬を表す言葉・俳句・写真」から，想像力を働かせて冬の様子を読みとり，「冬」のイメージを膨らませます。普段何気なく見過ごしていることをもう一度見直し，それに感性を働かせる場面も必要です。これらの活動では，対話の役割が重要になってきます。教師の適切な支援や児童のイメージを補助する写真などの教材の準備も必要です。

感じ取ったことを書くことが，もう一つの学習課題です。どのように書けばよいかという見通しを持てることが，主体的意欲的な学習につながります。そのために，「思い浮かべた冬の様子」「枕草子，俳句，例文の書き方」「よさを表す言葉」について対話を重ねて学習し，それを基にして，文章を書かせます。

書いた文章を読み合い，感想を伝え合うことは，「冬」という季節の感じ方を互いから学び合い，それぞれの季節感を豊かにし，季節に関わる語彙を増やしていくことになるでしょう。

◉ 評価規準 ◉

知識及び技能	親しみやすい古文を音読するなどして，言葉の響きやリズムに親しんでいる。
思考力，判断力，表現力等	「書くこと」において，目的や意図に応じて，感じたことや考えたことなどから書くことを選んでいる。
主体的に学習に取り組む態度	積極的に言葉の響きやリズムに親しみ，学習課題に沿って，冬らしいものや様子を文章に書こうとしている。

◉ 学習指導計画　全2時間 ◉

次	時	学習活動	指導上の留意点
1	1	・自分が感じた「冬」や冬の好きなところを発表する。 ・「枕草子」を読み，清少納言の冬の見方，感じ方について話し合う。 ・教科書に載っている冬を表す言葉，俳句，写真から，冬の様子を想像する。	・自分の好きな「冬らしさ」だけでなく，「冬らしさ」を感じるものや様子について出させてもよい。 ・現代語訳と読み比べ，難語句については，補説しながら，内容を読み取らせる。 ・参考画像なども見せ，言葉の表す季節感について補説する。
	2	・冬らしい様子をくわしく思い出す。 ・文章の書き方や「よさ」を表す言葉を見つける。 ・自分が感じた「冬」を文章に書く。 ・書いた文章を読み合って話し合う。	・文章は自由な形式で書かせる。 ・例文を示して書く文章のイメージを持たせたり，枕草子の書き方を真似たり，俳句で表現させてもよい。

DVD 収録（画像，児童用ワークシート見本）※本書 P124, 125 に掲載しています。

冬の朝

第 1 時 (1/2)

〈児童の想像力〉児童が想像できる幅は広くはないので，写真などの補助資料や言葉の意味から

本時の目標

冬を表す言葉や作品に興味を持ち,「枕草子」や, 冬の言葉と俳句から, 冬の季節感を味わうことができる。

授業のポイント

古文に表現された季節感を味わい, 写真や言葉から冬の様子を想像する。これらから「冬」の季節に興味をもち, 身の回りの「冬」に目を向けようとさせる。

本時の評価

冬を表す言葉や作品に興味を持ち,「枕草子」や, 冬の言葉と俳句から, 冬に季節感を味わっている。

板書例

☆「枕草子」を読む

① 音読する

② 意味をつかむ

冬はつとめて・・・冬は早朝がよい。

雪の降りたるは・・・雪が降っているのは

③ 清少納言の見方、感じ方

雪が降っている　霜が真っ白→よい

白い灰が多く→よくない

（冬の早朝はそんなにいいの？）

（炭をつかわないから分からない）

（今も昔も雪は「よい」）

☆冬を表す言葉、俳句、写真から

・「雪化粧」…一面雪で真っ白　きれいな言葉

・「海に夕日を吹き落とす」…すごく強い風

・写真の雪景色がとてもきれい

1 経験交流　自分が感じた「冬」や冬の好きなところを発表しよう。

これまでの春, 夏, 秋の学習を簡単に振り返ってから本時の学習に入っていく。

・春はあけぼの, 夏は夜, 秋は夕暮れだったね。
・時刻がそれぞれ違った。雲や月や夕日が出てきた。

みんなが, 冬らしいと感じたり, 冬のこんなところが好き, と思うのはどんなとき, どんなところか発表してください。

雪が降って, 雪合戦や雪だるまを作って遊ぶときです。

お餅やカニなどおいしい物がたくさん食べられる。お年玉ももらえる。

クリスマスやお正月など楽しい行事があるから好きです。

学級全体で, 自由に意見発表をさせ, それぞれが感じている「冬」を交流させる。

2 音読する つかむ　「枕草子」を音読し，何が書かれているか確かめよう。

「教科書のはじめの３行を読んでどんなことを学習するのか確かめましょう。」

・今度も, 自分が感じた冬を文章に書くんだね。」

「では, 枕草子を読んでみます。まず先生が読んでいきます。『冬はつとめて。雪の降りたるは…』。」

範読の後, 一人読み, グループ読みなど変化を加えて何度か音読させ, スムーズに読めるようにする。

次は, 現代語訳と照らし合わせながら読んでいきましょう。
雪の降りたるは言ふ（う）べきにもあらず。雪が降っているのは言うまでもない。
冬はつとめて。冬は早朝がよい。

原文と現代語訳を交互に追い読みしていく。途中,「さらでも」「つきづきし」「ゆるび」などの古語や「炭」「火桶」なども写真等で確かめたり, 説明を加える。

想像を広げる，体験を引き出すなどして，「冬」という季節感を感じ取らせます。

冬の朝

㋱ 冬について書かれた文章や言葉などから、冬の季節感を感じ取ろう

☆自分が感じた冬、好きなこと
〈自然〉 雪
〈食べ物〉おもち カニ
〈遊び〉 雪がっせん 雪だるま
〈行事・その他〉クリスマス 正月 お年玉

※児童の発表をジャンル別に板書

主体的・対話的で深い学び

・「枕草子」「冬を表す言葉・俳句・写真」から，想像力を働かせて冬の様子を読みとり，「冬」を感じ取らせる。その際は，自分の体験と結びつけて想像させ，足りないところは教師が説明する。
・友だちの想像したことや感じたことを対話を通して知り，自分の認識や感じ方を広げたり深めたりする。

準備物

・画像 DVD 収録【5下_11_01～05】

3 読みとる 清少納言の「冬」に対する見方や感じ方を話し合おう。

「清少納言は，冬はいつがよいと書いていますか。」
・冬は「つとめて」がよいと言っています。

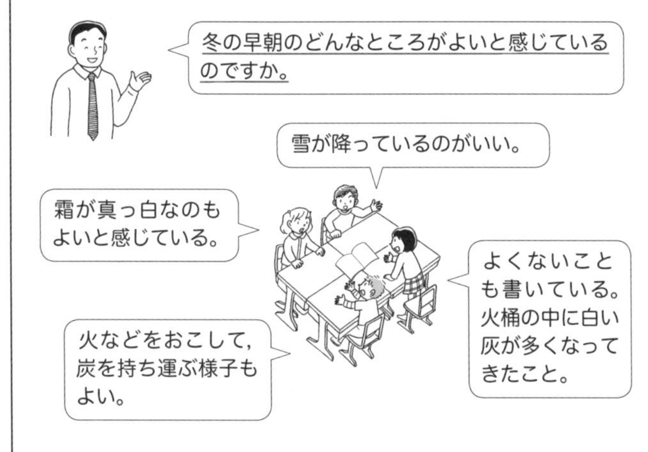
冬の早朝のどんなところがよいと感じているのですか。
雪が降っているのがいい。
霜が真っ白なのもよいと感じている。
よくないことも書いている。火桶の中に白い灰が多くなってきたこと。
火などをおこして，炭を持ち運ぶ様子もよい。

「みなさんは，清少納言が書いていることについてどう思いますか。」
・冬の早朝って寒いのに，そんなにいいのかな？
・今は炭をおこしたりしないからよく分からないな。
・雪は，今も昔も「よい」と思うんだね。

当時の生活の様子は児童には想像できない。簡単に教師が説明すれば少しはイメージがわく。

4 想像する 「冬」を表す言葉，俳句，写真から，冬の様子を想像しよう。

教科書を読んで「木枯らし」「風花」がどんな様子を表しているか確かめる。
・「木枯らし１号」は天気予報で聞いたことがある。
・風花は，雪が花のように舞い落ちるんだな。

教科書の冬を表す言葉，俳句，写真から冬の様子を想像しましょう。
「雪化粧」は，辺り一面雪で真っ白になった様子のことだね。きれいな言葉だな。
上の写真の雪景色がとてもきれいだな。
海「に夕日を吹き落とすのだから，すごく強いつめたい風が吹いている。

「様子が分からない言葉はありますか。」
・からっ風と雪の模様が分からない。

児童で分からない言葉は教師が解説する。

冬の朝

第 2 時 (2/2)

本時の目標

自分が感じる「冬」のよさや具体的なものを描写しながら文章に書き表すことができる。

授業のポイント

前の時間に思い浮かべた冬の様子や，新たにイメージしたことをもとに文章に書かせる。「枕草子」の文章の型にあてはめたり，俳句にさせてもよい。

本時の評価

自分が感じる「冬」について，よさや具体的なものを描写しながら文章に書き表している。

〈まとめ〉これまで学習した「春の空」「夏の夜」「秋の夕暮れ」「冬の朝」を振り返り，感想を述べ合って，

板書例

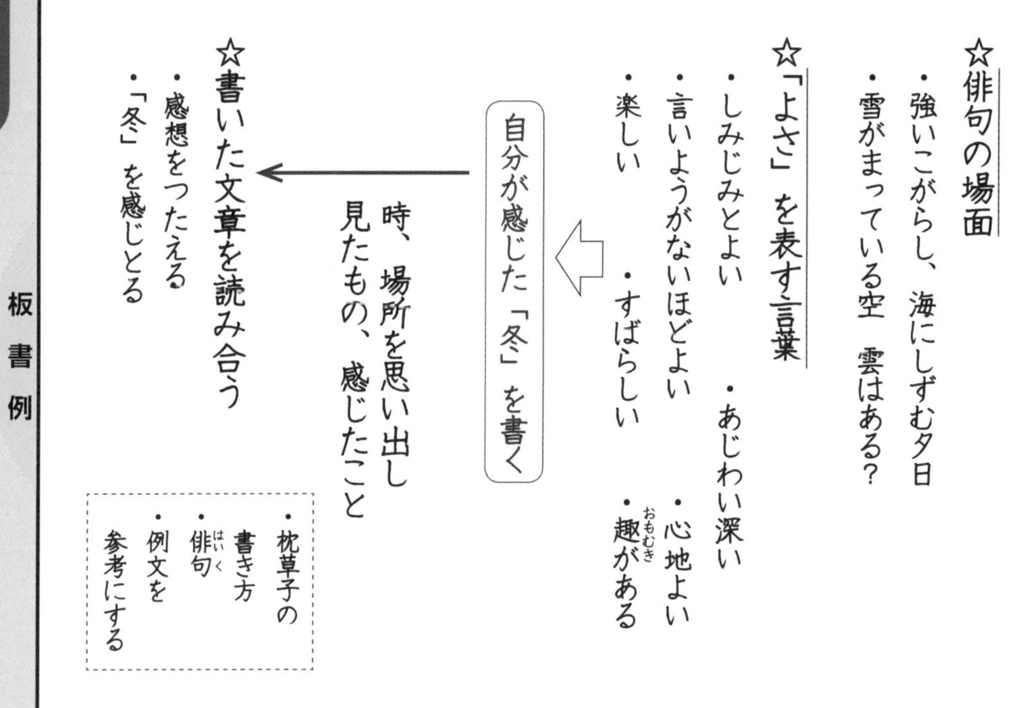
☆俳句の場面
・強いこがらし、海にしずむ夕日
・雪がまっている空　雲はある？
☆「よさ」を表す言葉
・しみじみとよい
・あじわい深い
・言いようがないほどよい
・心地よい
・楽しい
・すばらしい
・趣（おもむき）がある
自分が感じた「冬」を書く
時、場所を思い出し
見たもの、感じたこと
・枕草子の書き方
・俳句（はいく）
・例文を参考にする
☆書いた文章を読み合う
・感想をつたえる
・「冬」を感じとる

1 経験想起　冬らしい様子をくわしく思い出してみよう。

「前の時間に自分が感じた冬や，冬の好きなところを出し合いました。今度は，もう少し詳しく，どんな時に，どんな場所で，どのように『冬』を感じたのか，思い浮かべましょう。」

自分が感じた「冬」が友だちに伝わるように話しましょう。
寒い夜に，家で鍋物を家族みんなで食べるとき「冬だなあ」と感じます。ぼくが特に好きな鍋は…
すごく体が温まっていいね。私はカニの鍋が一番いいな。
やっぱり，冬は雪。雪が積もった誰も歩いていない道に足跡をつけて歩くのがとても気持ちいいよ。

思い浮かべたことは，ノートに書かせる。

思い浮かべられない児童は，教科書の言葉や写真からイメージを広げさせる。

2 対話する　文章の書き方や選ぶ言葉について話し合おう。

みんなに自分が感じた「冬」を書いてもらいます。枕草子では，どのような書き方をしていいますか。
はじめに冬のよいところを短く書き，その後で具体的な例を書いている。
よくないと思うことも，見て書いているね
雪が降っているところや白い霜を見て書いている。炭を起こして持ち運ぶところも見ている。

「俳句は，どんな場面を見て書いていますか。」

- 凩が強く吹いて，夕日が海に沈んでいく場面です。
- 雪が風に舞っている空を見ている。雲はある？

「『よさ』を表す言葉には，どんなものがありますか。」

季節の言葉１～３に出てきた言葉も思い出させる。

- しみじみと，言い表しようがなくよい
- 味わい深い，美しい，楽しい，素晴らしい
- 心地よい，気持ち良い，感動する…

自分自身の季節に対する見方や考え方の変化に気づかせます。

冬の朝

㋱ 自分が感じる「冬」を書き表そう

☆自分が感じた「冬」を思い出して話そう

・「雪化粧（しょう）」…一面雪で真っ白　きれいな言葉

・「海に夕日を吹（ふ）き落とす」…すごく強い風

・写真の雪景色がとてもきれい

☆「枕草子（まくらのそうし）」の書き方

・はじめに冬のよいところを短く

・次に具体的な例（雪　霜（しも）　炭火）

主体的・対話的で深い学び

・「思い浮かべた冬の様子」「枕草子，俳句，例文の書き方」「よさを表す言葉」を基にして，自分が感じた「冬」を文章に書く。

・書いた文章を読み合い，感想を伝え合う。このことを通して，冬を表す語彙や表現を豊かにし，冬のイメージを広げ深めて，季節感を味わえるようにする。

準備物

・画像 DVD 収録【5下_11_06～11】

・資料 DVD 収録【5下_11_12～13】

3 書く　自分が感じた「冬」を文章に書いてみよう。

「それでは，自分が感じた冬を書いてもらいます。詳しく思い出した冬の様子や枕草子の書き方，よさを表す言葉などを参考にしましょう。」

文章は，自由な書き方で表現させる。書くことが苦手な児童には「枕草子」の書き方にあてはめて書かせたり，俳句で表現させてもよい。また例文を提示してイメージをもたせることもできる。

・例文があるとイメージがわくからいいな。

・枕草子と書き方を真似て書いてみよう。

冬を感じた時や場所を思い出し，見たものや感じたことを書きましょう。

クリスマスの日は，朝からワクワクする。今年のプレゼントは…

冬は，雪。朝起きて窓を開けるとまぶしいくらい真っ白に…

4 交流する　書いた文章を読み合い，感想を伝え合おう。

グループで読み合って，感想を伝えましょう。

お正月は新しい気持ちになっていいね。今年も頑張ろうって…
やっぱり冬と言ったら雪だね。いろいろな…
家族の楽しそうな食事風景がわかるわ。会話も入れた方がいいと思う。

全体で紹介したい文章をいくつか教師が見つけておき，発表させる。

「友達の文章から，どんな『冬』を感じましたか。」

・外の空気の冷たさと室内の暖かさです。

・寒くて嫌だったけど，楽しさも多いと気づいた。

「四季のすべて学習した感想も言いましょう。」

・四季によって見えてくるものや様子が異なることに改めて気づきました。

・昔の人が感じる四季にも触れることができてよかったです。案外同じところもあって驚きました。

DVD収録(画像,児童用ワークシート見本)

資料 第2時

「冬」 季節の言葉(歳時記より)

【時候】小春、年の暮、行く年、年の夜、寒の内、短日、冬の夜、冷し、寒し、冴る、凍てる、春近し、節分、霜夜、冬の朝、冬の暮、小雪、冬浅し、冬めく、立冬冬の日、霜月、大雪、冬至、寒の入、寒波、厳寒、三寒四温、しばれる、小寒節分、大寒、春近し、春待つ、晩冬、冬深し、

【天文】冬晴、冬の月、凩、北風、時雨、冬の雨、霰、霙、霜、初雪、雪、風花、オリオン、すきま風、冬の雲、雪起し、初霜、初冬、冬日和、寒月、樹氷ダイヤモンドダスト、吹雪、雪時雨

【地理】冬の山、枯野、冬田、水涸る、氷、氷柱、凍土、霜柱、冬景色、冬の海、冬の川、山眠る、初氷、波の花

【生活】蒲団、雑炊、冬籠、炭、炉、火鉢、狩、焚火、竹馬、年忘、足温め、アノラック息白し、今川焼、えり巻、押しくらまんじゅう、おでん、重ね着、風邪、着ぶくれ、毛糸編む、毛皮、スキー、咳、スケート、ストーブ、手足荒る、手袋、日向ぼこ冬着、冬服、毛布、湯豆腐、湯ざめ、除雪車、羽子板市、冬休、雪囲、雪下し寒稽古、寒肥、寒中水泳、霜焼、雪上車、凍傷、春支度、雪搔、

【行事】年の市、寒参、御火焚、七五三、酉の市

【動物】鷹、寒雀、寒鴉、水鳥、鴨、鴛鴦、千鳥、河豚、牡蠣、ずわい蟹、鱈、鶴、冬眠

【植物】早梅、寒椿、山茶花、茶の花、仙蓼、万両、南天の実、木の葉、落葉、冬木寒菊、水仙、枯菊、葱、大根、蕪、冬草、枯蘆、枯尾花、藪柑子、枯木、枯草枯葉、寒牡丹、朽葉、霜枯、白菜、冬いちご、冬枯、冬木立、みかん、冬桜、紅葉散る、水仙、葉牡丹、冬椿

冬の朝

資料 第2時

季節の言葉4　冬の朝

〈例文1〉

冬は、一面に雪が積もったところがとてもよい。誰も歩いていない真っ白な道を、サクッサクッと音を立てて足跡をつけるのは気持ちがいいものだ。太陽が雪を解かし始め、車や人がたくさん通った黒い雪には、がっかりしてしまう。

〈例文2〉

冬は、雪。誰も歩いていない真っ白な道をサクッサクッと音を立てて足跡をつけることは大変心地よい。太陽が雪を解かし始め、車や人がたくさん通った黒い雪は趣がない。

〈例文3〉

積もる雪　ふみしめ歩く　心地よさ

陽がさして　雪がないてる　庭のすみ

冬の朝

生活の中で詩を楽しもう

全授業時間２時間

◉ 指導目標 ◉

・詩の表現の効果を考えることができる。
・比喩や反復などの表現の工夫に気づくことができる。
・日常的に読書に親しみ，読書が，自分の考えを広げることに役立つことに気づくことができる。

◉ 指導にあたって ◉

① 教材について

本単元では，短い言葉で意表をつくような詩が紹介されています。特にルナールの「蛇」などは，児童から「え，これって詩？」という声が聞こえてきそうです。新しいものの見方に出会えることが，詩の楽しみ方の一つと言えるでしょう。

それぞれの詩において，どのような新しい見方が提示されているかを教室で言語化させることを目指します。児童の様子に合わせて出会わせたい詩，あるいは指導者が特に気に入った詩は，時間を多めに割いてじっくり味わいましょう。

「するめ」は，乾いたするめをやじるしに見立てて，うみに戻りたがっているという見方が面白いですね。「とうとう」という表現を，どうとらえるか考えるのも良いでしょう。「路」は，なぜ「こころ　おどる」のかを出し合わせたい詩です。「一ばんみじかい抒情詩」では，なみだを海に見立てているものの見方に出会わせましょう。「一ぽんの木は」では同様に木をわたしに見立てています。「土」は題名の意味を考えましょう。蟻と蝶の羽がヨットなら，どこまで広がる土は一体何を表しているのでしょう。

このようなことを教室全体で考え，共有できると良いでしょう。

② 主体的・対話的で深い学びのために

教科書に掲載されている詩は，新しい見方に出会える詩という意味で共通しています。まず，個々の詩の感想を自由に出し合わせ，その中で上記のような視点が出てきたら，全体で共有しながら深めていきます。出てこない場合は，児童が主体的に考えてみたいと思うような観点を絞った発問をしましょう。例えば「蛇」なら，「ながすぎる。」の一文に，蛇に出会った驚きや，蛇の姿の特徴が凝縮されています。そこに目を向けるための発問として「ながい。ではなく，ながすぎる。と表現していることにはどんな意味があると思いますか」などが考えられます。

また，「生活の中で詩を楽し」むためには，「詩の楽しみ方を見つける」ことが大切です。教科書にあるような色紙に書く，手紙に添えるなどの活動は，この単元の時間内には到底できません。そういうことを自分の生活の中でやってみたくなるような，詩を読む体験が授業でできることをめざしていきたいです。

◉ 評価規準 ◉

知識 及び 技能	・比喩や反復などの表現の工夫に気づいている。 ・日常的に読書に親しみ，読書が，自分の考えを広げることに役立つことに気づいている。
思考力，判断力，表現力等	「読むこと」において，詩の表現の効果を考えている。
主体的に学習に取り組む態度	進んで詩の表現の効果を考え，学習課題に沿って，詩の楽しみ方を見つけようとしている。

◉ 学習指導計画 全２時間 ◉

次	時	学習活動	指導上の留意点
1	1	・「詩の楽しみ方を見つけよう」「生活の中で詩を楽しもう」という学習課題を知る。 ・「蛇」「するめ」「路」「いちばんみじかい抒情詩」の詩を読んで思ったことを交流する。	・詩とはどういうものか，詩を読むことをどう思っているかなどを最初に出し合いたい。 ・全文は示さずに題だけを提示し，題について思うことをまず出し合う。 ・本文を読み，思ったこと，気づいたことを出し合う。 ・それぞれの詩の特徴を考え，その特徴がどんな効果を出しているのか考える。
	2	・「一ぽんの木は」「土」を読んで思ったことを交流する。 ・好きな詩を選んで，色紙に書く。	・全文は示さずに題だけを提示し，題について思うことをまず出し合う。 ・本文を読み，思ったこと，気づいたことを出し合う。 ・それぞれの詩の特徴を考え，その特徴がどんな効果を出しているのか考える。

生活の中で詩を楽しもう

第1時（1/2）

〈時間の配分〉ここでは教科書の詩６本のうち４本を学習していますが，第１時にすべての詩を学習し，

本時の目標

教科書の詩を読んで，自分の思ったことや考えたことを話し合うことができる。

授業のポイント

題にまず出会い，そこから全文を読むことで，それぞれの詩の特徴や効果を考えさせる。

本時の評価

教科書の詩を読んで，自分の思ったことや考えたことを話し合うことができている。

板書例

とうとう
・・・
・・・
・・・

・ずっと長い時間
・切ない気持ち

・海に帰りたい

※「みち」というルビは後から付け足す。

路（みち）　八木（やぎ）　重吉（じゅうきち）

路を・・・
・・・

〈どんな印象？〉
・特別な感じ
・いなかの路　古い路
・先が気になる

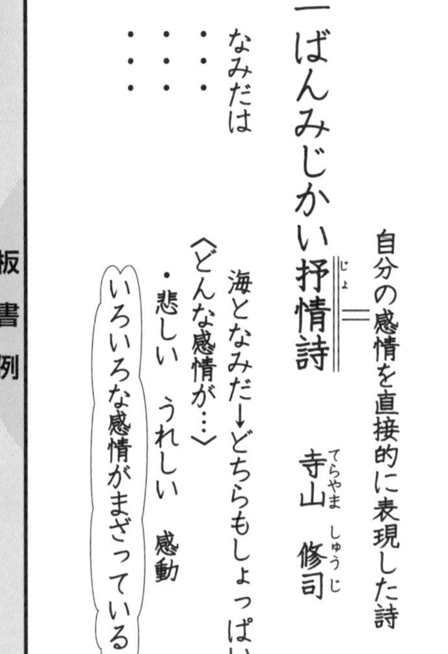

自分の感情を直接的に表現した詩

一ばんみじかい抒情（じょ）詩　寺山（てらやま）　修司（しゅうじ）

海となみだ→どちらもしょっぱい

なみだは
・・・
・・・

〈どんな感情が…〉
・悲しい　うれしい　感動

いろいろな感情がまざっている

※児童の感想を板書する。

1 読む 話し合う 「蛇」を音読し，感想を話し合おう。

教科書は閉じておく。

「今日から，詩の学習をします。最初に読む詩の題は，『蛇』です。（題を板書する）詩の文を書いていきます。『ながすぎる。』（板書する）読んでみましょう。」

・「ながすぎる。」
・え？これだけ？続きはないの？

「これだけです。とても短いですね。」

これだけですが，『ながい』ではなく，『ながすぎる』と表現していることに，どんな意味があるでしょうか。
きっと，思っていたよりもずっと長かったんだ。
すごくびっくりしたんじゃないかな。
もしかしたら，草むらから急に出てきたのかもしれないよ。

「他の詩も読んで，面白いと思ったことや工夫されていると思うことを考えましょう。」めあて

2 読む 話し合う 「するめ」を音読し，感想を話し合おう。

「次の詩は，『するめ』です。今度は，どんな詩でしょうか。」

題を板書する。教科書は閉じておく。

・また短いのかな。
・するめだから，「かたすぎる。」かな。

「『するめ』は，こんな詩です。『とうとう…あちらですかと…』」

詩を板書して，斉読する。

・「蛇」よりは長い詩だね。
・そういえば，するめの形は矢印に似ている。

この詩は，どんなところが工夫されているでしょう。たとえば，『とうとう』という言葉があるのとないのとでは，感じ方にどんな違いがありますか。

『とうとう』がある，ない，で詩を音読させる。

「とうとう」があると，ずっと長い間という感じがするね。
なんだか切ない気持ちになります。すごく長い間，海に帰りたいと思っていたのかな。

他に，『やじるし』や『あちらですかと…』の『…』に着目させる。

第２時に詩の楽しみ方の活動をしてもよいでしょう。

生活の中で詩を楽しもう

Ⓜ 詩を読んで、おもしろいと思ったことや工夫されていることについて考えよう

※詩を板書する。

蛇（へび） ジュール＝ルナール 岸田（きしだ）国士（くにお） 訳（やく）

ながすぎる。

・思ったよりも長かった
・すごくびっくりした

するめ まど・みちお

主体的・対話的で深い学び

・教科書に掲載されている詩は，これまでに学んできた詩とは少し違い，非常に短い文の中に表現が凝縮された，新しい見方に出会える詩になっている。児童が詩を楽しみ，もっと読みたいと主体的に思えるよう，感想を問う場合も「詩を読んでどう思いましたか？」といったような発問の仕方はせず，詩の特徴をとらえ，観点を絞った発問をしたい。そうすることで，詩を読む「ものさし」を児童の中につくる授業になる。

準備物

3 読む 話し合う 「路」を音読し，感想を話し合おう。

「次は，これです。」題は読まず，『路』と板書する。

・ろ？
・道路の「路」だね。

「これは，『みち』と読みます。詩の中身も見てみましょう。」

詩を板書して，斉読する。

『道』ではなく『路』だと，どんな印象でしょうか。どんな『路』だと思いますか。
なんとなく，特別な感じがします。
車は通っていなさそう。古い路のような気がするな。田舎の，小さい…ちょっとわくわくします。
知らない路なのかな。先に何があるのか，気になります。

「皆さんは，どんな路を見たら心が躍るか，考えてみましょう。」

隣同士やグループで話し合ってもよい。

4 読む 話し合う 「一ばんみじかい抒情詩」を音読し，感想を話し合おう。

「四番目は，『一ばんみじかい抒情詩』です。」題と詩を板書して，斉読する。

「どうして，涙が海なのでしょうか。涙と海に，共通しているところは？」

・どっちも，しょっぱい水です。

抒情詩とは，自分の感情を直接的に表現した詩です。この詩には，どんな感情が表現されているか，話し合いましょう。
涙だから，悲しいんじゃないかな。
うれしくても涙は出るよ。
感動した時も，悔し涙もある。もしかしたら，いろいろな感情が混じっているのかもしれない。

結論は出さず，児童の自由な発想を引き出したい。小さな涙と大きな海との対比にも着目させるとよいだろう。

「次の時間は，残りの詩について学習した後，詩の楽しみ方を自分でも見つけていきます。」

生活の中で詩を楽しもう

第 2 時 (2/2)

本時の目標

気に入った詩を選び，色紙などの作品に仕上げるなど，詩を楽しむことができる。

授業のポイント

ここでは，最も詩に親しみやすい色紙に書く活動をしている。時間があれば，色紙に書くこと以外の活動を児童に選ばせてもよい。

本時の評価

気に入った詩を選び，色紙などの作品に仕上げるなど，詩を楽しむことができている。

〈詩の選び方〉ここでは，教科書に載っている詩の中から，お気に入りを選ばせていますが，詩集や

板書例

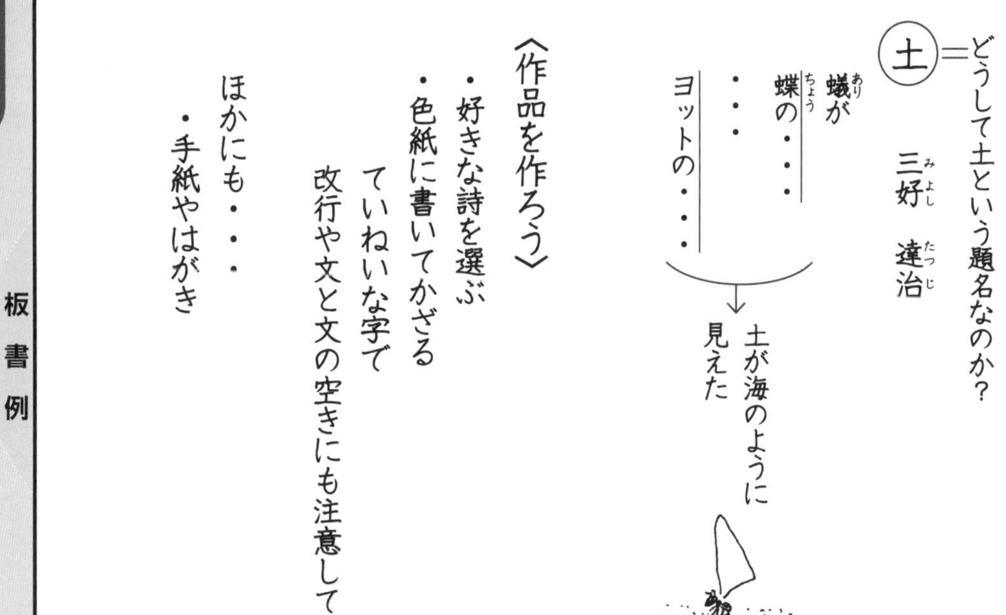

土＝どうして土という題名なのか？
三好 達治
蟻が
蝶の・・・
・・・
ヨットの・・・
土が海のように見えた
〈作品を作ろう〉
・好きな詩を選ぶ
・色紙に書いてかざる
ていねいな字で
改行や文と文の空きにも注意して
ほかにも・・・
・手紙やはがき
※児童の感想を板書する。

1 読む 話し合う 「一ぽんの木は」を音読し，感想を話し合おう。

「今日も，前回の続きで詩を楽しみます。まず，『一ぽんの木は』の詩を読みましょう。」詩を板書して，斉読する。

詩を読んで，どんな情景が思い浮かびますか。
静かな夜です。すごく，しんとしています。
深夜です。夢を見ているのかな。
私は，夜の森が思い浮かびました。「わたし」が，夜の森の夢を見ているのかも。

「『幹は夜を吸い込んで』とありますね。どうして，根っこや葉ではなく，幹なのでしょう。」

・幹は，人間の体だと胴体だから…肺が，息を吸い込んでいるイメージだと思います。

『梢が…』の一文を考えさせてもよい。

2 読む 話し合う 「土」を音読し，感想を話し合おう。

「最後に，『土』という詩です。」詩を板書，斉読。

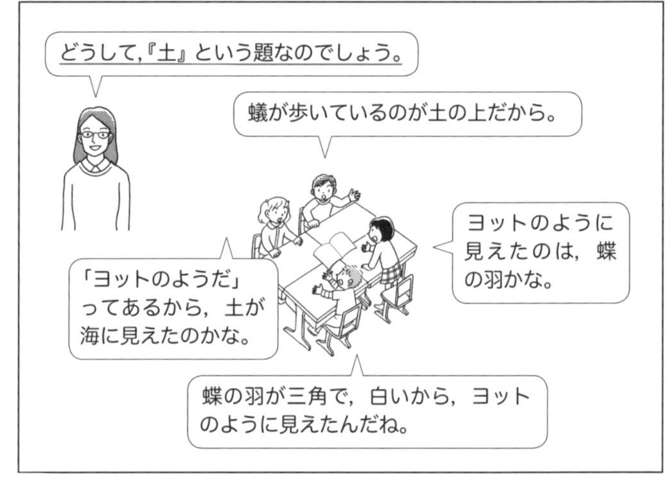

どうして，『土』という題なのでしょう。
蟻が歩いているのが土の上だから。
ヨットのように見えたのは，蝶の羽かな。
「ヨットのようだ」ってあるから，土が海に見えたのかな。
蝶の羽が三角で，白いから，ヨットのように見えたんだね。

「前の時間から，詩を６つ読みました。どの詩が，一番好きですか。」

・「蛇」が面白くて好きです。短い詩なのに，ながすぎる！
・私は，「するめ」です。ちょっと切ない感じが好きです。

既習の詩から選ばせてもよいでしょう。

生活の中で詩を楽しもう

(め) 好きな詩を色紙に書いて、作品を作ろう

※詩を板書する。

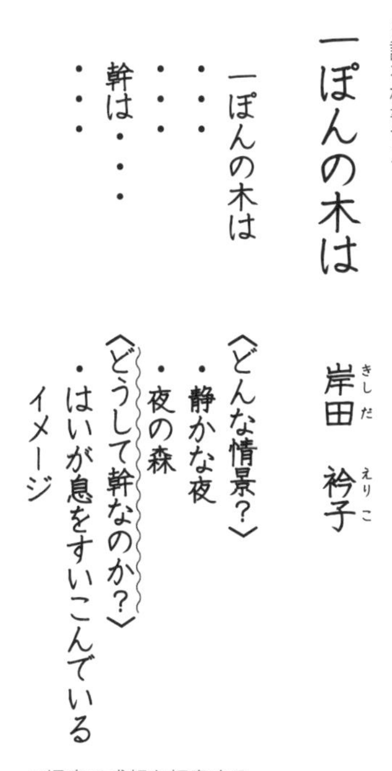

一ぽんの木は　岸田(きしだ)　衿子(えりこ)

一ぽんの木は
・・・
・・・
幹は・・・
・・・

〈どんな情景?〉
・静かな夜
・夜の森

〈どうして幹なのか?〉
・はいが息をすいこんでいる
イメージ

※児童の感想を板書する。

主体的・対話的で深い学び

・詩の楽しみ方といっても，教科書で紹介されている方法以外の活動を考えるのは，児童には難しい。ここでは，色紙に書かせる活動にしている。時間があれば，身の回りにある詩を探させて（詩が書かれたカレンダーや絵画，栞など），児童自身に発表の方法を選ばせると，より主体的な活動になるだろう。

準備物

・色紙

3 書く　好きな詩を選んで，色紙に書こう。

「教科書 183 ページに，詩の楽しみ方が紹介されています。どんな楽しみ方がありますか。」

・色紙などに書いて，壁に飾る。そういえば，うちの玄関にも詩が飾ってあるよ。
・手紙に添える。

いろいろな楽しみ方がありますね。今日は，好きな詩を色紙に書いて飾る作品を作りましょう。

飾るんだから，きれいな字で書かないと。題は，目立つように大きく書こう。

絵も描きたいな。夜の木の絵。

「改行や，文と文の空きにも注意して書きましょう。」

挿絵や彩色は，過度にならないようにする。2B か 4B の濃い鉛筆，またはサインペンで書かせるとよい。

4 発表する　作品を仕上げて，発表しよう。

作品ができた人は，その詩を選んだ理由や好きなところを，作品を見せながら発表しましょう。

僕は，「蛇」を選びました。理由は，面白いからです。僕も蛇を見つけたら，思わず「長すぎる！」と言ってしまうと思います。

グループで作品を回し読みしてもよい。時間がなければ，教室に掲示して作品を見る機会を作る。

「教科書に載っている詩のほかにも，気に入った詩があれば手紙に書いて友達に送ってもよいですね。」

良い詩集があれば，図書館などで借りてきて紹介する。

方言と共通語

全授業時間２時間

◉ 指導目標 ◉

・共通語と方言の違いを理解することができる。

◉ 指導にあたって ◉

① 教材について

児童は，日常生活で意識せずに共通語や方言を混ぜて使っています。地域間の交流が進み，祖父母や父母の出身地が違えば，様々な方言に日常的に触れることにもなり，児童の言語生活の中にいくつかの方言が自然に入りこんできます。もともとは方言だったものが共通語になった例もあるでしょう。

本単元では，方言と共通語の特徴と違いを理解することがねらいになります。それぞれの効果を考えて，使い分けていけることを目指すとともに，自分が使っている言葉に目を向け，どんな言葉を使っているかを自覚させることも大切です。

② 主体的・対話的で深い学びのために

日本各地には，様々な方言があり，表している意味も多様です。児童が住んでいる地域の方言で知らないものも少なくないでしょう。こうした方言について興味を持つことができれば，主体的に学んでいこうとする姿勢が生まれてきます。

方言と共通語の特徴や違いが理解できるだけではなく，それが日常の中で適切に使い分けられることが大切です。できるだけ具体的な事例を通して，相手や場面に応じてどのように使い分ければよいか十分に話し合わせ理解を深めさせます。

方言と共通語の学習を単なる「言葉」の学習に終わらせず，方言が各地の気候風土や人々の生活の中から形成されてきたことに目を向けさせることができれば，児童の理解はさらに深まっていきます。本単元の２時間の学習だけでなく，他教科や今後の学習にもつながっていくことにもなるでしょう。

◉ 評価規準 ◉

知識及び技能	共通語と方言との違いを理解している。
主体的に学習に取り組む態度	進んで共通語と方言との違いに関心をもち，学習課題に沿って，それらを理解しようとしている。

◉ 学習指導計画　全2時間 ◉

次	時	学習活動	指導上の留意点
1	1	・クイズに答え，方言について知っていることを交流する。 ・方言分布地図を見て話し合う。 ・方言と共通語の特徴を知る。 ・自分が住んでいる地域の方言を調べる。	・クイズで導入し，方言の意外な意味や分布などから関心を持たせる。 ・具体的な言葉や使い方の例を使って，方言と共通語の特色をつかませる。 ・言葉の違いだけでなく，文末表現やアクセントの違いもあることに気づかせる。
	2	・調べてきた自分の地域の方言を発表し交流する。 ・教科書掲載の文章から方言をみつけ，方言にはどのような効果があるか考える。 ・方言と共通語のそれぞれの良さと使い分けについて話し合う。 ・方言や共通語を使ってみる。	・共通語の役割を理解させる。 ・方言の良さを知り，自分の地域の方言に興味を持たせ，そこに住む人たちが続けてきた生活の営みや気候風土に目を向けさせたい。

DVD 収録（児童用ワークシート見本）

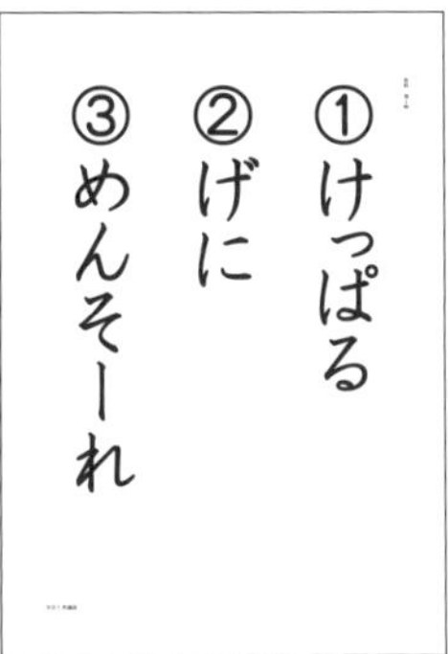

①けっぱる
②げに
③めんそーれ

方言と共通語

第1時（1/2）

本時の目標

方言に関心を持ち，方言と共通語の違いが理解できる。

授業のポイント

クイズで導入し，方言の意外な意味や分布などから関心を持たせる。できるだけ具体的な言葉や使い方の例を使って，方言と共通語の特色をつかませる。

本時の評価

自分たちが使っている言葉や方言に関心を持ち，方言と共通語の違いを理解している。

板書例

〈全国方言地図〉児童に都道府県を分担し，特徴的な方言をいくつかずつ調べて来させます。紙に

〈方言分布図〉

（こんなに言い方がちがう。）（地方ごとに特ちょうがある。）（言葉が通じなかったらこまる。）

☆方言…地方特有の表現をふくむ言葉づかい
そこに住む人の感覚や気持ちとぴったり

☆共通語…どの地方の人にも分かる，全国共通の言葉づかい

〈自分たちの地方の方言〉
・おおきに　あかん　しんどい　↑言葉
・～せえへんで。～しいな。　↑文末表現
・雲とクモ、橋と箸（はし）　↑アクセント

1 経験交流　方言について知っていることを出し合おう

「今からクイズをします。次の言葉はどういう意味ですか。」
・え～，全然わからないよ。
・「めんそーれ」って，聞いたことがあるような…
・「けっぱる」は「おしりをひっぱる？」

いろいろ答えさせてから正解を言う。

①けっぱる
②げに
③めんそーれ

「正解は①がんばる　②本当に　③いらっしゃい。」

①は北海道②は高知③は沖縄の方言です。他に方言についてどんなことを知っていますか。

おじいちゃんに「おおびんたれ」といわれた。「臆病者」という意味だった。

おばあちゃんの田舎に行ったら，時々分からない言葉が出てきます。

岩手県に旅行に行ったとき「べご」という言葉を聞きました。

2 知る　方言の分布について知ろう。

「教科書の『このみそしるは，［　　　］。』の［　　　］の中には，どんな言葉を入れますか。」
・え～塩味が足りないだから…「みずくさい」かな。
・「あじがうすい。」

方言分布図を見て，気づいたことや思ったことを話し合いましょう。

地域毎に特徴があるね。東北ではほとんどが「あまい」だったり，近畿では「みずくさい」だったり…

汁の塩味が足りないだけで，こんなに言い方が違うなんて驚いた。

同じ日本でも，他の地方へ行って言葉が通じなかったら困るね。

お味噌汁が「あまい」なんて…辛くないから「あまい」のかな。

グループで話し合ったことを全体で交流する。

書かせ，白地図のように並べて貼らせていけば全国方言地図の完成です。

方言と共通語

㋱ 方言の特ちょうや、方言と共通語の違いを知ろう

① けっぱる
② げに
③ めんそーれ

① がんばる（北海道）
② ほんとうに（高知）
③ いらっしゃい（沖縄）

このみそしるは

主体的・対話的で深い学び

・まず，方言に関心を持たせたい。そのためにクイズを導入として使う。例示した問題以外に，いろいろと工夫をして作問してもよい。
・方言分布図は，いろいろな情報が引き出せる資料なので，気づいたこと，思ったことを十分話し合わせる。
・方言からは，それぞれの地方の気候，風土，人々のくらしも見えてくる。（例えば「しばれる」という方言は，北海道や東北の厳しい寒さから生まれてきた言葉。）そうしたことにも，少しは気づかせたい。

準備物

・クイズ問題 DVD 収録【5下_13_01】

3 つかむ 方言と共通語の違いを調べよう。

「違う地方の人同士で会話をしたときに，話が正確に伝わらなかったら困りますね。方言について，もう少し調べてみましょう。」

教科書の185ページ上段の文を読む。

方言と共通語の特徴についてどんなことが分かったか，確認し合いましょう。

住んでいる地方特有の表現を含んだ言葉づかいが方言です。

共通語は，どの地方の人にでもわかる言葉づかいです。

方言は，そこに住む人々の気持ちや感覚合った言い表し方なんだ。

「誰か共通語で話している人を知っていますか。」

・テレビのアナウンサーは共通語で話しています。

「多分，みんなもいっぱい共通語を使っていますよ。」

・さっきの，がんばる，本当に…も共通語だね。
・食べる，笑う，おもしろい…みんなそうだね。

4 調べる 自分たちの地方の方言にはどんな言葉があるだろう。

自分たちの地方の方言で知っているものを出し合いましょう。

「～せえへんで。」と言う言い方もするね。「～しいな。」「～え。」

有り難うを「おおきに」と言うね。あと，「おばんざい」「はばかりさん」も。

「あかん」「いけず」「しんどい」なんかも使っているね。

ここでは，京都の方言を例として挙げている。

「方言には，使う言葉だけでなく，『～しいな。』のような文末の表現，アクセントもあります。」

「例えば，『クモ』は発音で空の雲と虫の蜘蛛を言い分けますが，地方によって意味が逆になります。」

「アメ」＝雨と飴，「ハシ」＝橋と箸なども発音させてみるとよい。

「もっと，自分の地域の方言を家の人に聞いたり，調べたりして来ましょう。」

方言と共通語

第 2 時 (2/2)

本時の目標

方言と共通語の特徴や効果を知り，目的に合わせて使い分けることができる。

授業のポイント

方言と共通語の特徴や使った時の効果について，相手や場面を想定して考え，使い分けができるようにする。

本時の評価

方言と共通語の特徴や効果を知り，相手や目的に応じて使い分けている。

〈方言を調べる〉インターネットで全国各地の方言を調べましょう。自分の地方で使われてきた方言と，

板書例

☆「たずね人」を読んで

方言＝おばあさんの会話

ようけい　じゃが　さがしとります…

温か味が感じられる。

広島の人だと実感できる。

気持ちが伝わってくる。

☆感じ方とよさ（教科書問題3）

方言
- その人らしくて親しみがもてる。
- ローカル色のある観光案内になる。

共通語
- 初めての人には，ていねいでいい。
- 色々な人が読むからわかりやすい。

相手や場面に応じて使い分ける

〈方言と共通語で話してみよう〉
- おばあさんの会話 → 共通語で
- 自分が書いた文（意見文など）→ 方言

1 交流する　調べてきた自分の地方の方言を発表しよう。

調べたり聞いてきた自分の地域の方言を発表しましょう。

北へ行くことを「上がる」南は「下がる」といいます。

「ぶぶ」がお茶，「いちびる」が調子にのってふざけること。知りませんでした。

「おこしやす」「おこうこ」「おやかまっさん」「おっちん」，「お」がつく言葉が多いです。

（会話の例は京都の方言。）

できるだけ大勢に発表させ，交流する。

「調べて気づいたことや思ったことを言って下さい。」
- 意識せずに使っていた方言が，いくつもあった。
- 初めて聞いた方言や，意味が分からなかった方言もあった。
- こんなにたくさん方言があって，びっくりした。

2 対話する　教科書教材「たずね人」を読み，方言を見つけて話し合おう。

「教科書の『たずね人』を読んで，方言が出てくるところを見つけましょう。」

各自で黙読させる。（P115 の 10 行目からでもよい）
- おばあちゃんの会話が方言です。

「おばちゃんの会話のどれが方言か分かりますか。」
- 「ようけい」「のう」「しもうたり」「じゃが」
- 「分かっとる」や「さがしとります」もそうかな。

おばあさんの会話を２～３回音読させる。

方言を使うとどんな効果（よさ）があるか考えましょう。

方言で話していると，温かみがあるような気がするわ。

広島の人が話しているなあと実感できるね。

共通語で話すより，おばあさんの気持ちが伝わってくる感じがするよ。

グループでの対話をもとに，全体でも交流をする。

人々の暮らしや気候風土などについて様々な気づきが生まれます。

方言と共通語

㋱ 方言と共通語の特ちょうや効果を知って、使い分けよう

〈調べてきた自分の地方の方言〉

（京都の例）

上がる＝北へ行く　下がる＝南へ行く

ぶぶ＝お茶　いちびる＝調子に乗ってふざける

主体的・対話的で深い学び

・自分の地方の方言について，調べたり聞いたりしてきたことを発表し合って，知識を広げ，関心を高める。

・教科書掲載の文章や問題を活用して，方言と共通語のそれぞれの特徴を知り，どのように使い分ければよいか話し合って考えを深める。

準備物

3 考える　方言と共通語の使い分けについて考えよう。

「教科書の③の問題を考えてみましょう。」

教科書の問題を読み，考えたことをノートに簡単に書いてからグループで話し合う。

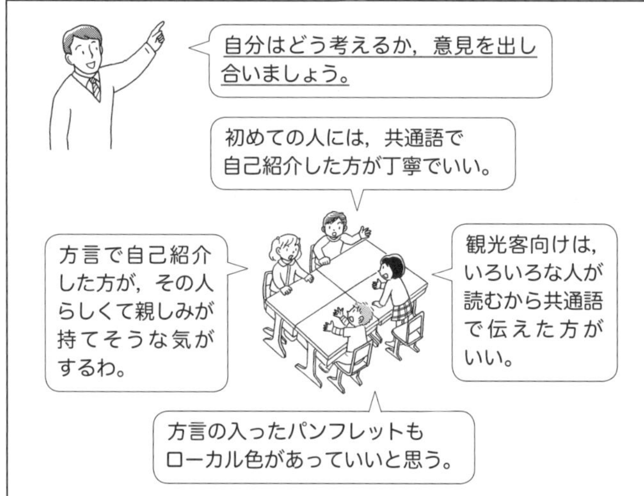
自分はどう考えるか，意見を出し合いましょう。
初めての人には，共通語で自己紹介した方が丁寧でいい。
方言で自己紹介した方が，その人らしくて親しみが持てそうな気がするわ。
観光客向けは，いろいろな人が読むから共通語で伝えた方がいい。
方言の入ったパンフレットもローカル色があっていいと思う。

「方言と共通語を，どのように使い分けたらいいでしょうか。」

・改まった時や色々な人に伝える時は，共通語がいい。

・親しい間柄や地方色を出したいときは，方言です。

「具体的な場面を想定して，方言と共通語をどう使い分けていくか，これからも考えていきましょう。」

4 話す　方言と共通語で会話してみよう。

「おばあさんの会話を共通語で言ってみましょう。」

・～入られなかった人も，たくさんおります。

方言で文を作り，共通語に変えてみることもできる。

これまでに自分が作った文章を方言で書いて発表しましょう。
「冬の朝」で作った文章です。
「冬は，一面に雪が…ものすごくええ。…

私は「あなたはどう考える」の意見文です。
「…お年寄りに席を譲らへん人に，あかんと言うのが…」この文章は共通語の方がいいな。

「学習して感じたことを言いましょう。」

・よその土地で方言を使うのは恥ずかしい気がしたけど，もっと方言にも自信を持とうと思った。

・方言と共通語のどちらも使えるようにして，相手や場面で使い分けられるようになりたいです。

漢字の広場 5

全授業時間 1 時間

◉ 指導目標 ◉

・第 4 学年までに配当されている漢字を書き，文や文章の中で使うことができる。
・文章全体の構成や書き表し方などに着目して，文や文章を整えることができる。

◉ 指導にあたって ◉

① 教材について

本時は，駅からおばあちゃんの家まで，どのような道順で行くことができるのかを想像して，文章に書く学習です。挿絵を手掛かりに想像して，道順を知らない人にどのように説明すればわかりやすいかを考えて活動します。絵から想像を膨らませ，どの児童にも書きやすい内容になっています。これまでに学習した漢字を想起しやすいとともに，楽しく漢字の復習ができる教材となっています。

② 主体的・対話的で深い学びのために

最初から案内の文章を書くのは，難しいと感じる児童もいます。まずは，ペアになっておばあちゃんの家までの道順を確認し，相手に口頭で説明することから始めてもよいでしょう。なるべく多様なルートを考えることで，多くの言葉を使って道順の説明ができます。文章を書いた後は，相手に分かりやすい文になっているか，学習した漢字を正しく使えているか，つなぎ言葉をきちんとつかえているかなどに注意して，児童自身に推敲させましょう。

◎ 評価規準 ◎

知識 及び 技能	第４学年までに配当されている漢字を書き，文や文章の中で使っている。
思考力，判断力，表現力等	「書くこと」において，文章全体の構成や書き表し方などに着目して，文や文章を整えている。
主体的に学習に取り組む態度	進んで第４学年までに配当されている漢字を書き，学習課題に沿って，文を書こうとしている。

◎ 学習指導計画　全１時間 ◎

次	時	学習活動	指導上の留意点
1	1	・4年生までに学習した漢字を，声に出して正しく読む。 ・教科書の絵を見て，駅からおばあちゃんの家までどのような道順で行けるのか，想像する。 ・4年生までに習った漢字を正しく用いて，例にならって道順を示す文章を書く。	・声に出してこれまでに学習した漢字を正しく読めるかどうか，ペアでチェックし合う。間違えたり，正しく読めなかったりした漢字は，繰り返して読む練習をするように促す。 ・挿絵から道順を考え，接続詞を使用して文章を書くようにさせる。

DVD 収録（黒板掲示用イラスト，漢字カード）

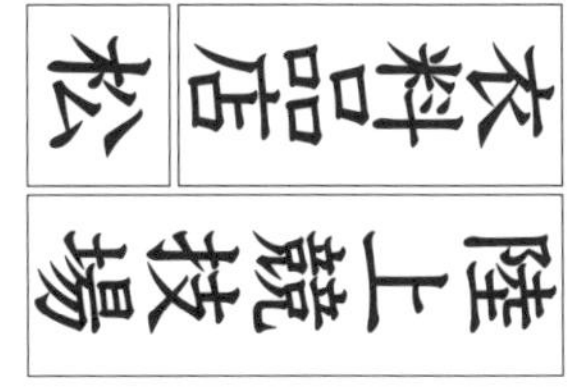
衣料品店
松
陸上競技場

野菜畑
交差点
目的地

百貨店
博物館
印刷所

牧場
街灯
両側

倉庫
浅い
建物

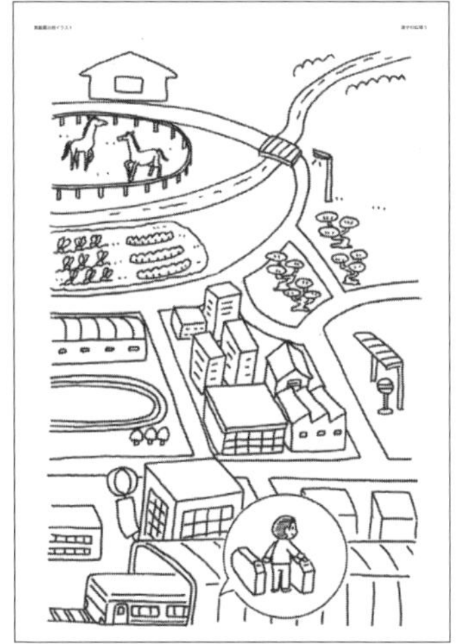

徒歩
右折
低い

付近
清流
改札

漢字の広場 5

第 1 時 (1/1)

本時の目標

第４学年で学習した漢字を使って，駅からおばあちゃんの家までの道順を，接続詞を使って文章に書くことができる。

授業のポイント

まず，隣同士で道順を確認し，説明し合うとよい。書く時間も十分取って，漢字の定着を図る。

本時の評価

第４学年で学習した漢字を使って，駅からおばあちゃんの家までの道順を，接続詞を使って文章に書くことができている。

板書例

〈考える〉道順を説明するときは，電話で話している相手に，その場所を知らない相手になど，絵を

〈つなぎ言葉〉
・まず　・それから
・そして　・次に　・すると

〈道案内の文章〉　※児童が作った文章を書かせる。
○改札を出たら、百貨店が見えます。
まず、その百貨店の右の道を、徒歩でまっすぐ行きます。
それから、・・・・
○・・・
印刷所の前を左折してしばらく行くと、左に木材の倉庫が・・・

1 読む　4年生までに習った漢字を，声に出して読もう。

『漢字の広場』の５回目です。４年生までに習った漢字が出ています。隣の人と読み方を確かめましょう。

駅から順番に読んでいくよ。
「かいさつ」「とほ」「ひゃっかてん」…

いろいろな施設があるね。「いんさつしょ」「うせつ」「こうさてん」…

漢字の習熟度は，児童によってバラつきがあるので，読みの段階から丁寧に取り組む。

「漢字の広場」は１時間だけの配当なので，学習の流れを児童に覚えさせ，効率的に進める。

2 対話　おばあちゃんの家までの道順を，説明しよう。

「この絵には，おばあちゃんの家までの道順が描かれています。」

まず，隣の人同士でおばあちゃんの家までの道順を説明してください。いろいろなルートがありますよ。

えーと，まずは改札を出たら，徒歩でまっすぐ行って，それから博物館の前の道を右折して…

私は，博物館の前を左折するルートにしてみるね。陸上競技場の交差点を右折してまっすぐ行くと，野菜畑が見えます。

「道順を説明するときは，つなぎ言葉を使うと分かりやすくなります。つなぎ言葉には，どんなものがありますか。」教科書でも確認する。

・教科書には，「まず」「それから」が出ています。
・「そして」もつなぎ言葉です。
・「次に」とか「すると」も，そうかな。

見たことがない人にも分かるように書くように指導しましょう。

漢字の広場 5

Ⓜ つなぎ言葉と四年生で習った漢字を使って、道順を案内する文章を書こう

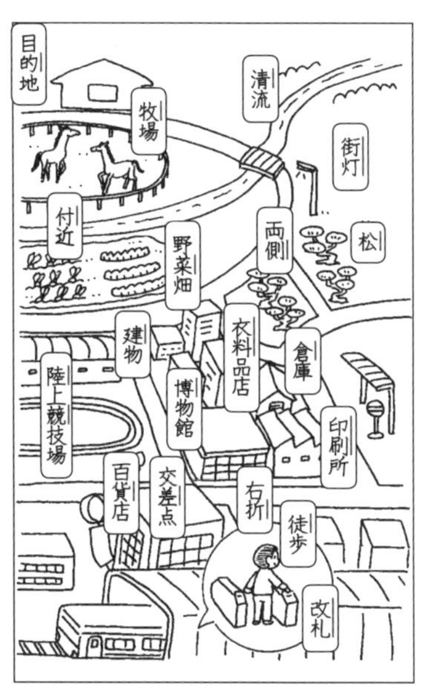
目的地
牧場
清流
街灯
付近
両側
松
野菜畑
建物
衣料品店
倉庫
陸上競技場
博物館
印刷所
百貨店
交差点
右折
徒歩
改札

※イラストの上に漢字カードを貼る。

主体的・対話的で深い学び

・適切な道順を説明することは，大人にも難しい場合がある。まずは，教科書の絵を指でたどるなどして，おばあちゃんの家までのルートにどんな目印があるか確認させる。書く前にペアを組んで道順を説明し合うと，自分の説明のどこが分かりにくいか，どうすれば相手にうまく伝わるか，対話的な学びができるだろう。

準備物

・黒板掲示用イラスト（教科書186ページ拡大コピーまたは DVD 収録【5下_14_01】）
・漢字カード DVD 収録【5下_14_02】

3 書く　つなぎ言葉と4年生で習った漢字を使って，文章を書こう。

では，つなぎ言葉と4年生で習った漢字を使って，道順を案内する文章を書きましょう。（めあて）

改札を出たら，百貨店が見えます。まず，その百貨店の右の道を，徒歩でまっすぐ行きます。それから，博物館が見えたら…

…すると，両側に松林が見えてくるので，間の道を通って…

書く時間を多く確保する。困ったら，隣同士やグループで質問したり，アドバイスをもらったりしてもよい。

早く出来上がった児童には，別のルートの文章を書かせる。

「習った漢字を使っているか，文字の間違いがないか，分かりやすい文章になっているか，見直しましょう。」

4 発表する　書いた文章を発表しよう。

「それでは，書いた文章を黒板に書いてください。」

発表の仕方はいくつかあるので，クラスの実態に応じて。黒板に自分の文章を書かせる発表は，見られることを意識するので，児童も見直しに力が入る。

グループで文章を読み合い，よかったところを伝えましょう。

…印刷所の前を左折してしばらく行くと，左のに材の倉庫が見えてきます。左に曲がる道がありますが，曲がらずにまっすぐ民家のほうへ行ってください。

間違いやすい道は，注意するように書いているのがよいと思いました。

「4年生で習った漢字とつなぎ言葉を使って，分かりやすい道案内を書くことができましたね。」

①提示された漢字を使う，②つなぎ言葉を使う，③分かりやすい道案内を書くの3点については，教師からもきちんと評価を伝える。

想像力のスイッチを入れよう

全授業時間６時間

◉ 指導目標 ◉

・文章を読んでまとめた意見や感想を共有し，自分の考えを広げることができる。
・文の中での語句の係り方や語順，文と文との接続の関係，文章の構成や展開，文章の種類とその特徴について理解することができる。
・事実と感想，意見などとの関係を叙述を基に押さえ，文章全体の構成を捉えて要旨を把握することができる。
・文章を読んで理解したことに基づいて，自分の考えをまとめることができる。

◉ 指導にあたって ◉

①　教材について

今日，メディアからの情報は膨大で，私たちの生活に絶大な影響力を持っています。本文では，情報に接する上で何に気をつけなければならないか書かれています。事例と意見の関係を整理して筆者の考えを読みとり，それを基にメディアとの関わり方について自分の考えを書き，交流をしていきます。「メディアとの関わり方」というテーマは５年生にとっては難しい課題です。サッカーの監督就任の記事などの事例で筆者が言おうとしていること，「想像力のスイッチを入れる」とはどうすることなのかなど，正しく読み取った上で，自分の考えをもつことへと進めます。

②　主体的・対話的で深い学びのために

筆者の主張は，事例と考えや意見の往復によって述べられています。この事例（具体）と意見（抽象）の関係をしっかりつかみ「この事例で筆者は何を言いたいのか，どういう主張とつながるのか」と問いかけながら読み，対話をしていくことで，筆者の考えを理解していくことができます。本文からの読みとりと併せて，児童の経験や知識と結びつけていくことで，主体的に文章を読む力を身につけ考えを深めていくことができます。こうした学習活動を土台として，自分とメディアとの関わり方について考えを深めさせます。さらに，文章を交流し対話をすることで，新たな考えと出会い，自らの考えを広げ深めていくことになります。

◉ 評価規準 ◉

知識 及び 技能	文の中での語句の係り方や語順，文と文との接続の関係，文章の構成や展開，文章の種類とその特徴について理解している。
思考力，判断力，表現力等	・「読むこと」において，事実と感想，意見などとの関係を叙述を基に押さえ，文章全体の構成を捉えて要旨を把握している。 ・「読むこと」において，文章を読んで理解したことに基づいて，自分の考えをまとめている。 ・「読むこと」において，文章を読んでまとめた意見や感想を共有し，自分の考えを広げている。
主体的に学習に取り組む態度	積極的に意見や感想を共有して，自分の考えを広げ，学習の見通しをもって，メディアとの関わり方について話し合おうとしている。

◉ 学習指導計画　全６時間 ◉

次	時	学習活動	指導上の留意点
1	1	・題名から内容を想像する。 ・全文を読み，初発の感想を交流する。 ・「メディア」について理解する。 ・学習課題をつかみ，進め方を確認する。	・取り上げている題材に興味を持たせ，主体的に学習していこうとする意欲が持てるようにする。
2	2	・３つの事例を見つけ，全文を３つのまとまりに分ける。 ・マラソン大会と図形の見方について，事例と筆者の考えを整理して読みとる。	・まとまり[1]（事例１・２），まとまり[2]（事例３），まとまり[3]（事例なし・筆者の意見とまとめ）の関係をつかませておく。 ・ワークシートに書き込んで整理をさせていく。
	3	・サッカー監督就任についての３つに分けられた記事を読み，筆者の意見を整理してつかむ。 ・[2]のまとまりで筆者が言いたいことをまとめる。	・例をもとに「事実かな，印象かな。」など，筆者が挙げている４つのハテナ（スイッチ）に着目させる。
	4	・複数の事例を挙げて説明する効果を考える。 ・「想像力のスイッチ」の意味と筆者が使った意図を考える。 ・[3]のまとまりの内容について話し合う。	・単元の主題にも関わる「想像力のスイッチ」という表現とそれを用いた筆者の意図について，十分話し合い考えさせる。
	5	・これまでの学習から学べたことを振り返る。 ・メディアの特徴をまとめ，自分はメディアとどう関わっているか話し合う。 ・メディアとの関わり方について書く。	・自分がメディアとどう関わってきたか，これからどう関わっていきたいかを，これまでの学習を基に考えさせる。
3	6	・各自が書いた文章を読み合って，意見や感想を交流する。 ・交流で気づいたことや，自分が取り入れたい友達の考えをまとめる。 ・学習を振り返る。	・考えの似ているところ，違うところ，取り入れたい考えの３点に絞り込んで文章を読み合い，交流をしていく。

DVD 収録（資料，児童用ワークシート見本） ※本書 P156, 157 に掲載しています。

想像力のスイッチを入れよう

第 1 時 (1/6)

本時の目標

「メディア」とは何かが分かり，単元名やリード文から，学習課題と学習の見通しをもつことができる。

授業のポイント

題名から内容を予想し，関心を持たせる。社会科での「情報」学習と結びつけて，「メディア」との関わりに目を向けさせるのもよい。

本時の評価

「メディア」に関心をもち，疑問や共感をもって全文を読み，学習課題と学習の見通しが持てている。

〈他教科との連携〉ほぼ同じくらいの時期に，社会科で「情報」の学習をします。うまく組み合わせれば，

板書例

メディア ⇒
テレビ　新聞　インターネットなど
情報をつたえる手段（やり方）

〈学習課題〉
事例と意見の関係をおさえて読み、メディアとの関わり方について自分の考えをまとめ、交流する。

〈学習の進め方〉
・文章をまとまりに分けて、内容をまとめる
・事例と意見を整理し、想像力のスイッチは何か考える
・メディアとの関わり方について自分の意見を書く
・読み合い、交流する

1 想像する　題名から想像してみよう。

「今日からこの勉強を始めます。みんなで声に出して読みましょう。」

黒板に題名を書いたカードを貼る。

「想像力のスイッチ」て，何のことでしょう。
どんなことを勉強していくのだと思いますか。

想像力にスイッチがあるのかな？想像して，何かを始めるということかな。

何かに想像力を働かせるってことじゃないのかな。
想像力のスイッチを入れよう

「扉のページの下の絵もヒントになりそうだから，見てみましょう。」

・絵を見ている場面の絵だね。
・男の子は怪獣を，女の子はお姫様を想像している。
・同じ絵でも，人によって想像することが違う。

2 読む　全文を読んで，共感したことや疑問に思ったことを書こう。

「先生が読みます。なるほどと思うこと，あれっと疑問に思うことはないか，考えながら聞きましょう。」

全文を範読。(付録 CD でもよい)

「筆者は誰ですか。」

・「下村健一」さん。テレビキャスターかな？

「段落ごとに番号をつけながら，もう一度自分でも読んでみましょう。」(小声で一人読み)

文章が⑯段落であることを確かめる。

はじめて知った，なるほどそうだなあ，分からないな，など，自分が思ったことを書きましょう。書けたら発表しましょう。

これまで，テレビのニュースは全部正しいと思っていたけれど，そうではないみたいです。

「想像力のスイッチ」は，情報を受け取るときに入れるんだね。

「メディア」って社会科の勉強でも出ているね。

どちらの教科の学習にとっても互いに補完し合ってプラスになるでしょう。

※題名を書いたカードを貼る。

想像力のスイッチを入れよう

㋱ 全文を読み、学習のめあてと見通しを確かめよう

☆題名から想像してみよう
・何かに想像力をはたらかせる?
・想像して何かを始める?

〈全文を聞く、読む〉
・「はじめて知った」(知る)
・「なるほど そうか」(共感)
・「わからない」(疑問)

はじめの感想

主体的・対話的で深い学び

・題名から想像し，全文を読んで疑問や共感したことを出し合い，本文に書かれている内容に興味関心が持てるようにする。
・題材として取り上げている「メディア」の概念は，きちんと理解させておく（社会科学習とも連携させる）。
・扉のページや「学習」のページを活用して，学習課題を見つけさせ，学習の進め方の見通しを持たせる。

準備物

・資料「情報を伝える手段　昔と今」DVD 収録【5下_15_01】

3 知る 「メディア」の意味を確かめておこう。

「社会科でも学習しますが，『メディア』とは何かを国語の勉強としても確かめておきましょう。」

「『メディアとは何か』が説明されているところがありました。どこでしょう。」

・④段落のところに書いてあります。

「メディア」とは何か。教科書から分かったことを言いましょう。
テレビや新聞，インターネットなどのことです。「手段」と書いてありました。
テレビのように情報を伝えるものを「メディア」と言うんだね。
「メディア」って，情報の中味じゃなくて伝え方のことなんだ。

資料「情報を伝える手段　昔と今」も参考にして，「メディア」「発信」「情報」の関係を押えておく。

4 見通す 学習課題を確かめ，学習計画を立てよう。

「ここで，どんなことを学習したいと思いますか。」

・メディアもどんな努力が必要なのか知りたい。
・「想像力にスイッチを入れる」とはどういうことか。
・サッカー監督の例のことをもっと詳しく考えたい。

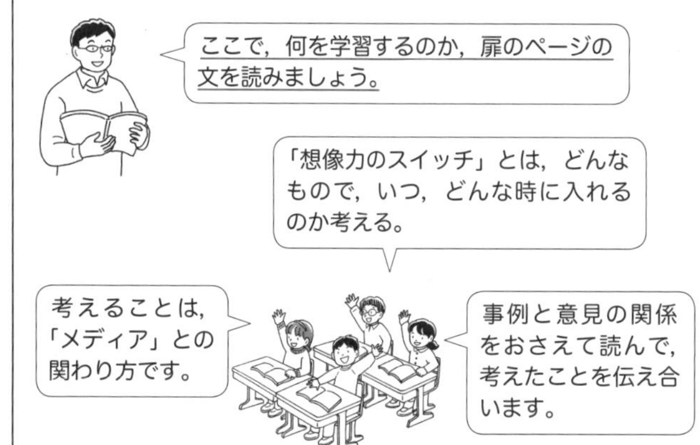
ここで，何を学習するのか，扉のページの文を読みましょう。
「想像力のスイッチ」とは，どんなもので，いつ，どんな時に入れるのか考える。
考えることは，「メディア」との関わり方です。
事例と意見の関係をおさえて読んで，考えたことを伝え合います。

「どのように学習を進めるのか，『とらえよう』～『広げよう』も見ておきましょう。」

・事例を詳しく読んで深めていきます。
・メディアとの関わりについて自分の考えを書いて，それを読んだ感想を伝え合います。

想像力のスイッチを入れよう

第2時 (2/6)

本時の目標

大まかな文章構成をとらえ，マラソン大会と図形の事例と意見を読み分けて整理することができる。

授業のポイント

文章構成と3つの事例の配置をつかみ，マラソン大会と図形について詳しく読みとり表に整理させる。

本時の評価

3つのまとまりという構成をとらえ，2つの事例について，事例と意見を読み分けて整理している。

〈図〉教科書の図③を見ていなければ，図①を見て円形，図②を見て四角形だと思ってしまうでしょう。

板書例

タイムは前よりちぢまる メディアからの情報も事実の全ての面を伝えることはできない	図形の見え方 右半分だけ→円だと思う 左半分だけ→四角形だと思う 実際はちがう形
がってくる。 ・メディアは、大事だと思う側面を切り取って情報を伝えている。	・切り取られた情報だけから全体を判断した→思いこみ。 ・与えられた情報＝事実の全てだと受け止めてはいけない。 ・頭の中で「想像力のスイッチ」を入れて見ることが大切。

順位でみる→悪くなった　タイムで見る→よくなった

右半分だけ見る→円形　左半分だけ見る→四角形

⇦ 与えられた情報を全てだと思わず、もっと想像してみる

1 見つける　全文を読み，3つの事例を見つけよう。

「これから筆者の考えを読み取っていきます。扉のページには，どのように読むと書いてありましたか。」

・事例と意見の関係を押えて読むと書いてあります。

「では，事例と意見に気をつけて読みましょう。」

まずは，正しく読めるように一斉に音読。その後でもう一度，指名読みやグループ読みをさせる。

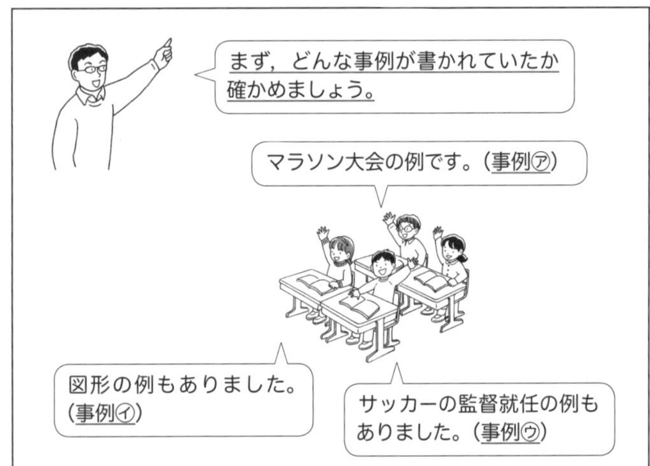
まず，どんな事例が書かれていたか確かめましょう。
マラソン大会の例です。(事例㋐)
図形の例もありました。(事例㋑)
サッカーの監督就任の例もありました。(事例㋒)

どの段落に何の事例が書かれていたかを振り返り，3つの事例が書かれていたことを確かめる。

「このように，3つの事例で考えを述べていますね。」

2 分ける　文章全体を，大きく3つのまとまりに分けよう。

文章全体を3つのまとまりに分けるとしたら，どのように分ければよいでしょう。

①段落から④，⑤～⑥…あれ？4つになってしまう…。

⑦から⑭段落まではサッカー監督の例だからこれで1まとまりね。
まず，⑮⑯は筆者のまとめの意見が書いてあるからこれで1つだね。
⑤は④に書いてあることの例だからつながる。①～⑥で1つのまとまりだよ。

1は①～⑥，2は⑦～⑭，3は⑮～⑯を全体で確認する。

「3つの事例は，それぞれどこに入りますか。」

・マラソンと図形が1です。
・サッカー監督の事例が2です。
・3は事例がありません。

図を活用することで「思い込みになってしまう。」と実感できます。

想像力のスイッチを入れよう

㋱ 文章の組み立てをつかみ、事例と意見を整理しよう

文章構成　３つのまとまり

１　①～⑥　マラソン大会　図形の見え方

２　⑦～⑭　サッカーチームの監督就任

３　⑮～⑯　事例なし（筆者の考え・まとめ）

〈事例〉	〈筆者の意見・考え〉
マラソン大会 順位は前より下がる	・同じ出来事でも、何を大事に思うかで、発信内容がち

主体的・対話的で深い学び

・展開３と４において，マラソン大会と図形の見方から分かる事例と筆者の意見について，グループで十分な対話を行う。「切り取られた情報だけから全体を判断すれば，思い込みによる事実誤認につながる」という主張を理解させる。

準備物

・ワークシート DVD 収録【5下_15_02】

3 整理する　マラソン大会について，事例と筆者の意見を表に整理しよう。

マラソン大会の事例（段落①～④）を音読させる。

「事例が書かれているところには，〈　〉をつけ，意見が書いてあるところには，線を引きましょう。」

・段落①②に事例が書いてある。③④が意見だ。

ワークシートを配り，書き込ませる。

マラソン大会の事例と筆者の意見を書き，グループで確かめ合いましょう。
事例はマラソン大会で十位に入った。前より順位が下がったと思ったが，先生はタイムが縮まったと言った。
筆者の意見は，同じ出来事でも，何を大事に思うかで，発信する内容が違ってくる。
メディアの情報発信も同じことが言えると意見を書いている。

「マラソン大会の成績は，順位で見れば前より悪くなり，タイムで見ればよくなったことになりますね。」

「では次は，図形の見え方についても読みましょう。」

4 整理する　図形の見え方について，事例と意見を表に整理しよう。

はじめに，図①，図②だけなら，自分はそれぞれどんな形だと思うか考えさせてみる。

次に，段落⑤～⑥を音読させる。

「同じように〈　〉や線をつけて，表に整理してみましょう。書けたらグループで確かめ合いましょう。」

・同じ図形の右半分と左半分だけを見たら，実際とは違う形だと思ってしまったと言うのが事例です。

・切り取られた情報だけから判断した思い込みだったと，筆者は言っています。

１のまとまりの２つの事例から，筆者が言いたいことはどんなことでしょう。
「想像力のスイッチ」を入れてみることが大切だということです。
与えられた情報を事実の全てだと受け取らない。
与えられた情報からもっといろいろ想像してみることかな。

〈意見の補強説明〉「うら口から出たのは…必要があったからかもしれない。」のように具体的な例で

想像力のスイッチを入れよう

第 3 時 （3/6）

本時の目標

サッカーの監督就任の事例と意見を整理し，２のまとまりから，筆者の主張を読み取ることができる。

授業のポイント

個々の事例から引き出されてくる筆者の意見を最後にまとめて，情報を受ける時の４つのハテナ（スイッチ）を理解させる。

本時の評価

サッカーの監督就任の事例と意見を整理し，筆者の主張を読み取っている。

板書例

外国での仕事を、最近、
キャンセルした（事実）

メディアは、特定部分に
スポットライトをあてる
見えない暗がりができる

別の人が監督になる
Aさんは別の大きな仕事
を得られなかった

・レポーターの印象か事実か
考える。

・他の見方もないかと
想像する。
（相手の都合でキャンセル）

・メディアが伝えていない
ことに想像力を働かせる。

・思い込みや推測で、だれか
を苦しめ、不利益を受け
させることも起こりうる。

☆メディアから情報を受けるとき大事なこと

『まだわからないよね。』
『事実かな、印象かな。』
『他の見方もないのかな。』
『何が隠れているのかな。』

四つのハテナ？

1 読む　サッカーの監督就任の事例を読み，１つめの記事についてまとめよう。

「サッカーの監督についての事例で筆者は何を言いたいのか，読んでいきましょう。」

⑦〜⑭段落までを音読させる。

「報道の例が，いくつかに分けて書かれていますね。どこに書かれていますか。」

・⑦の四角で囲まれた記事と，⑨⑩の「Aさんは…」で始まるレポートと記事の３つです。

１つめの記事について，筆者が言いたいところに線を引き，事例と意見に分けてワークシートに書きましょう。
筆者の意見は，結論をいそがないことがまず大切だと言うことです。
一度落ち着いて「まだ分からない。」と考える習慣をつける。
すぐに決めつけてはいけないんだね。

グループで，書いたことを確かめ合う。

2 読みとる　「Aさんは…」の２つの事例で筆者が言いたいことをまとめよう。

段落⑨を読み，筆者が言いたいところに線を引き，事例と意見に分けてワークシートに書かせる。

２つめのレポートについてグループで発表して確かめ合いましょう。

「報道陣を避けるため」「逃げるように」は，レポーターの印象で事実とは言えない。

確かな事実は「Aさんはうら口から出て行きました」だけなんだ。

１つ１つの言葉について「事実か，印象か」と考えることが大切だと筆者は言っています。

段落⑩⑪を読んで，ワークシートに整理させる。

「３つめの『Aさんは…』の記事について，筆者が言いたいことは何ですか。」

・事実であっても，「他の見方もないか」と想像してみようと言っています。

・監督に就任するからキャンセルしたのか，他の事情なのか，この事実からは決められないのだね

意見を補強説明しています。こうした説明の仕方にも着目させましょう。

想像力のスイッチを入れよう

Ⓜ サッカー監督（かんとく）の事例と意見を整理し、2のまとまりの筆者の考えをまとめよう

〈事例〉	〈筆者の意見・考え〉
サッカーの監督↑記事 Aさんが新しい監督… 注目が集まっている	・結論をいそがない。 一度落ち着いて考える習慣。
報道陣（じん）をさけるため… にげるように（印象）	・メディアの情報を冷静に 見直す。

主体的・対話的で深い学び

・サッカー監督就任に関わる報道事例の１つ１つから丁寧に筆者の意見を読みとり，表に整理する。整理した内容は，必ずグループで確かめ合うようにする。

・前記の学習活動を十分に行うことによって，情報を受けるときに筆者が大切だと考える４つのポイントをまとめ，理解を深めていくことができる。

準備物

・ワークシート（第2時使用のもの）

3 対話する 筆者が「さらに大切なのは」と言っているのは，どんなことだろう。

「サッカーの監督就任の事例は，これで全部ですね。では，⑫の段落には何が書いてあるのですか。」

メディアが伝えていないことにも想像力を働かせることが，さらに大切なことだと言っている。

確かに，報道の例では，Ａさん以外が監督になる可能性には，全く触れられていなかったね。

見えないところに「何が隠れているのかな」と書いているね。

メディアが伝えたことを見直すだけではだめなんだ。

「結局，サッカーチムの監督はどうなったのですか。」

・Ａさんじゃなくて，別の人が選ばれました。

「これについて筆者はどんなことを言っていますか。」

・Ａさんは大きな仕事を得られなくなってしまった。

・思い込みや推測で誰かを苦しめたり，不利益をもたらすことが起こるかもしれないと考えている。

ワークシートに書き込む。

4 まとめる 2のまとまりの筆者の考えをまとめよう。

「サッカー監督の事例で，筆者が伝えかった意見をまとめて見ましょう。」

メディアから情報を受け取るときに大事な４つの「ハテナ？」が会話文で書かれていますね。それを見つけましょう。
１つめは『まだ分からないよね。』だわ。
２つめは『事実かな，印象かな』だと思う。
３つめは『他の見方もないのかな』だよ。
４つめは『何がかくれているのかな』。どれも『　』の中だ。

「４つの『ハテナ？』が見つかりました。そして最後に筆者が警告していることは何だったのですか。」

・思い込みや推測によって，誰かを苦しめたり不利益を与えたりすることもあると言うことです。

想像力のスイッチを入れよう

第4時（4/6）

本時の目標

「想像力のスイッチ」という言葉に着目して筆者の意図をとらえ，それに対する自分の考えをまとめることができる。

授業のポイント

「筆者の考えに対する自分の考え」はほとんど「共感」になるだろう。自分の言葉で「なるほど…と思った」や「はじめて知った」などと書けていればよい。

本時の評価

「想像力のスイッチを入れる」という意味をとらえて，それに対する自分の考えを持ち，まとめている。

〈比喩の理解〉比喩的な表現は，「スイッチ」「あたえられた小さい景色」など部分的な言葉の

板書例

〈「想像力のスイッチ」とは〉
・伝えられている以外のことも想像
・他の見方や，見えない部分の想像
・四つのハテナ？

⇧
スイッチを入れる
＝想像力が働く

【筆者】
・興味をもってもらう。
・しっかり考えてほしい。
・自分でスイッチを入れて。

【自分】
・初めて知った見方、考え方。
・想像力を働かせて見る。
・しっかり考える

3のまとまり…事例なし

メディアの努力
・もし新聞記者なら

〈筆者の意見・考え〉
・メディアの側も情報を受ける側も努力が必要
・わたしたちの努力＝想像力のスイッチを入れる

想像力でかべを破る

「あたえられた小さなまど」→「大きな景色」

1 考える 複数の事例を挙げて説明する効果を考えよう。

「この文章では，事例を挙げて説明をしていますね。なぜ事例を挙げるのでしょうか。事例なしで意見だけの場合と比べて考えてみましょう。」
・事例があれば説明が具体的で説得力があります。
・意見だけなら，考えを押しつけられているようで，自分で考えて納得できにくいね。

３つの事例が挙げられていたことを再度確認する。

なぜ１つではなく複数の事例を挙げたのでしょう。どんな効果があるか考えましょう。

事例が多いほど色々な面から詳しく説明できるから，説得力が強くなるよね。

マラソン大会で情報を送る側の問題，図形の見方では，受ける側の思い込みの問題と言うように，細かく分けて説明ができる。

話し合ったことは，全体で交流しておく。

2 考える 「想像力のスイッチ」とはどういうことか考えよう。

「『想像力のスイッチ』のスイッチって何ですか。」
・電気のスイッチのように入れたり切ったりする。
・切り替えたり，交換したりする。野球のスイッチヒッターとか，～をスイッチするとか言います。

「『想像力のスイッチ』だから，想像力を入れたり切ったりする，切り替えると言うことになりますね。」

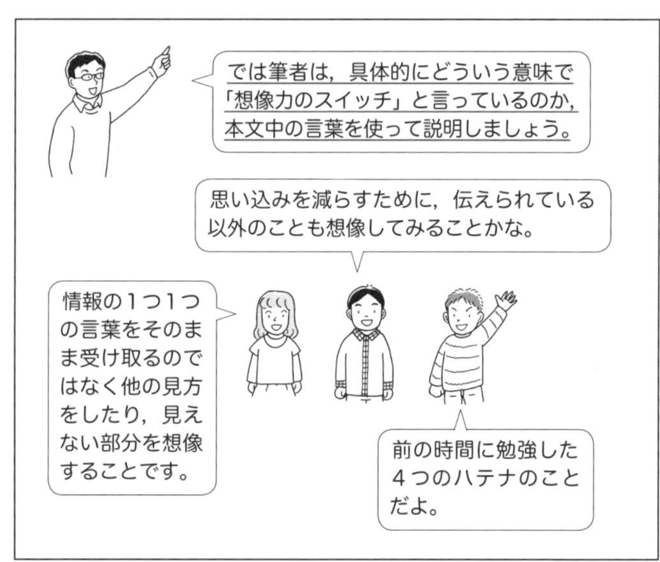
では筆者は，具体的にどういう意味で「想像力のスイッチ」と言っているのか，本文中の言葉を使って説明しましょう。
思い込みを減らすために，伝えられている以外のことも想像してみることかな。
情報の１つ１つの言葉をそのまま受け取るのではなく他の見方をしたり，見えない部分を想像することです。
前の時間に勉強した４つのハテナのことだよ。

対話の状況を把握し，必要なら全体で確認させる。

意味や表しているものから，全体を捉えるのも一つの方法です。

想像力のスイッチを入れよう

(め)「想像力のスイッチ」とは何かを考え、筆者の意図や考えを読みとろう

〈複数の事例をあげる〉

・事例をあげると具体的に説明でき、説得力がある。

↓

・複数…多面的に説明でき、説得力が増す。

・細かく分けて説明できる。

主体的・対話的で深い学び

・「想像力のスイッチ」とは何を意味するのか，筆者はなぜこの言葉を使ったのかを考え，筆者の主張に迫る単元の学習のヤマ場になる。対話し考えを深める場面が続くので，机間指導を続けて，各グループでの話し合いの状況を十分把握し，必要な支援を行うことが必要になってくる。

・対話に行き詰まった時は，何度も教科書をしっかり読み返させる。読みを重ねれば，書かれた内容の理解が深まり，自分たちの考えを進めることにつながるだろう。

準備物

・ワークシート（第2時使用のもの）

3 深める　筆者が「想像力のスイッチ」という言葉を使った意図を考えよう。

「『想像力のスイッチを入れる』とは，今みんなが言ったようにする，それに切り替えると言うことだね。」

筆者はなぜ「想像力のスイッチ」という言葉を使ったのでしょう。
何のことかな？と疑問に思って，興味を持ってもらおうとしたのだと思う。
どんな意味なのか，しっかり考えてもらうためじゃないかな。
「想像力のスイッチ」は，自分で入れなさいと言いたかったのだと思う。

全体でも，意見交流をさせる。

「『想像力のスイッチを入れよう』と書いた筆者の考えに対して，自分はどう思ったのかを書きましょう。」

ノートに書いて発表させる。

・こんな考え方，ニュースの見方をはじめて知った。
・報道番組などは想像力を働かせて見るようにする。
・しっかり考えて，情報を受け取るようにしたい。

4 まとめる　3のまとまりの内容について話し合おう。

「3のまとまりには，事例がありませんね。筆者の主張を短くまとめて，表に書きましょう。」

書いたことを発表して確認し合う。

メディア側の努力とは，どんなことでしょう。もし自分が記者で新聞記事を書くとしたらどうしますか。
自分の印象で書かないで，あやふやなことは，あやふやだと書きます。
結論を急がないように，しっかり調べて書きします。
他の見方も考えて記事を書くようにします。

「最後の文の『あたえられた小さなまど』『大きな景色』はそれぞれなんのことを喩えているのでしょう。」

・小さな窓は「切り取られた情報」「思い込み」です。
・大きな景色は，「思い込みがない」ことだと思う。

「自分の『想像力のスイッチ』を入れてかべを破るのですね。」

想像力のスイッチを入れよう
第 5 時 (5/6)

本時の目標
学習してきたことを基にして，自分の経験を思い出し，メディアとの関わり方について自分の考えを書くことができる。

授業のポイント
これまで学習してきた情報の受け手として大事なことを基にして，自分のメディアとの関わりについて考え文章化させる。

本時の評価
自分の経験を思い出し，メディアとの関わり方について自分の考えを書いている。

〈深める〉情報が溢れる現代社会で，情報をどう選択し読み解くかは大事な課題です。児童に身近な

板書例

【例】

テレビ番組を深く考えずに見る

インターネットで調べて何も疑わない

想像力のスイッチを入れたことがない

メディアとの関わり方について自分の考えを書く

① 本文からの共感や疑問
② 自分の知識や経験をもとにした考え
③ 今後のメディアとの関わり方

か条書きでメモ
↓
五〇〇～六〇〇字で文章にする

1 振り返る　全文を読んで，ここまでの学習を振り返ろう。

「教科書の全文を読んで，どんなことを学んできたか振り返りましょう。」

指名読みで，交代しながら全文を音読させる。

どんなことが学べたか，どんなことがよかったか，思ったことを出し合いましょう。
メディアから情報を受け取るときに，どんなことに気をつければよいかがよくわかった。

伝えられた情報が全てだと思ってはいけない。伝えていないことにも想像力を働かせる。大事なことに今まで気づかなかった。
「想像力のスイッチを入れるって，すごく良い言葉だと思う。

学習で得られたことを再確認し，これから自分が書く文章の参考にさせる。

2 まとめる　いろいろなメディアの特徴をまとめよう。

「教科書に，４つのメディアの種類や特徴が書いてあります。読んでみましょう。」

１つずつ，４人に音読させる。

・新聞，…インターネットについて書いてある。

新聞の特徴をノートに簡単にまとめ，発表させる。

・自分の好きな読み方ができるのが一番の特徴だね。
・読み返せるし，色々なニュースが一度に見られる。

他の３つもノートにまとめて，発表しましょう。
テレビは，出来事を映像と音声を使って速く伝えられる。テレビで見た＝事実とならないように気をつける。

ラジオは，小型で簡単なので災害の時に役立つ。音声だけで聞く人にはテレビより役立つ。

インターネットは世界中に速く伝わる。誰でも発信できる。

テレビやインターネットを中心に考えさせるのが良いでしょう。

想像力のスイッチを入れよう

ⓜ メディアとの関わり方について自分の考えを書こう

☆全文を読む…学んできたことを振り返る

☆「もっと読もう」…メディアの特ちょうを知る

☆自分はメディアとどんなつき合い方をしているか

主体的・対話的で深い学び

・メディアとの関わり方について自分の考えを書くのが本時の目標である。児童の多くは，普段の生活ではほとんど考えてこなかった課題であろう。そのために，展開1から３まで手順を踏んで書かせることになる。この中でも，特に展開３の「自分がメディアとどのように付き合っているか自分の生活を振り返る」が重要になってくる。メディアとの関わり方を自分自身の課題として認識できれば，今後のメディアとの関わり方についても深く考えることができる。

準備物

・ワークシート「メディアとの関わり方　メモ」DVD 収録【5下_15_03】
・参考資料「メディアとの関わり方を書く」DVD 収録【5下_15_04】
・原稿用紙 DVD 収録【5下_15_05】

3 対話する　自分の生活を振り返り，メディアとのつき合いを話し合おう。

「４つのメディアで，みなさんはどれとの関わりが一番大きいですか。」

・テレビです！インターネットもよく使うな。
・新聞のニュースは，あまり見ません。

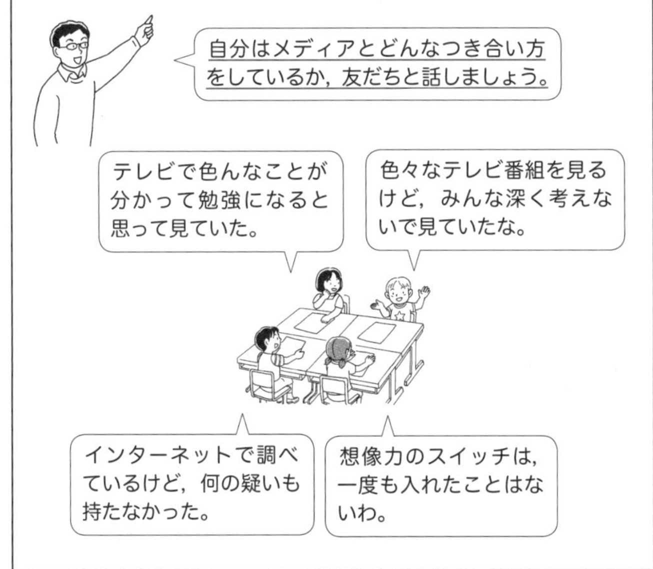
自分はメディアとどんなつき合い方をしているか，友だちと話しましょう。
テレビで色んなことが分かって勉強になると思って見ていた。
色々なテレビ番組を見るけど，みんな深く考えないで見ていたな。
インターネットで調べているけど，何の疑いも持たなかった。
想像力のスイッチは，一度も入れたことはないわ。

話し合いながら気づいたことは，ノートにメモをさせておく。

4 書く　自分の考えをメモに書き，文章にまとめよう。

「メディアとの関わりについて考えを書きます。教科書の『考えをまとめる観点』をもう一度見ましょう。」

３つの観点を参考にして，考えたことを箇条書きでワークシートにメモをさせる。３つめの観点＝「今後メディアとどのように関わっていくか」は必ず書かせる。

メモに書いたことを基にして，500～600字ぐらいで文章に書いてまとめましょう。

この文章を読んで共感したことは，伝えていないことについても想像力を…
メディアについて自分の知識や経験って少ないな，どんなことを書いたらいいか…

書けない児童には，DVD 収録の参考資料を使って書かせてみてもよい。

「まだ最後まで書けていない人は，次の時間までに書きあげてきましょう。」

想像力のスイッチを入れよう

第6時（6/6）

本時の目標

書いた文章を読み合って意見や感想を出し合い，自分の考えを広げることができる。

授業のポイント

互いの文章を読み合って，感想や意見を伝え合う。考えの似ているところ，違うところ，取り入れたい考えの3点を中心に読み，交流をしていく。

本時の評価

メディアとの関わり方について書いた文章を読み合って意見や感想を出し，自分の考えを広げている。

〈読む視点〉 文章を読み合うときは，自由に感想や意見を出させる場合もありますが，今回は「交流

板書例

【例】

テレビは番組をうまく選べばよい（ちがい）

結論は急がず，ほかの見方も考える（同じ）

（気づいたことはすぐにメモ）

☆取り入れたい・気づいた…まとめる

【例】

二つのメディアから同じ情報を得る

だれかがきずつくかもしれない↑忘れない

〈学習をふりかえろう〉

・メディアとの関わりがしっかり考えられた

・メディアの見方，つき合い方が少し変わりそう

・事例と考えを結びつけた文章の書き方

☆「たいせつ」「ふりかえろう」

1 つかむ　本時の学習課題をとらえ，交流の手順を確かめよう。

「前の時間に，メディアとの関わり方について考えたことを書いてもらいました。今日はそれを使って学習します。」

・読み合って感想や意見を伝えるんだね。

・自分が主張したいことは書けたと思うよ。

読み合って，どのように感想や意見を交流していくのか，教科書の「交流の手順」を読みましょう。

グループで回し読みをする。その後で，意見や感想を伝え合うんだね。

考えの似ているところ違うところを出し合う。これは私も聞きたいわ。

友達の考えをこれからの自分に取り入れることも大事なことだね。

「もっと，他に聞きたい意見はありませんか。」

・自分の意見の良いところや問題点も知りたいです。

・メディアとの関わり方について，時間をとっていろいろと話し合いたいな。

2 伝える　文章を読み合って，意見や感想を伝えよう。

「今からグループに分かれて読み合います。」

可能なら事前に児童の文章を教師が読んでおき，多様な考えの児童が集まれるようなグループ編成にする。

「グループで文章を回し読みします。１人１人の文章について気づいたことをノートに書きましょう。」

1人分ずつ順に，感想や意見を伝えていきましょう。

大山さんの意見について，メディア毎に「想像力のスイッチ」の入れ方を変える…

テレビについての考えはちょっと違って，番組を上手く選べば…

「結論を急がないで他の見方も考えるというのは賛成です。

交流しながら気づいたことは，その都度メモをさせておく。

の手順」に示された3つの視点で読ませます。

想像力のスイッチを入れよう

㋱書いた文章を読み合って気づいたことを伝え合おう

書いた文章をグループで読み合う

☆自分の考えとくらべて
・似ているところはどこか
・ちがうところはどこか
・自分が取り入れたい考え
⇩
伝える

主体的・対話的で深い学び

・意見交流の焦点がかみ合うように交流の観点（共通点・相違点・取り入れたい考え）を確認する。
・意見交流の際は，気づいたことはすぐその場で簡単なメモをさせ，後の対話や自分のまとめに役立たせる。
・メディアの特性の捉え方，メディアとの関わり方については，この単元の学習が終わっても，他教科の学習とも結びつけて，今後も課題として意識していけるようにさせたい。

準備物

・児童各自が書いた文章

3 まとめる　交流して気づいたことや，取り入れたい友だちの考えをまとめよう。

自分が取り入れたい友達の考えをまとめましょう。他に気づいたことも書きましょう。

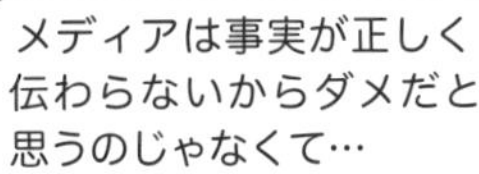

同じ情報をテレビと新聞とか，違う2つのメディアから情報を得るというのは，私も実行してみたい。

メディアは事実が正しく伝わらないからダメだと思うのじゃなくて…

「グループから１人，みんなの前でも発表してもらいましょう。主に，自分が取り入れたい考えと交流して気づいたことを言って下さい。」
・「４つのハテナ」にいつも気をつけてテレビを見る」というのは大事なので，自分もそうしていきたい。
・私も情報を発信することもあると思うので，思い込みや推測で誰かを傷つけるかもしれないと言うことをいつも忘れないようにしたいです。

4 振り返る　学習を振り返ろう。

振り返りをしましょう。この学習でよかったこと，できたことを話し合いましょう。

メディアとの関わりなんて考えたことがなかったけど，しっかり考えられた。
これからはテレビやインターネットに対する見方やつき合い方が少し変わる気がする。
事例と考えを結びつけて文章を書く書き方が分かって良かった。

教科書の『たいせつ』も読んで，できるようになったことを確認し合う。
・事例と筆者の考えを区別して，事例からどのような考えが出てきたか１つずつ確かめられたね。

「ふりかえろう」も読んで気づいたことをノートに書かせる。
・自分の生活を見つめ直し，筆者の意見をしっかり理解できたら自分の考えも持てるようになる。

DVD 収録（イラスト，児童用ワークシート見本）

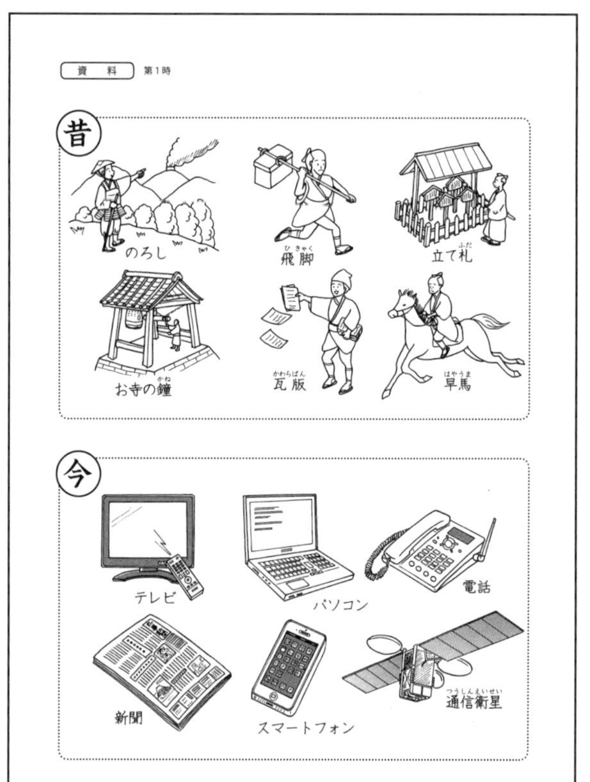

資料　第1時
昔
のろし
飛脚
立て札
お寺の鐘
瓦版
早馬
今
テレビ
パソコン
電話
新聞
スマートフォン
通信衛星

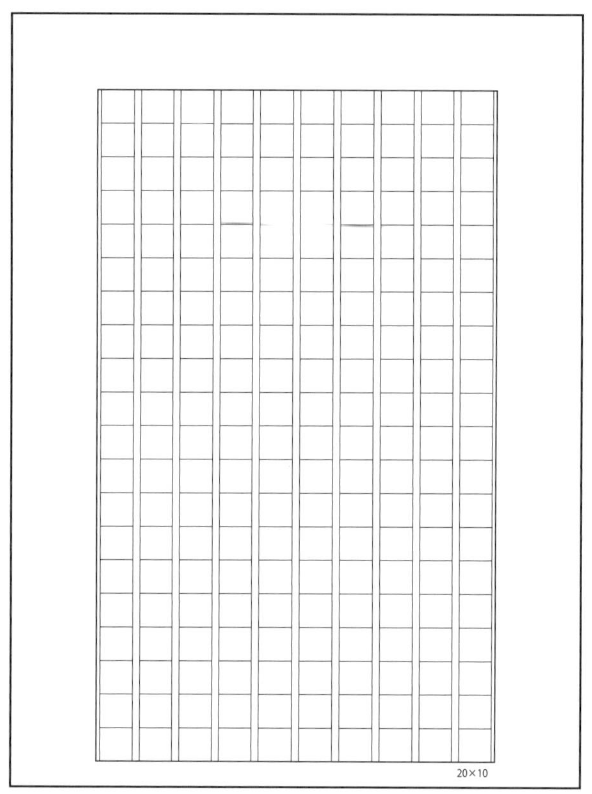

20×10

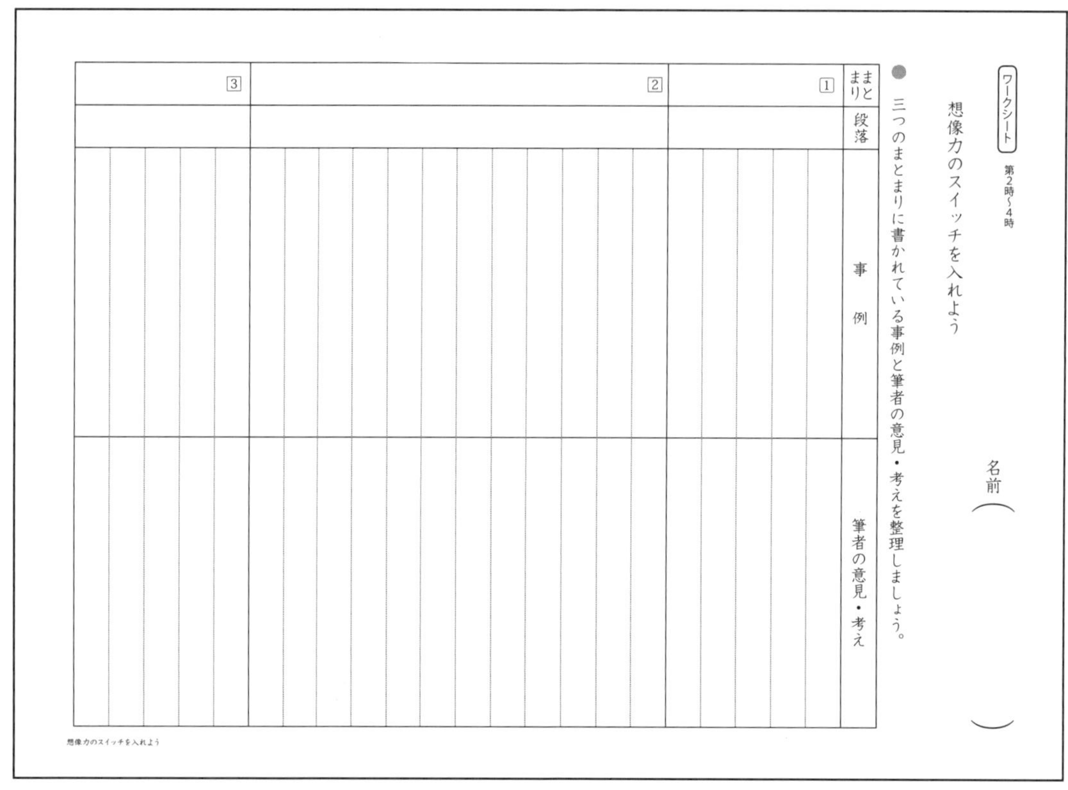

ワークシート　第2時～4時
想像力のスイッチを入れよう
名前（　　　）
三つのまとまりに書かれている事例と筆者の意見・考えを整理しましょう。
まとまり
1
2
3
段落
事例
筆者の意見・考え
想像力のスイッチを入れよう

ワークシート　第5時

想像力のスイッチを入れよう

名前（　　　　　　　　）

● 次の三つの観点で、メディアとの関わり方についての自分の考えを、かじょう書きでメモしましょう。

(1) 本文を読んで、共感したこと、疑問に思ったこと。

(2) 自分の知識や経験などをもとにした考え。

(3) 今後、メディアとどのように関わっていくか。

想像力のスイッチを入れよう

参考資料　メディアとの関わり方を書く

名前（　　　　）

◆ メディアとの関わり方について（例）の書き方を参考にして、自分の考えをまとめて書いてみよう

〈三つのこと〉

① 筆者の考えに共感したこと、疑問に思ったこと
（例）この文章を読んで共感できたところは…です。

② 自分の知識や経験から思うこと
（例）私も、実は似たような経験をしたことがあります。
それは…。

③ 今後、メディアとどのように関わっていくか
（例）私は、これから、テレビを見るときには…。

複合語

全授業時間２時間

◉ 指導目標 ◉

・語句の構成や変化について理解し，語彙を豊かにすること。

◉ 指導にあたって ◉

①　教材について

児童が国語や各教科の学習などで触れる言葉（語句）には，多くの複合語が含まれています。それらの複合語は，和語・漢語・外来語の組み合わせによって構成されます。複合語は，単なる言葉のたし算ではなく，発音やアクセントの変化，さらに長い複合語や一定のルールに基づいた略語を作るという特徴があります。いくつかの言葉を結びつけて新しい言葉ができることや，長い言葉でも分解すれば意味が分かってくることなどが分かってくれば，言葉への興味・関心が深まることが期待できます。

②　主体的・対話的で深い学びのために

複合語の構成や組合せによる変化などの理解を深めることは，言語の力をつけることになります。まずは，教科書の記述をしっかり理解させます。例示される複合語は，音読したり，辞書引きしたりして丁寧に扱うことが大切です。さらに，教科書の他の単元の文章など（新聞記事なども活用できる）を使って，より多くの具体例を見つけ，分類させていくことで理解はさらに深まっていきます。

また，複合語の種類や特徴をただ教え込むのではなく，クイズ的・ゲーム的な要素を取り入れたり，児童に考えさせるような問いを準備したりします。興味をひきつけ楽しく活動できるようにして，学習に主体的な関われるように配慮します。

◉ 評価規準 ◉

知識及び技能	語句の構成や変化について理解し，語彙を豊かにしている。
主体的に学習に取り組む態度	進んで複合語の構成や変化について関心をもち，学習課題に沿って，それらを理解しようとしている。

◉ 学習指導計画　全２時間 ◉

次	時	学習活動	指導上の留意点
1	1	・「飛ぶ」と「上がる」が結びつくとどんな言葉になるかを考え，複合語の意味を確かめる。 ・複合語の組み合わせ方を確かめる。 ・「複合語探し大会」で楽しく複合語を探す。	・複合語の意味や構成は，教科書を読んで理解させる。 ・分類を単に知識として教え込むのではなく，クイズ的・ゲーム的な要素を取り入れながら楽しく学ばせる。
	2	・複合語の４つの特徴を理解し，具体例をおもに教科書の他の単元の文章から見つける。 ・国語辞典に載っていない長い複合語の意味の調べ方を知り，調べて見る。	・長い複合語の具体例は「たずね人」の文章の中から見つけさせる。 ・音の高さの変化については，地方によって教科書とは発音の高さが違うことも考慮しておく。元の音と複合語の音を実際に発音させ，同じか違うか判断させる。

DVD 収録（児童用ワークシート見本）

飛ぶ
上がる

映画完成記念特別試写会

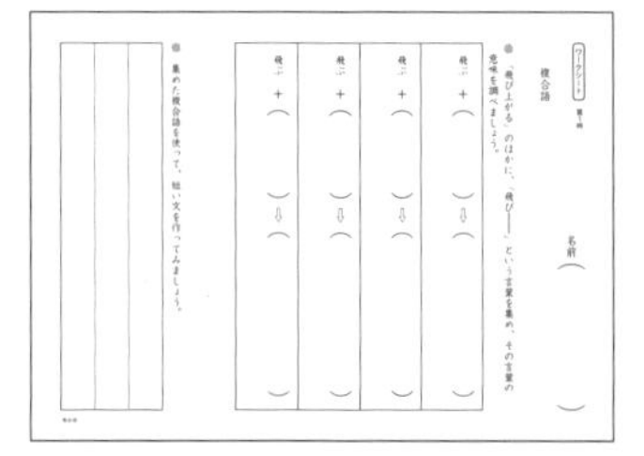

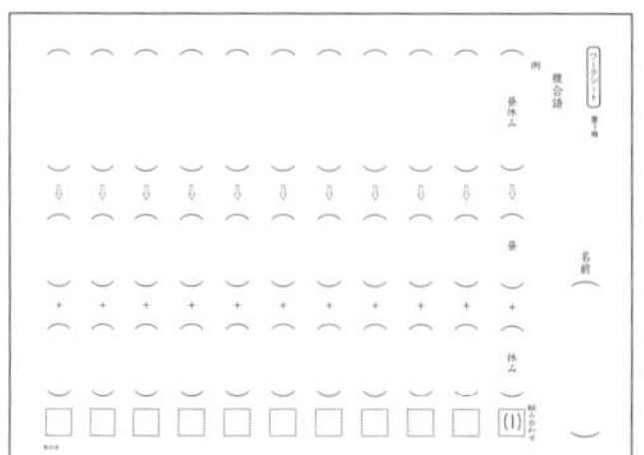

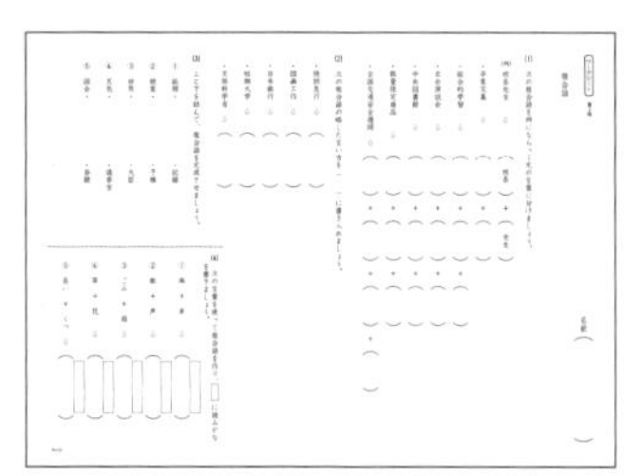

複合語

第1時 (1/2)

本時の目標

複合語の種類や構成を理解することができ，興味をもって複合語を探すことができる。

授業のポイント

複合語の意味や構成を教科書を読んで理解する。複合語を探す活動では，ゲーム感覚で楽しく活動できるようにする。

本時の評価

複合語の意味と種類や構成を理解し，複合語に興味を持って学習に取り組んでいる。

〈活動〉「複合語探し大会」のような活動は，児童の意欲を高めるのに有効です。また，内容によっては

板書例

〈複合語の種類〉

㋐ 昼休み…昼（和語）＋ 休み（和語）

㋑ 輸入品…輸入（漢語）＋ 品（漢語）

㋒ スープ皿…スープ（外来語）＋ 皿（和語）

① 和語 ＋ 和語　歩み寄る ↓ 歩む ＋ 寄る

② 漢語 ＋ 漢語　消費税 ↓ 消費 ＋ 税

③ 外来語 ＋ 外来語　ビデオカメラ ↓ ビデオ ＋ カメラ

④ 和語 ＋ 漢語　待ち時間 ↓ 待つ ＋ 時間

⑤ 和語 ＋ 外来語　粉ミルク ↓ 粉 ＋ ミルク

⑥ 漢語 ＋ 外来語　電子メール ↓ 電子 ＋ メール

☆複合語探し大会をしよう

1 知る　2つの言葉のたし算をしてみよう。

黒板に「飛ぶ」「上がる」というカードを貼る。

『飛ぶ』と『上がる』という2つの言葉が結びつくと，どんな言葉になるでしょう。
「飛ぶ上がる」じゃおかしいね。
「飛び上がる」だと思うわ。間違いない！
飛ぶ
上がる

「この『飛び上がる』のような言葉を何というか，教科書で確かめましょう。」

- 複合語です。
- 2つ以上の言葉が結びついて，新たな一つの言葉になったものです。

「これから，この複合語の種類や特徴，使い方などを勉強していきます。」

2 文を作る　複合語を見つけて複合語で例文を作ろう。

「他に『飛び』で始まる言葉はあるでしょうか。また，それは『飛ぶ』＋何という言葉でしょう。」

- 「飛ぶ」＋「散る」で「飛び散る」があります。
- 「飛ぶ」＋「かかる」で「飛びかかる」です。

国語辞典等を使って調べ，ワークシート1に「飛ぶ」＋「○○」→「飛び○○」とその言葉の意味を書かせる。

- 「飛ぶ」＋「立つ」→で飛び立つ」。意味は，「飛んで立ち去る」。「心がそわそわする」の意味もある。

見つけた言葉で短文をつくり，グループで紹介し合いましょう。

「飛ぶ」＋「出す」で「飛び出す」です。文は「急に犬が飛び出してきた。」です。
「飛び立つ」で「ツルのヒナが親鳥と飛び立った。」という文を作った。
私も「飛び出す」だけど，違う文を考えたわ。

「複合語の判別」「組み合わせ方の認識」など多様な力をつけられます。

複合語

㋱ 複合語の組み合わせとその種類を知ろう

飛ぶ ＋ 上がる → 飛び上がる

（二つ以上の言葉が結びつく）（新しい一つの言葉）

複合語

飛ぶ ＋ 立つ → 飛び立つ

ツルのヒナが親鳥と飛び立った

主体的・対話的で深い学び

・「飛ぶ」＋「○○」の複合語を見つける学習では，国語辞典を活用して複合語が見つけられることを体験させ，以後の主体的な学習につなげる。

・和語が結びついた複合語の場合，もとの言葉と語尾が変わる場合があることを意識させておく。これも以後の学習に役立つ。

・最後の「複合語探し」では，グループで対話を重ねることで，複合語の種類や成り立ち（構成）についての理解を深める。

準備物

・板書用カード DVD 収録【5下_16_01】

・国語辞典

・ワークシート「飛ぶ＋○○の複合語」DVD 収録【5下_16_02】

・ワークシート「複合語をさがそう」DVD 収録【5下_16_03】

3 確かめる 複合語の組み合わせ方を確かめよう。

「この３つの言葉は全て複合語です。それぞれを○○＋○○で表してみましょう。」

・㋐は，「昼＋休み」です。
・㋑は，「輸入＋品」です。
・㋒は，「スープ＋皿」です。

㋐ 昼休み
㋑ 輸入品
㋒ スープ皿

では，それぞれの言葉は，『和語・漢語・外来語』のどれにあてはまりますか。

和語は訓読み，漢語は音読みだったね。外来語は片仮名で書いてある。

㋐は，和語＋和語㋑は，漢語＋漢語だね。

㋒は，外来語＋和語。色々な組み合わせがあるんだ。

「教科書の『複合語の種類』を見ましょう。複合語の組み合わせ方は６つあります。」

・和語，漢語，外来語の組み合わせ方で違うんだね。

教科書①～⑥の全ての複合語を○○＋○○で表し，意味も確認する。

4 探す 「複合語探し大会」をしよう。

「グループ対抗で６つの組み合わせ方の複合語を探し大会をしましょう。」

ワークシート２を配る。

① 複合語を探す教科書のページや単元を決める。（「カレーライス」などが適当。）

② 見つけた複合語は，ワークシートの記入例を見て書き込んでいく。（制限時間を設ける。５～１０分）

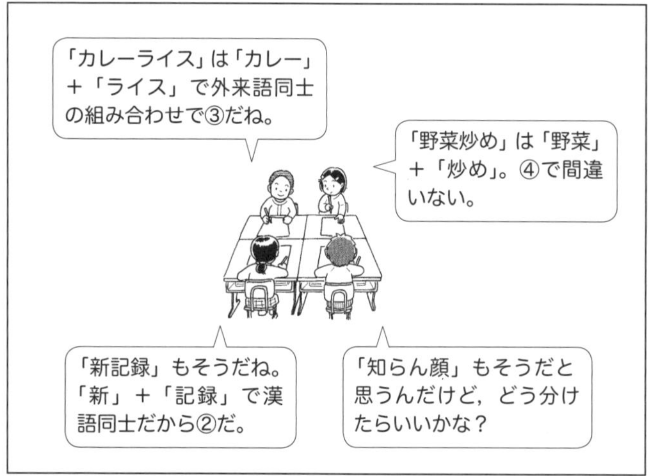
「カレーライス」は「カレー」＋「ライス」で外来語同士の組み合わせで③だね。
「野菜炒め」は「野菜」＋「炒め」。④で間違いない。
「新記録」もそうだね。「新」＋「記録」で漢語同士だから②だ。
「知らん顔」もそうだと思うんだけど，どう分けたらいいかな？

③ グループごとに見つけた複合語を発表し，多く見つけられたグループの勝ち。

複合語

第 2 時 (2/2)

本時の目標

複合語の特徴を理解し，国語辞典や教科書で特徴的な複合語を調べることができる。

授業のポイント

新聞や教科書などから長い複合語や短く縮めた複合語を見つけるなど，楽しく授業を進める。

音の高さの変化については，地方によって教科書とは発音の高さが違うことも考慮しておく。

本時の評価

複合語の特徴が理解でき，国語辞典や教科書で特徴的な複合語を調べている。

〈具体事例〉教科書は，具体事例が手軽に探せます。教師が見つけておいた単元やページに絞って

板書例

分解して意味を調べ（国語辞典）、
それを合わせる。

☆短く縮めた複合語
ポケモン → ポケット＋モンスター
パソコン → パーソナル＋コンピュータ
入試 → 入学＋試験

☆元の言葉と発音が変わる複合語
ほとけ＋こころ → ほとけごころ
むかし＋はなし → むかしばなし
ふで＋はこ → ふでばこ
あめ＋くも → あまぐも

☆元の言葉と発音が変わる
→声に出して読んで確かめる。
昼休み　管理事務所　ビデオカメラ

1 探す　長い複合語を見つけよう。

「複合語」とはどんな言葉でしたか。」
・２つ以上の言葉が，結びついた言葉です。
「では，これを見て下さい。」
カード「映画完成記念特別試写会」を黒板に貼る。

この言葉はいくつの言葉が結びついていると思いますか。
複合語って面白いね。え〜っと，「映画」「完成」それから…
長い言葉だなあ！でも，意味は大体分かるよ。
「「映画」「完成」「記念」「特別」「試写」「会」６つだ！

「他にもありませんか。教科書の『たずね人』からも探しましょう。」
・「○○市立△△小学校」も複合語だね。
・「原爆供養塔納骨名簿」５つの組み合わせです。
・「県庁所在地」「平和記念公園」「平和記念資料館」
・自分でもっと考えてみよう。JR 駅前商店街…

2 調べる　長い複合語の意味を調べよう。

「先生は，新聞でこんな複合語を見つけました。『(○○県) 個人情報保護条例』という言葉です。どんな意味か，国語辞典で調べてみましょう。」
・先生，国語辞典には載っていません。

困ったね。何とか国語辞典で調べる方法はないでしょうか。

そうだ！複合語を分解して，調べたらどうだろう。
「○○県」や「個人」は意味が分かるんだけど…
元の言葉を調べて，組み合わせたら，長くても意味は分かるよ。

全体で，調べ方を確認して意味を調べる。
・情報は名前や住所等，保護は守ることで，条例は都道府県や市町村の決まり…大体分かった！
教科書の「いかそう」も確認しておく。
「では，見つけた長い複合語の意味も調べましょう。」
・「原爆供養塔納骨名簿」が難しいから調べよう。

探させましょう。本単元では「カレーライス」「たずね人」を活用しました。

複合語

ⓜ 複合語の特徴を知って、国語辞典や教科書で調べよう

☆いくつも結びつけた長い複合語

映画完成記念特別試写会

「映画」「完成」「記念」「特別」「試写」「会」

個人情報保護条例 →「個人」「情報」「保護」「条例」

主体的・対話的で深い学び

・複合語の４つの特徴を教科書から読みとって理解し，前時に学習した６つの種類と併せて，複合語を多面的に捉えさせる。

・複合語の４つの特徴に当てはまる言葉を教科書の他の単元から見つける活動に主体的に取り組ませ，グループでの対話で適切に見つけられたか確認をさせていく。

準備物

・板書用カード DVD 収録【5下_16_04】

・ワークシート DVD 収録【5下_16_05】

3 探す　短く縮めた複合語を見つけよう。

「『ポケモン』って，何のことか知っていますか。」

・知ってる！！ポケットモンスターのことです。

・そうかこれも「ポケット」＋「モンスター」だ。

「『ポケモン』のように結びついている言葉の一部を取ってつなぎ，短く縮めて使う複合語もあります。」

教科書の「複合語の特徴②」を読ませる。

・パソコンはパーソナルコンピュータを短くした言葉だったのか。

・短くしたら長い言葉も言い易くて覚え易いね。

他にも知っている例はないか，話し合いましょう。

知ってる！「マスコミ」は「マス・コミュニケーション」短くした言葉。
「デジカメ」は「デジタルカメラ」。「入試」はもとは「入学試験」のことだね。

4 知る　元の言葉と発音や音の高さが変わる複合語について学習しよう。

教科書「複合語の特徴③」をみんなで読ませる。

「元の言葉と発音が変わる複合語もあります。」

・「まえ」「は」「まえば」。「は」が「ば」と濁った。

・「ふね」「たび」「ふなたび」。「ね」が「な」に！

教科書3の問題や例示言葉からも考えさせる。

・「昔話」は「は」が「が」ににごる。

・「雨雲」は，「め」が「ま」に変わる。

・「息苦しい」も「く」が「ぐ」に濁った。

複合語には元の言葉と音が変わるものもあります。「複合語の特徴」の①～⑥の複合語と元の言葉を声に出して比べてみましょう。

魚，市場，魚市場…変わらない。
管理，事務所，管理事務所…これは変わった！

ビデオ，カメラ，ビデオカメラ…これも違っている。

学習を振り返って，気づいたことをメモさせる。

伝わる表現を選ぼう

全授業時間２時間

◉ 指導目標 ◉

・語感や言葉の使い方に対する感覚を意識して，語や語句を使うことができる。
・言葉には，相手とのつながりをつくる働きがあることに気づくことができる。
・目的や意図に応じて簡単に書いたり詳しく書いたりするなど，自分の考えが伝わるように書き表し方を工夫することができる。
・文章全体の構成や書き表し方などに着目して，文や文章を整えることができる。

◉ 指導にあたって ◉

①　教材について

会話や文章の中で，相手に正しく伝わらないで誤解されたという経験をした児童も多いでしょう。例えば，「それで良い」という意味で「いいよ」と言ったつもりが相手には，「もういらない」と受け取られてしまった等々。正しいコミュニケーションを行うためには，適切な言葉の選択・使い方が大切になってきます。

本教材では，上記のような経験想起から学習に入り，「相手に応じた言葉を選ぶ」「意図に応じた言葉を選ぶ」の二つの観点から，伝わる表現の選び方について考えていきます。前段で伝わる表現の工夫や気をつけることについて学習し，それを踏まえて，相手と意図に応じた手紙を書きます。

②　主体的・対話的で深い学びのために

第１時・２時で，相手と意図に応じた言葉を選び，分かりやすく伝える工夫について，教科書の記述と話し合いからしっかりと理解させます。これが，本教材の学習の基本になります。この基本をもとに，「１年生に伝わるお知らせ文」と「相手の作品を評価する会話」について，自分ならどうするかを考えて学んだことを深めます。さらに，考えたことを交流することによって，児童の認識も広まります。

最後は，学んだことを実際の場面で活用できるように，相手と意図を明確にして手紙を書きます。ここで培った力は，今後の国語学習や他教科の学習で生かしていけるでしょう。

◎ 評価規準 ◎

知識及び技能	・言葉には，相手とのつながりをつくる働きがあることに気づいている。 ・語感や言葉の使い方に対する感覚を意識して，語や語句を使っている。
思考力，判断力，表現力等	・「書くこと」において，目的や意図に応じて簡単に書いたり詳しく書いたりしている。 ・「書くこと」において，文章全体の構成や書き表し方などに着目して，文や文章を整えている。
主体的に学習に取り組む態度	積極的に，語感や言葉の使い方に対する感覚を意識し，学習課題に沿って，手紙を書こうとしている。

◎ 学習指導計画　全９時間 ◎

次	時	学習活動	指導上の留意点
1	1	・伝えたいことが正しく伝わらなかった経験を交流する。 ・例文を読んで，どうすれば１年生に伝わる文になるか考える。 ・教科書の３つの視点で何をどう書き換えればよいか話し合う。 ・例文を１年生向けに書き換えて，発表し合う。	・まずは各自で，どのように書き換えればよいか考えてから，教科書の視点で確かめる。 ・同じ内容で同じ相手に対して書く文でも，表現の違いがあることに気づかせる。
	2	・教科書の事例（２コママンガ）から，どんなすれ違いが起きたのか，それは何故か考え，話し合う。 ・すれ違いが起こらないように，自分ならどうするか考え交流をする。 ・ここまでの２時間の学習を振り返って，まとめをする。	・教科書の２コマの絵（マンガ）を活用して話し合わせる（何をしている場面か・何が起きたか・原因は何か）。 ・自分ならどんな伝え方をするかを，しっかりと考えて対話を深めさせる。
2	3	・手紙（葉書）を出す相手と意図をはっきりさせる。 ・文面を考えて書き，読み合って気づいたことを伝え合う。 ・対話で出された意見を基に文面を書き換え，清書をする。 ・学習を振り返る。	・これまでの２時間で学習したことを振り返り，それを生かして手紙が書けるようにする。 ・「相手に応じて」「意図が伝わる工夫」を視点にして読み合うようにさせる。

伝わる表現を選ぼう

第1時（1/3）

本時の目標

相手に応じた言葉の選び方について考え，文章を書き換えることができる。

授業のポイント

1年生に伝えるには，どのような言葉を選べばよいか考え，教科書の例文を書き換える。

本時の評価

相手に応じた言葉の選び方について考え，1年生向けの文章に書き換えている。

〈相手の立場〉 自分が1年生の時を思い出したり，身近な1年生の様子から，1年生に分かること分

板書例

① 知っている言葉を使う
　校外学習 → 学校の外での勉強
　適切な → ちょうどよい
② 文末表現のくふう
　持参すること → 持ってきましょう
③ 言葉を書きかえるとき
　校外学習 →×遠足（意味が変わる）
　各自が　→○ひとりひとりが

1年生へおしらせ

☆一年生向けに書きかえよう

【例】
学校の外での勉強で、虫を集めに行くので、
一人一人がちょうどよい入れ物を持ってきましょう。
（漢字は習ったものだけにして、分かち書きにする。）

☆書いた文を交流する
・たくさん書きかえが必要
・いろいろとちがう文もできた

1 経験交流　伝えたいことが相手に正しく伝わらなかった経験はないだろうか。

自分では間違っていないと思うのに，自分の言ったことや書いたことが，分かってもらえなかったり，誤って受け取られたことはありませんでしたか。

当番活動の話し合いで，みんなで協力しようと言ったのに，希望者だけでやればよいと受け取られたことがありました。

「あれがいい」と言ったので，「あれ」を間違って受け取られました。

「なぜこんな食い違いができてしまったのでしょう。」
・自分が紛らわしい言い方をしたのだと思います。
・言葉の選び方を間違えたのかな？
・相手と思っていることが違っていたのかも・・・
「伝えたいことが相手に正しく伝わるようにするには，どう表現すればよいのか考えていきましょう。」

2 考える　例文を読んで考えてみよう。

教科書の例文を黒板に貼り，みんなで音読させる。
・校外学習で，こん虫採集に行くにあたり…

校外学習で、こん虫・・・
各自が適切な容器を・・・
このお知らせで1年生に分かりますか？どのように書けば伝わるか考えて見ましょう。
言葉が難し過ぎるよ。漢字もこんなに読めないね。
「各自が」は「一人一人が」に直せばいいかな。「適切な」は「ちょうどよい」かな。
「校外学習」「採集」「行くにあたり」…難しい言葉が一杯ね。

グループの中で，どこをどのように直せば1年生に伝わるか話し合う。

からないことを判断します。「○○の立場に立って考える力」は他教科でも必要です。

伝わる表現を選ぼう

㋱ 相手に応じた表現を考え、文を書きかえよう

☆伝えたいことが正しく伝わらなかった経験

⇦

伝えたいことが正しく伝わるようにするには
どう表現すればよいか。

☆一年生に分かるように書くには

主体的・対話的で深い学び

・まず，どのように書けば１年生に伝わるか，各自で考えてみる。次にグループで，教科書の①～③の視点でどのように書き換えればよいか話し合う。
・書いた文を紹介し合い，同じ内容で同じ１年生向けの文を書いても，様々な表現があることに気づかせる。

準備物

・国語辞典

3 確かめる　どのように書き換えたらよいか確かめよう。

教科書の「相手に応じた言葉を選ぼう①②③」を読む。

教科書を読んでみて，自分たちの話し合いでは出てこなかったことや気づいたことを話し合いましょう。

言葉が難しいと伝わらないことは考えたけど，他のことは気づかなかったね。

文末の「～すること。」と言う表現は変えた方がいいね。「～しましょう。」かな。

書き換えて内容が変わってくる言葉って何かな。校外学習を遠足にしたら意味が変わるね。

教科書の下の吹き出しの言葉も読んでおく。
・１年生向けの文にしようと思うと，たくさん書き換えないと伝わらないね。

4 書いて交流する　１年生向けの文章に書き直して発表し合おう。

「今，話し合ったことを参考にして，それぞれで１年生向けの文に書き直してみましょう。」
・校外学習を何と書き換えようかな。
・昆虫採集は虫取りかな。昆虫は１年生でも分かるだろうから，昆虫集めでもいいだろう。

書けたらグループで発表し合って，自分の書いた文と比べましょう。

ぼくの書いた文です。「学校の外へ，昆虫集めに行くので…

私は「学校の外での勉強で，虫を集めに…と書いたから，少し違うわ。

ぼくは「バッタやカマキリなどの虫をとりに」と詳しく書いたからここが違う。他は同じだ。

各グループから１つずつ全体で発表する。
・みんな同じような文になるかと思ったけど，色々違うんだ。

伝わる表現を選ぼう
第2時 (2/3)

本時の目標
自分の意図が正しく伝わる言葉の選び方について，考えることができる。

授業のポイント
教科書の２コマの絵を活用して話し合う。自分ならどんな伝え方をするかをしっかりと考えて，対話を深めさせる。

本時の評価
自分の意図が正しく伝わる言葉の選び方について，考えている。

〈自分なら〉主体的な学びを問われる場面です。漠然とではなく，それまでの学びを基にして考え

板書例

☆自分ならどうする
・「独創的だね。」と言う（「良い」意味になる）。
・「すてきだ。」「とても良い。」とはっきり言う。
・相手の立場なら（「独特」のように）どのように良いかも伝えてほしい。

☆学習をふりかえって
（分かりやすく正確に伝えるために）
・相手に応じた表現を選ぶ
（やさしい言葉　むずかしい言葉
改まった表現など）
・ごかいされそうな言葉は使い方に注意
・相手の立場に立って考える

1 つかむ　どんなすれ違いが起きてしまったのだろう。

「教科書の２コマの絵を見てみましょう。この２人は，それぞれ何をしているのでしょう。」
・男の子は，何かを作ったのです。
・工作かな？粘土かな？
・女の子は，それを見て思ったことを言っている。

まず，どういう場面なのかをみんなで確認する。

2人のやりとりで，どんなすれ違いが起きたのでしょうか。
女の子は，男の子の作品を褒めたつもりだった。
でも，男の子は変な作品だと言われたと思った。

「こんな経験をしたことがあります。」
・ある！褒めたはずなのに怒られたことがある。
・後で，少し気まずい雰囲気になってしまった。

2 対話する　すれ違いがなぜ起きたのだろう。

何故こんなすれ違いが起きたのか考えてみましょう。
「独特」という言葉がすれ違いの原因になったのね。
よい意味で独特だと言ったのだけど，変な作品だと言われた用に受け止められた。
心の中で「すてきだな。」と言っているから，声に出して言えばよかったのだよ。
言葉の使い方一つでも，正しく伝わらないことはあるのだね。

教科書の絵の後の文も読んでおく。
・確かに「独特」だけでは，よい意味にも受け取れるし，よくない意味にも受け取れそうだね。
・相手の立場に立って，「自分ならどう感じるか」を考えてから，相手に伝えればいいんだ。
・自分だったら「独特だね」と言われたら，どう感じるかな…。

させます。考えたことについて対話することで，考えが深められます。

伝わる表現を選ぼう

ⓜ 自分の意図が正しく伝わる表現を考えよう

「わあ、独特だね。」

すてきだな ←→ 変だと思われた。

（すれちがい）

→ なぜ？

「独特」…よい意味？　よくない意味？　分からない

相手の立場になって考えてみる

主体的・対話的で深い学び

・事例についての対話や教科書の記述をもとにして，正確に伝えるために自分ならどんな表現をするかを考えさせる。
・考えたことを発表し合って，グループで対話をすることで深めていく。

準備物

3 考える　自分なら，どんな言い方をするか考えよう。

「それでは，今日のここまでの勉強をもとにして，自分ならどのように伝えるか，考えてみましょう。」
・ちょっと変わった作品だけどいいなあと思ったときだね。どう言おうかな。
・「独特」は，どのようにすてきなのかを具体的に表しているから，ただ「すてきだ」だけでなく，同じような意味のことは言った方がいいな。

自分が考えた伝え方を発表し合って，話し合いましょう。

「独特」じゃなくて「独創的」と言ったらよいと思う。その方がよい意味になるよ。
ストレートに「すてきだ」「とてもいい」と言った方がいいと思う。
相手の立場なら，どのように良いのかも伝えてもらう方がよりよく分かるよ。

グループで出された言い方を全体でも交流する。

4 まとめる　相手に正しく分かりやすく伝えるために，大事なことをまとめよう。

「ここまで学習したことを振り返りましょう。前の時間は，どんなことを学習しましたか。」
・相手に応じた言葉の選び方です。
・1年生には，どのように伝えたらよいか考えた。

「今日は，どんなことを学習しましたか。」
・意図に応じた言葉の使い方です。
・意図したことと違って受け取られることもある。

分かりやすく正確に伝えるために気をつけることをまとめましょう。

相手に応じた言葉や表現の仕方を選びます。1年生は易しい言葉だけど，難しい言葉や改まった言葉がよい場合もあるわ。
誤解されるような言葉は，使い方に注意が必要だね。
相手の立場に立って考えてみることが一番大事だと思うよ。

話し合いをもとにして，自分のノートにまとめる。

伝わる表現を選ぼう

第3時 (3/3)

本時の目標

相手に応じた言葉を選び，自分の意図が伝わりやすいように工夫して，手紙を書くことができる。

授業のポイント

これまでの2時間の学習を基にして，相手と伝えたい内容を設定して，相手に正しく伝わる手紙の書き方を考えさせる。

本時の評価

相手の立場になって考え，自分の意図が伝わりやすい文章を書いている。

板書例

〈葉書の書き方〉書く内容はもちろん大事なのですが，手紙や葉書の書き方（形式など）も，こうした

〈葉書に書くつもりで文面を考える〉
・相手に応じて言葉や書き方を考える
・意図が伝わるように表現を工夫する

グループで読み合って気づいたことを伝える
（何を伝えたいかわかりにくい）

聞いた意見をもとに文を書き直す
（伝えたいことをはっきり書こう）

清書をする

〈今後、気をつけること　生かせること〉
・相手の気持ちに立って考える
・お知らせや報告文　お礼状など

1 設定する　手紙を出す相手と意図をはっきりさせよう。

「今日は，前の時間までに学習したことを生かして，手紙を書きましょう。」
「どんなことに気をつけて書けばよいのですか。」
・相手に応じて言葉を選び，書き方を工夫します。
・自分の意図が伝わるように表現を工夫します。

だれに何を伝える手紙かをはっきりさせましょう。
社会科で聞き取りに行った農家のおじさんにお礼の手紙を書こう。

転校していった友達に，こちらの学校やクラスの様子を伝えよう。
少年スポーツの監督に，次の試合でがんばりたいと伝えよう。

決めたことをノートに記録して，交流する。クラス全体の中で，何人か選んで発表させる。（できるだけ相手や意図が多様になるように選ぶ。）

2 考える　葉書に書くつもりで，文面を考えよう。

「相手や意図に応じて手紙を書きます。どんなことに注意して書けばよかったですか。」

これまでの学習を振り返り，留意点を確認する。

どのようにお世話になったのか，どんな出来事があったのかなど相手の人に関係する話を隣同士でしましょう。

ぼくがスランプになったときに「焦らなくていい，基本をしっかり繰り返しなさい」と…
この前兄弟学級で遊びをしたときに，２年生の子が突然走り出してね…

ペアで対話をすることで，書く内容を膨らませる。

「手紙の文面を考えて書いて下さい。葉書に書くつもりで，長くなりすぎないようにしましょう。」
・え～と，書き始めは…
・お世話になった人だから，丁寧な言葉で書こう。
・意図が伝わるようにどんな言葉を選ぼうかな。

機会がある度にしっかりと思い出して練習させておきましょう。

伝わる表現を選ぼう

Ⓜ 自分の意図が相手に正しく伝わるようにくふうして手紙を書こう

〈「相手」「何のために」をはっきりさせる〉

【例】転校した友達…こちらの様子を伝える
見学でお世話になった方…どのように役立ったか
少年スポーツのかんとく…次の試合でがんばりたい

主体的・対話的で深い学び

・手紙を出したい相手と手紙を出す意図を１人１人に明確に持たせる。考えが浮かばない児童には，過去の生活や活動を振り返らせて，その中から選べるように支援する。
・学習してきたことをしっかり振り返らせ，それを基にして手紙を書かせる。グループで助言をしあって推敲し，本単元の目標に合致したより良い内容の手紙文を作らせる。

準備物

・葉書（または葉書大の用紙）

3 読んで伝える 書いた手紙を読み合い，気づいたことを伝え合おう。

「グループの中で書いた手紙を読み合って，気づいたことを伝え合います。どんな点に気をつけて読芽場良いでしょう。」
・相手に応じた表現をしているか（言葉や書き方）。
・意図が正しく伝わる書き方の工夫ができているか。
・相手の立場になって読もう。

グループ内で回し読みをして，気づいたことをノートにメモしておく。付箋に書いて貼っても良い。

読み終えたら，気づいたことを伝え合いましょう。

ただのお礼じゃなくて，その後の勉強にどのように役立ったかを伝えたかったのだけど…
社会科見学でお世話になった方に，何を伝えたいのか分かりにくい。
じゃあ，後の勉強で役立ったことを具体例を挙げてはっきり書くといい。

4 まとめる 手紙を清書し，学習を振り返ろう。

「友達の意見を聞いて，どこをどう直すか考えましょう。」
・「後の勉強の○○で役立ちました。」とはっきり書いて，「ありがとうございました。」と最後に書こう。
・敬語が使えてないところがあったので直そう。

書き方が決まったら，葉書に清書させる。（相手に送らない場合は，葉書大の用紙に書かせるのでもよい。）

これから文章を書く時にどのようなことに気をつけるか，どんな学習に生かせそうか話し合いましょう。

お知らせ文や報告文を書くときに役立つね。
相手ならどう受け取るか，相手の気持ちに立って考えてから伝えるように気をつけていきたい。
お礼の手紙を書いたり，行事の案内を書く時に役立つよ。

話し合いをもとにして，自分のノートにまとめる。

この本，おすすめします

全授業時間７時間

◉ 指導目標 ◉

・目的や意図に応じて簡単に書いたり詳しく書いたりするとともに，事実と感想，意見とを区別して書くなど，自分の考えが伝わるように書き表し方を工夫することができる。
・言葉には，相手とのつながりをつくる働きがあることに気づくことができる。
・目的や意図に応じて，感じたことや考えたことなどから書くことを選び，集めた材料を分類したり関係づけたりして，伝えたいことを明確にすることができる。
・文章全体の構成や展開が明確になっているかなど，文章に対する感想や意見を伝え合い，自分の文章のよいところを見つけることができる。

◉ 指導にあたって ◉

①　教材について

下級生を対象に，自分が薦めたい本を選び，それを推薦する文章を書くのが，本単元での学習活動です。推薦したい本の内容や推薦理由を考える，構成，下書き，清書と，それぞれの段階で書いたものを読み合い，助言や感想を伝え合います。

今回は，相手の学年や特徴を具体的に想定し，その相手に合う本を選びます。そのため，薦めるポイントや文章の書き表し方も相手を具体的にイメージした工夫が求められます。単に本のよさを伝えるという一方向の視点ではなく，相手にとってその本を読む価値があることを伝え，理解してもらうという双方向の視点が必要になります。

②　主体的・対話的で深い学びのために

相手や目的に合った本がよりよく選べるためには，その対象となる本の数の多さも条件になってきます。まずは，友達との対話を通して自分の読書体験を掘り起こし，条件に叶う本を，選ぶ対象として少しでも多く持たせます。

「本そのもののよさ」と「相手にとってその本を読む価値がある」の２つのことを伝える文章を書くためには，個々の力だけでなく，他者の視点や助言も取り入れることが大切です。構成，下書きなどで対話を重ね「何を」「どのように」書けばよりよい推薦文になるのかを考えていくことが，深い学びにつながって行きます。

◎ 評価規準 ◎

知識及び技能	言葉には，相手とのつながりをつくる働きがあることに気づいている。
思考力，判断力，表現力等	・「書くこと」において，目的や意図に応じて，感じたことや考えたことなどから書くことを選び，集めた材料を分類したり関係づけたりして，伝えたいことを明確にしている。 ・「書くこと」において，目的や意図に応じて簡単に書いたり詳しく書いたりするとともに，事実と感想，意見とを区別して書いたりするなど，自分の考えが伝わるように書き表し方を工夫している。 ・「書くこと」において，文章全体の構成や展開が明確になっているかなど，文章に対する感想や意見を伝え合い，自分の文章のよいところを見つけている。
主体的に学習に取り組む態度	粘り強く，目的や意図に応じて自分の考えが伝わるように書き表し方を工夫し，学習の見通しをもって，推薦する文章を書こうとしている。

◎ 学習指導計画　全 7 時間 ◎

次	時	学習活動	指導上の留意点
1	1	・これまでに読んでよかった本を思い出す。 ・学習課題と進め方を確認する。 ・だれに，どんな本を薦めるか考え始める。	・多くの本の中から推薦本を選べるように，友達との話し合いを通して，読んだ本やよかった本をたくさん思い出させる。
2	2	・教科書の「すいせんしたい本を選ぼう」を読んで，自分が推薦したい本を選ぶ。 ・ワークシートに，相手，書名，内容，推薦理由を書き込む。 ・書いたものを読み合って助言し合う。	・どんな本を推薦したいか，だれに推薦したいかなど，グループでの対話を通して 1 冊の本に絞り込ませる。 ・理由などの書き出し方は，教科書の例を参考にさせる。
	3	・下書きの例を読み，気づいたことを話し合う。 ・推薦文の構成を考える。 ・構成を読み合って，意見を伝える。	・下書き例で気づいたことは，グループで話し合って，共通理解をしておく。 ・構成はペアで読み合うが，前時にワークシートを読み合った時とは相手を変え，違う視点からの助言が得られるようにする。
	4・5	・書き方，気をつけたいことを再度確認して，推薦文の下書きをする。 ・下書きを読み合って，互いに助言をする。 ・下書きを修正する。	・前時に書いた構成メモをもとにして下書きをする。 ・グループで読み合い，1 人 1 人の下書きについて助言をしていく。
3	6・7	・下書きの例と清書の例を比べる。 ・清書の例の書き方の工夫を見つける。 ・表現を工夫して，清書する。 ・清書された推薦文を読み合い，よさを見つけて伝え合う。 ・学習を振り返る。	・下書き例と清書例の比較は，最初にどこが違うかを確認し，その後で，清書例の工夫を見つけさせる。 ・これまでに学習してきた書き方，読み方，助言の仕方の観点を生かして，清書し感想を伝え合う。

DVD 収録（児童用ワークシート見本） ※本書 P177, 179「準備物」欄に掲載しています。

この本，おすすめします
第1時（1/7）

本時の目標
学習課題（相手や目的を明確にして，選んだ本を推薦する文章を書く）を捉え，学習計画を立てることができる。

授業のポイント
これまでに読んだ本，お薦めの本，誰かに本を薦めた経験などをたくさん出し合わせて，学習課題や計画をたてる下準備を十分にしておく。

本時の評価
単元の学習課題を捉え，見通しを持って学習計画を立てている。

板書例

〈考える〉読んだ本を思い出すときに，大体，低学年向けか中学年向けかをイメージさせておく（自分

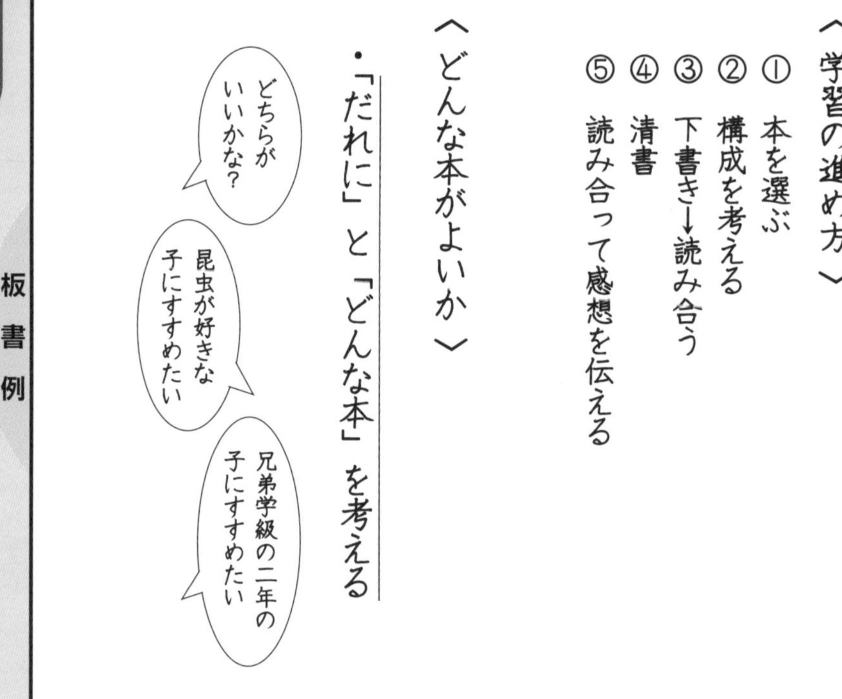

下級生
〈学習の進め方〉
①　本を選ぶ
②　構成を考える
③　下書き→読み合う
④　清書
⑤　読み合って感想を伝える
〈どんな本がよいか〉
・「だれに」と「どんな本」を考える
どちらがいいかな？
昆虫が好きな子にすすめたい
兄弟学級の二年の子にすすめたい

1 経験交流　これまでに読んだ本で，良かったと思ったのはどんな本だろう。

「これまでにどんな本を読みましたか。印象に残っている本を紹介し合いましょう。」
- 魔女の宅急便を読みました。他には…
- あまんきみこさんの本が好きです。特に…
- 恐竜がいっぱい載っている本が印象に残っている。

どんな本を読んだことがあるか，できるだけ多く出し合って交流させる。

今まで読んだ本の中で，これがよかったという本がありますか。
後藤竜二さんのキャプテンシリーズがいい。吉田君もいいと言っていました。
長くつしたのピッピがとても良かった。
ぼくは動物や昆虫の図鑑が良かったからお薦めです。

グループで交流，または，全体で発表させる。

2 つかむ　どんなことを学習するのか確かめ学習のめあてを持とう。

「色々な本が出てきましたね。気に入った本をもっとみんなにも読んでもらえたらいいですね。」
- ぼくは，友達に貸してあげたよ。
- 私は，妹に「これ読んでごらん」と薦めたわ。

友達や兄弟などに本を薦めた経験を出させる。

これからどんなことを学習するのか教科書の1ページ目の上段を読みましょう。
今まで読んだ本の中から，推薦したい本を選んで推薦する文章を書くんだ。
「相手や目的を明確にして」は，この前に勉強したばかりのことだね。
下級生に自分が読んだ本を薦めるんだね。

「『この本，おすすめします』の学習のめあてを確認しましょう。」
- 「相手や目的を明確にして，すいせんする文章を書こう」です。

はいつ頃読んだかなど）と，「だれに」を考えるときに役立ちます。

この本、おすすめします

㋱ 何をどのように学習するのか、見通しを立てよう

〈これまで読んだ本　よかった本〉
・ま女のたっ急便　長くつしたのピッピ
・動物図かん　こん虫図かん
・あまんきみこの本　キャプテンシリーズ

相手や目的を明確にして、すいせんする文章を書こう

主体的・対話的で深い学び

・推薦できる本としてどれだけのリストを持っているかが出発点になる。友達との対話を通して読んだ本をできるだけ多く思い出し，薦めたい本を何冊か見つけさせる。
・教科書の１ページ目から，単元の学習目標や進め方をつかみ，対話をすることで目標や進め方についての具体的なイメージを描かせる。

準備物

3 確かめる　学習の進め方について確かめ，話し合おう。

「教科書の『学習の進め方』を見て見ましょう。どのように学習を進めていくのですか。」
・まず，推薦したい本を選びます。
・次に，推薦する文章の構成を考えます。文章の構成は，これまでに何回もやってきているね。
・下書きを書いて，読み合って，清書して，また読み合って感想を伝える。
・書くことと読むことが多いね。

学習の進め方について，ここが大事だとか，気をつけたいこととか，何か意見がありますか。

感想をしっかり伝えることと，それを参考にすることも大事だよ。

「相手を明確に」だから，何年生の子に薦めるのか決めないといけないね。

学年だけじゃなくて，何に興味があるかでも，選ぶ本が変わってくるよ。

4 考える　だれに，どんな本を薦めたら良いか，考えてみよう。

「だれに，どんな本を推薦するか考え始めましょう。」
・ぼくは，もう決めている。
・全然思い浮かばない。みんなどんな本にするの？
・私は，どれにしようか迷っている。

隣同士やグループで情報交換をしたり，「こんな本はどう。」と助言し合ってもよい。

「だれに」か「どんな本」か，どちらかを先に考えて決めた方がいいかもしれませんね。

昆虫が好きな子に薦めたい本だけど，何年生ぐらいを相手に考えたらいいかな…。
兄弟学級になっている２年生の子に薦めたいけど…。
ねえ，この２冊のどちらの方がいいかな？

「次の時間までに，推薦したい本を考えておきましょう。まだ，１冊に絞れなくてもいいですよ。」

この本，おすすめします
第 2 時 （2/7）

本時の目標
自分が推薦したい本を選び，本の内容をまとめ，薦める理由をあげることができる。

授業のポイント
相手や目的を考えて推薦する本を決める。本の内容や推薦理由をワークシートにまとめ，推薦文を書く準備を整える。

本時の評価
自分が読んだ本の中から，推薦したい本を選び，本の内容と薦める理由をワークシートに書いている。

〈読書一覧〉これまでに読んだ本の一覧表を作らせ，その中から選ばせるのも１つの方法です。一覧

板書例

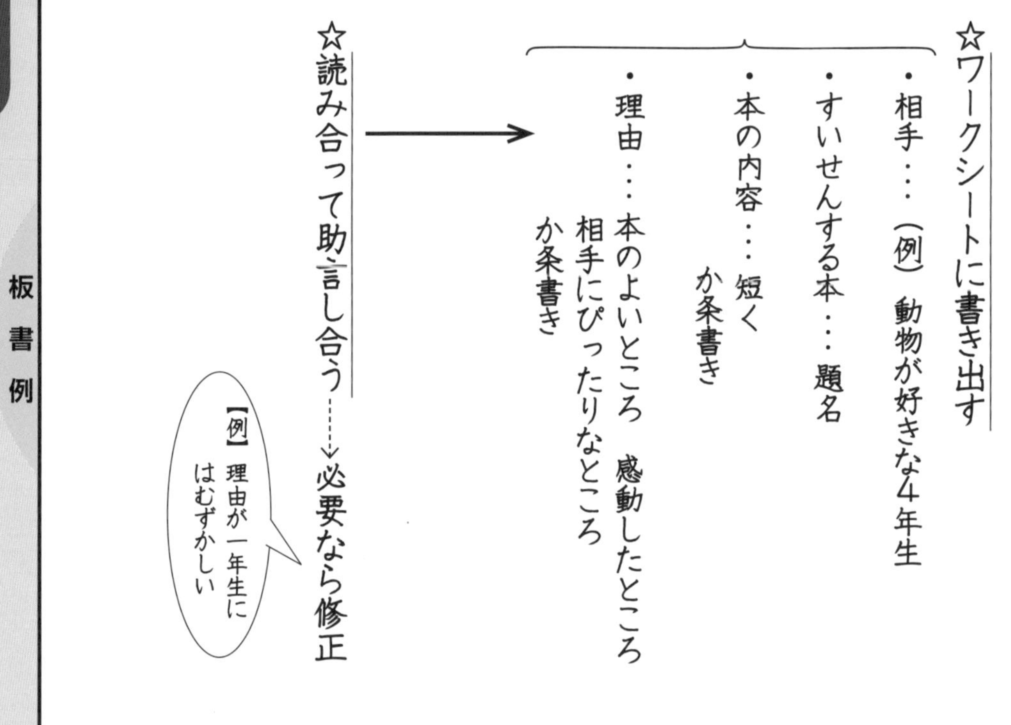
☆ワークシートに書き出す
・相手…（例）動物が好きな4年生
・すいせんする本…題名
・本の内容…短く
か条書き
・理由…本のよいところ　感動したところ
相手にぴったりなところ
か条書き
☆読み合って助言し合う……→必要なら修正
【例】理由が一年生にはむずかしい

1 つかむ　本を推薦する準備をしよう。

「どのように推薦すれば良いか，もう少しはっきりとつかみましょう。」

教科書の「1推薦したい本を選ぼう」を読む。

「２人は，どんなことを言っていますか。」
- 男の子は，似ている生き物について解説した本を薦めたいのだね。４年生に薦めるつもりかな。
- 女の子は，「お手紙」を読んだ人に薦めたい。
- こんな風に考えていけばいいんだね。

教科書の下段の「書き出し例」を見て，分かったことも話し合いましょう。

ただの「４年生」じゃなくて，「生き物についてくわしくなりたい」と相手を明確にしている。

本の良いところだけでなく，相手にぴったりのところも考えているのがいい。

本の内容や理由は，箇条書きにまとめているから分かりやすいね。

2 選ぶ　推薦する本を選ぼう。

「推薦したい本を選びます。選ぶときに，相手と読んでほしい理由を，簡単にメモをしておきましょう。」

グループのメンバーに相談しながら決めてもよい。決まったら，その内容をグループで交流する。

- 「なぞなぞの好きな女の子」にしよう。低学年の子も，きっと，なぞなぞは好きだろう。

決めたら，グループで紹介し合いましょう。聞いて気づいたことがあれば伝えてあげましょう。

ぼくは「ドリトル先生アフリカ行き」を中学年に推薦したい。

相手は，もっと絞った方がいいよ。「動物が好きな４年生」とか…

私も読んだことがあるけど，とっても面白かったわ。きっと喜ぶと思うわ。

選べない児童には，読んだことがある本の内容を教師が一緒に確かめ，どれを選べばよいか助言する。

表を書いているうちに，内容や感想など思い出すこともあるでしょう。

この本、おすすめします

㋱ すいせんしたい本を選び、本の内容やすいせんの理由を書いてまとめよう

☆すいせんしたい本を選ぶ

相手　読んでほしい理由

グループで交流→気づいたことを伝える

【例】相手をもっとしぼりこむ

【例】おもしろかったきっと喜ばれる

主体的・対話的で深い学び

・自分が読んできた本の中から，相手や目的を考えて推薦したい本を選ぶ。個々人が主体的に取り組まなければ自分が推薦したい本は選べないが，グループのメンバーに相談したり交流することで，読書が苦手な児童を援助したり，本の選び方でヒントが得られるようにしたい。

・本の内容や推薦する理由については，記入したワークシートを，相手を変えて何度か読み合うことで，多様な助言を得てより説得力のある内容に書き上げていく。

準備物

・ワークシート DVD 収録【5下_18_01】

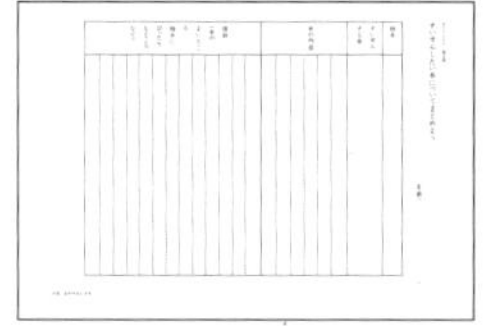

3 まとめる　本の内容や推薦する理由をまとめて書こう。

ワークシート「すいせんしたい本についてまとめよう」を配る。

「教科書の『書き出し例』を参考にして，まず，相手と推薦する本の名前を書きましょう。」

・相手は，恐竜にとても興味がある３年生」

・私が推薦する本は，…

「本の内容は，短くまとめて書きましょう。」

・特徴や主人公のことも少し書いておこうかな…。

「理由」は，もう一度教科書の例を見て，自分が選んだ本ならどう書けば良いか確かめて書きましょう。
え〜と，この本の分かりやすいところや，面白いところは…
私が一番感動したところと，その理由を書いておこう。

4 伝える　書いたものを読み合って，助言し合おう。

書き出したワークシートをペアで読み合い，質問をしたり気づいたことを伝えたりする。ペアの相手は３回以上は変えて読み合う。

読んで気づいたことを相手にしっかりと伝えましょう。助言してもらったことはメモをしましょう。
この２番目の理由は，１年生の子には難しくて分からないよ。
ありがとう。それはさっきの人にも言われたので，もっとやさしく書き直すわ。

「本の内容が友達に上手く伝わらなかったり，助言されたことをもとに，必要なところは修正しましょう。」

・ぼくは，特に修正するところはない。

・この本は相手にぴったりでいいという説明が弱いからそこを書き直そう。

この本，おすすめします
第3時（3/7）

本時の目標
相手にぴったり合う本であることが伝わるように，推薦文の内容や構成を考えることができる。

授業のポイント
教科書の下書き例を基本にして構成を考えさせる。書くのが苦手な児童は，教科書通りの構成にさせ，工夫できるようなら自分なりの工夫を加えさせる。

本時の評価
相手にぴったり合う本であることが伝わるように，推薦文の内容や構成を考えている。

〈構成〉文章の構成を考える場合は，簡単でもよいので必ず構成メモを書かせましょう。書いて

板書例

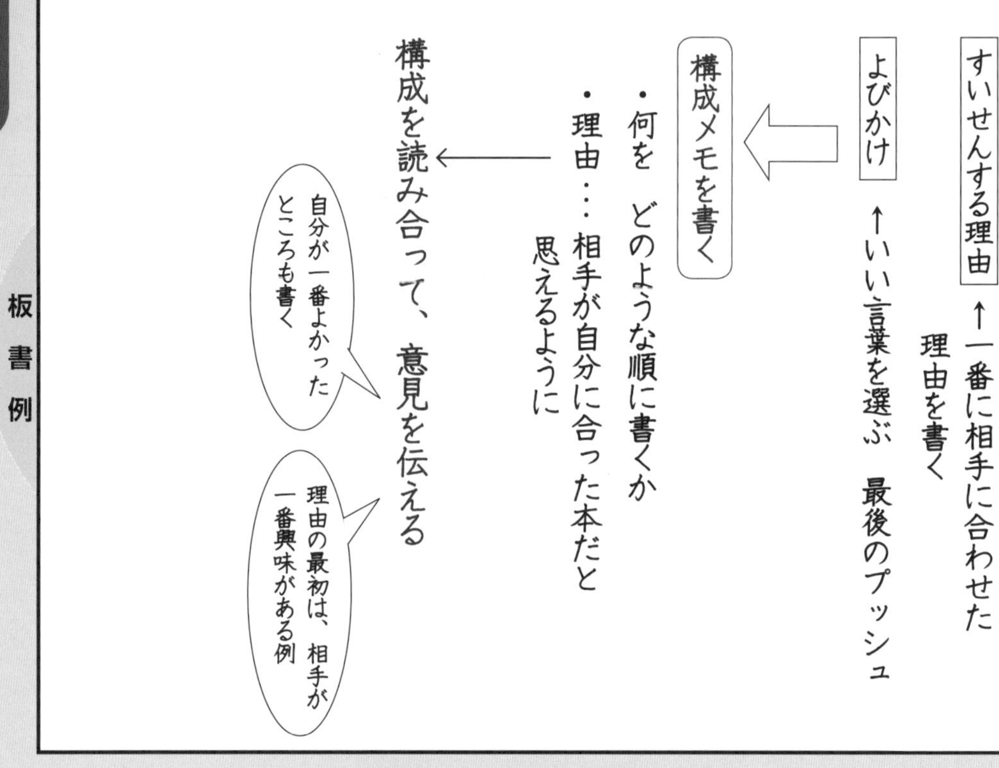
すいせんする理由
↑一番に相手に合わせた
理由を書く
よびかけ
↑いい言葉を選ぶ　最後のプッシュ
構成メモを書く
・何を　どのような順に書くか
・理由…相手が自分に合った本だと
思えるように
構成を読み合って、意見を伝える
自分が一番よかったところも書く
理由の最初は、相手が一番興味がある例

1 確かめる　下書きの例を読んでみよう。

教科書の「2構成を考えよう」の２行の文を一斉音読する。
- 相手にぴったりの本であることが伝わるように考えるのだね。
- どんな内容を，どんな順序で伝えたらよいかな。

「それが，今日の学習のめあてです。では，教科書の『下書きの例』を読みましょう。」

一斉音読をさせ，その後各自で黙読をさせる。

下書きの例と右側の解説を読み比べながら，内容や順序を確認しましょう。
見出しも，その作品の良さが伝わるように考える。
本の紹介は短く簡単にまとめるけど，前の書き出した例よりは少し詳しいね。
推薦理由は，相手に合わせて，順序や書き方を考える。

「見出し」～「よびかけ」まで，順に確認していく。

2 対話する　下書きの例を見て，気づいたことを話し合おう。

下書きの例を読んで，気づいたことや，自分の文章に取り入れたいと思うことはありましたか。

相手を引きつけるような見出しをつけるのは，とても大事だと思うよ。

本の紹介で具体例を挙げているのがいい。内容が分かって読みたくなるんだから。

最後の呼びかけの「生き物博士」は，いい言葉を考えて使っている。

グループで話し合ったことを，全体の場で発表させる。発表内容は，「見出し」～「よびかけ」に分けて板書する（カードにして貼り付けてもよい）。
- 理由のはじめに「意外と知らない知識がたくさん書かれている」と，相手に合わせた（注目するような）内容を書くのは効果的だと思います。

それを目で確かめることで整理ができ，新たな考えも浮かびます。

この本、おすすめします

(め) 相手にぴったりの本であることが伝わるようにすいせん文の内容や構成を考えよう

〈下書きの例を読んで〉

見出し ←相手を引きつける見出しが必要

本の情報 ←書名や作者（筆者）は必要

本のしょうかい ←読みたくなるように具体例をあげる

主体的・対話的で深い学び

・下書きの例と横の解説を読み比べ，自分が書く推薦文のイメージをしっかりと持たせる。読んで気づいたことや取り入れたい書き方について十分意見を出し合って対話をさせ，イメージを自分の書く文章に引き寄せて具体的な形に近づけていく。
・構成メモは，内容と書く順序の2点に留意して書かせる。読み合って助言し合い，よりよい構成にしていく。

準備物

・ワークシート「すいせんしたい本についてまとめよう」（第1時使用のもの）
・構成メモ用紙 DVD 収録【5下_18_02】

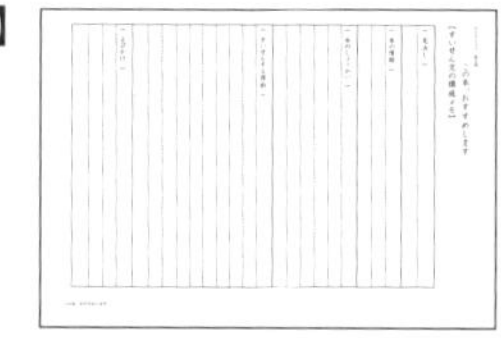

3 書く　推薦文の構成を考えて，用紙に書き込もう。

「前の時間に書き出したことをもとにして，自分が選んだ本の推薦文の構成を考えましょう。」

構成メモ用紙を配り，書き込ませる。

何をどのような順に書けばよいか考えましょう。特に理由については，相手に合う理由もいれてどんな順に書けばよいか考えましょう。

本に書かれていることは上手くまとめられた。
私は，内容だけでなく，書き方の特徴も書くわ。

う～ん，見出しをどうしようかな。「ぼうけんのはじまりだ」がいいな。

「書けたら，自分で見直しをしましょう。」

・うん，これでいい。直すところはないな。
・やっぱり，理由の順番を変えようかな…。

4 助言する　文章の構成を読み合って，意見を伝えよう。

構成メモをペアで読み合い，気づいたことを伝える。ペアの相手は，前時（第2時の展開4）のペアとは違う相手を選ぶ。

書く順序や構成の内容について気づいたことを伝えましょう。質問をしてもいいですよ。

自分が一番よかったと思った所はどこ？それを書けばいいのに…。
相手が一番興味がありそうな例を最初に挙げて，理由を書いていった方がいいと思うよ。

「意見の交換ができたら，ペアの相手を変えて，もう一度読み合いをしましょう。」

同じように，構成メモを読み合って，気づいたことを伝える。

「相手のどんなところに着目して構成を考えたかノートに書いておきましょう。」

この本，おすすめします
第4,5時（4,5/7）

本時の目標
相手に伝わりやすいように工夫をして下書きをし，読み合って助言し合うことができる。

授業のポイント
構成メモをもとにして，推薦文の下書きをする。書いた下書きを読み合って互いに助言をし，下書きを改良していく。

本時の評価
相手に伝わりやすい書き方を工夫して下書きをしている。下書きを読み合って，助言し合っている。

〈観点〉下書きや助言をする時，観点を明確にすると取り組みやすくなります。自由に考えさせて

板書例

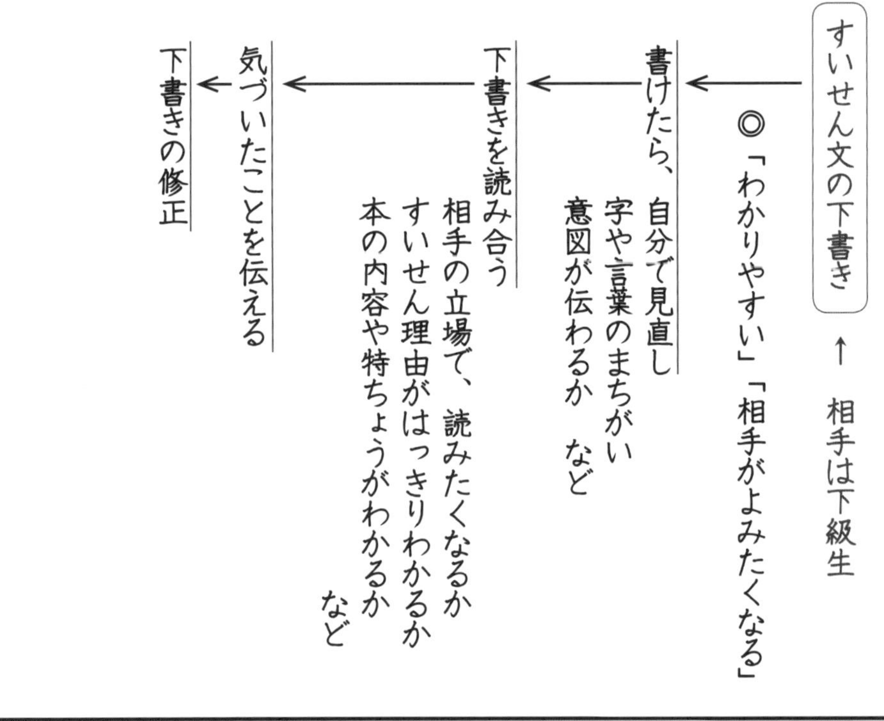

すいせん文の下書き
↑ 相手は下級生
◎「わかりやすい」「相手がよみたくなる」
書けたら、自分で見直し
字や言葉のまちがい
意図が伝わるか　など
下書きを読み合う
相手の立場で、読みたくなるか
すいせん理由がはっきりわかるか
本の内容や特ちょうがわかるか
など
気づいたことを伝える
下書きの修正

1 振り返る　推薦する文章の書き方，気をつけたいことを確認しよう。

「これまでに，推薦したい本と相手，推薦の理由を考えて，何をどんな順序で書けば相手に伝わりやすいか構成も考えてきました。」

これまで学習してきたポイントを思い出させる。

今日は下書きをします。文章の書き方や気をつけたいところ，取り入れたい工夫などを確認しましょう。

まず，相手を引きつけるような見出しを考える。本の題名や著者の名前は，必ず書き入れる。

本の紹介は，短く簡潔にまとめる。具体例をいれて特徴を書く。

理由のはじめに，相手が注目することを書く。理由毎に段落を分けて，分かりやすくする。

呼びかけで，相手が絶対読みたくなるようなことを考えて書く！

2 書く　推薦する文章の下書きをしよう。

「今から下書きをします。その前に，自分の推薦文ならどうなるかを想像しながら，下書きの例をもう一度読みましょう。」

各自で黙読し，自分の下書きの文章をイメージさせる。

構成メモをもとに下書きをします。「分かりやすい」「相手が読みたくなる」を「意識して書きましょう。

見出しは考えたのだけど，最後の「よびかけ」がいいのが思いつかない。
見出しは「これが昆虫のくらしだ」。…理由の書き出しは，「昆虫はふだん…

「書けたら，自分で読み直して，字や言葉の間違いなどがないか，自分の意図が伝わるように書けているか確かめましょう。相手が下級生だと言うことも忘れないようにしましょう。」

独創的な考えが引き出せることもありますが，児童の状況を見ての判断が必要です。

この本、おすすめします

(め) 相手に伝わりやすいくふうをして下書きをまとめ、読み合って読んで気づいたことを伝えよう

〈これまでの学習から〉

・相手をひきつける【見出し】
・本の題名と著者の名前【本の情報】
・短くまとめた具体例も入れた【本のしょうかい】
・最初に相手が注目する内容、だん落分け【理由】
・相手が読みたくなる【よびかけ】

主体的・対話的で深い学び

・これまでに学習してきた観点を確認して共有し，それを踏まえて推薦文の下書きをする。教科書の例文も再度読み返して，自分が書く文章のイメージ作りをさせておく。
・書いた下書きを読み合い，よりよい内容・表現の文章にしていく。読む前に，助言の観点は確認し合って共通理解をしておく。

準備物

・すいせんぶん文の構成メモ（第3時使用のもの）

3 伝える　下書きを読み合って，助言をしよう。

教科書の「下書きの例」の下の会話を読んで，助言の観点に目を向けさせる。

「他に，どんなことに気をつけて下書きを読んで，アドバイスをしてあげたらよいでしょう。」

・相手の立場に立って下書きを読んでみて，その本が読みたくなるかどうか考えてみる。
・推薦理由がはっきり分かるように書けているか。
・本の内容や特徴が分かるように書けているか。

各自が考えた下書きを読む観点を交流する。

グループで読み合って，１人ずつの下書きについて気づいたことを伝えてあげましょう。

一番面白い冒険はどんなことかな？それを理由の初めに書いたらいい。
見出しはおもしろいけど，ちょっと長すぎるよ。
よびかけの言葉がすごくいい。よく考えたね。

4 修正する　友達の意見を参考にして，下書きを修正しよう。

教科書の「たいせつ」を読み，読みやすくする工夫を確認させる。

・友達にも言われたけど，書く内容をもっと絞った方がいいのか。
・理由のところは，詳しく説明するのがいいけど，見出しやよびかけは，伝えたい中心がパッとわかる工夫も必要だね。

友達の意見や「たいせつ」を参考にして下書きを見直し，必要なところは修正しましょう。

習っていない漢字にふりがなをつけ，下級生に読めるようにしよう。
見出しをもう少し短くまとめてみよう。

下書きの修正は，書き直したい箇所や削除したい箇所は赤線で消し，赤字で書き加えをさせる。

この本，おすすめします

第6,7時（6,7/7）

本時の目標

本のよさが伝わるように表現を工夫して清書し，読み合って感想を伝えることができる。

授業のポイント

教科書の「清書の例」と「下書きの例」を比べてどのような工夫が加えられているかをつかむ。それを参考にして，相手に読みやすいように工夫をして清書する。

本時の評価

本のよさが伝わるように表現を工夫して清書している。
文章を読み合って，内容や書き方について感想を伝えている。

板書例

〈比較〉ここまで，清書の例は取り上げていません。ここで下書きと清書を比べることで，違いが一目

・字の大きさを変えている
・字がつまらないように，空間をあけている
など

☆これまでに学んだこと（書き方，助言…）

表現を工夫して清書する

見出しを目立つように字を変える

理由の小見出しは波線，大事な言葉は太字

☆清書を読み合って，感想を伝える

むずかしい言葉を使わずわかりやすい

具体例のあげ方がいい

〈学習のふりかえり〉

「ふりかえりう」を読んで気づいたことをまとめる

1 比べる　下書きの例と清書の例を比べてみよう。

「教科書の『清書の例』を読んでみましょう。」
　各自で黙読させます。
・すごく変わっている。下書きと全然違う感じがする。
・字が少なくなって，空間があるね。

まず，どこがどう変わったか。「見出し」から順に１つずつ比べていきましょう。

「見出し」が全く変わっている。吹き出しもついていて，こちらの方が断然いいよ。

本の情報は，題名を大きくして，周りを点線で囲んでいる。

本の紹介も，文が短くなっている。「おすすめしたい理由が…」を付け加えている。

「見出し」～「よびかけ」までの５項目がどのように変わっているか，具体的に比べていく。

2 発見する　清書の例の工夫をみつけよう。

「下書きと清書を比べてみましたが，どちらが読みやすいですか。」
・清書の方が，読みやすいです！
・下級生が読むのだから，断然，清書の方がいい。

どこが読みやすくなったのか，工夫されているところを話し合いましょう。
「あっというまに生き物はかせ」という言葉を見出しとよびかけで上手く使っている。
本の紹介も，短くまとめて，読みやすくなっているわ。
本の情報が，一目で分かるように囲みにしている。
推薦理由に見出しをつけてまとめている。理由が２つあることがすぐに分かる。

グループで出された意見を全体でも交流する。

瞭然となり，児童のさらなる工夫への意欲付けとします。

この本、おすすめします

Ⓜ 表現を工夫してすいせん文を清書し、読み合ってたがいの感想をつたえよう

清書の例 ←……→ 下書きの例

☆くふうされたところ

・見出しの言葉をくふう→よびかけでも同じ言葉
・本の情報をかこみ→一目でわかる
・本の情報、理由→短くまとめている
・すいせん理由に小見出し（おすすめポイント）

主体的・対話的で深い学び

・清書の例から読みやすい書き方の工夫を読みとり，自分の書く文章のヒントにする。読みとったことは，グループ及び全体で共有する。
・文章を読み合い，感想を伝える場面では，よいところに着目して伝え合い，相手や自分の文章のよさに気づかせる。
・推薦文を図書室に掲示し，下級生からの反応が返ってくれば，書いた児童の確信になり，同じような学習をするときの意欲につながるだろう。

準備物

・推薦文の下書き（前時に書いたもの）

3 書く　表現を工夫して，清書しよう。

「もう他に，工夫されているところはありませんか。紙面全体の使い方や表現のしかたはどうですか。」

・字の大きさを変えたり，下線や線で囲んだりしている。その線の種類も変えている。
・字が詰まっていなくて，空間が空いているから見やすい。

様々な工夫が見つけられましたね。自分たちも下書きに工夫を加えて清書しましょう。

まず，見出しをもっと目立つように字の形を変えよう。本の情報も本のような縁取りの中に書いてみよう。

理由は教科書と同じようにおすすめポイント①②③にして下線は波線にしよう。大事な言葉は太字がいいわ。

「書けたら，必ず自分で見直しをしましょう。」

4 読む 伝える　清書を読み合い，互いの感想を伝えよう。

「グループで清書を読み合い，感想を伝えましょう。」

これまでに学習してきた，文章の書き方やアドバイスするときの観点を思い出させ，本時で見つけた清書の工夫も参考にして読む。

読んだ文章のよいところを中心にして感想を伝えましょう。

２年生の子に合わせて，難しい言葉を使わずに分かりやすくまとめているね。
理由を読んでいたら，自分も読んでみたくなった。例の挙げ方がいいね。
理由で一番伝えたいところの文字を変えて，強調して書いているのがいいわ。

「みんなが書いた推薦文は，図書室に掲示し，低学年の人たちに役立ててもらいましょう。」

教科書の「ふりかえろう」を読んで，気づいたことをノートにまとめる。

提案しよう，言葉とわたしたち

全授業時間６時間

◉ 指導目標 ◉

・話の内容が明確になるように，事実と感想，意見とを区別するなど，話の構成を考えることができる。
・資料を活用するなどして，自分の考えが伝わるように表現を工夫することができる。
・言葉には，相手とのつながりをつくる働きがあることに気づくことができる。
・思考に関わる語句の量を増し，話や文章の中で使うとともに，語句と語句との関係，語句の構成や変化について理解し，語彙を豊かにすることができる。

◉ 指導にあたって ◉

① 教材について

提案する内容が「言葉」であるため，児童にとって大変抽象的で，難しい内容となっています。第１時で初めてこの話題に出会うのではなく，事前に，言葉について考えたり，軽く調べておいたりすると学習に入りやすくなります。

「事実と意見，感想をきちんと分けて伝える」ことが，この単元の目標の１つです。そのためには，集めた情報をどこでどのように使うのかがポイントとなります。また，「資料の集め方」「資料の作成，使い方」も目標の１つです。集めた情報の中には，時には，ふさわしくない情報があることにも気付かせます。調査不足の場合には，再調査が必要であることも理解させます。

② 主体的・対話的で深い学びのために

５年生後半の単元です。グループ活動から，個人の活動へとシフトしていくとよいでしょう。児童にとって，「課題を決める」→「解決策を考える」→「提案の仕方を考える」ことは，容易ではありません。本時では，最初にこれらの活動を経験させ，「どうしたらよいのだろう」と疑問を持たせることで，課題について書籍を調べるなど「根拠」に基づき，解決策や提案方法を考えるきっかけとします。

作文が目的ではありません。箇条書きのメモでも，十分に話せることを理解させます。どのような資料を作成し，いつ，どのように提示するかを考えさせしょう。ペアや班で見せ合い，アドバイスを基に推敲し，再度練習させましょう。

「話をする」立場と「聞く」立場の両方を経験することになります。児童は，「聞く」立場になると，途端にやる気をなくす場合もあります。それは，何を観点にして聞けばよいかが分からない場合が多いからです。「話をする」場合も，「聞く」場合も，同じ観点を意識して学習することに気づかせるとよいでしょう。

◉ 評価規準 ◉

知識 及び 技能	・言葉には，相手とのつながりをつくる働きがあることに気づいている。 ・思考に関わる語句の量を増し，語や文章の中で使うとともに，語句と語句との関係，語句の構成や変化について理解し，語彙を豊かにしている。
思考力，判断力，表現力等	・「話すこと・聞くこと」において，話の内容が明確になるように，事実と感想，意見とを区別するなど，話の構成を考えている。 ・「話すこと・聞くこと」において，資料を活用するなどして，自分の考えが伝わるように表現を工夫している。
主体的に学習に取り組む態度	粘り強く話の構成を考え，学習の見通しをもって，提案するスピーチをしようとしている。

◉ 学習指導計画　全 6 時間 ◉

次	時	学習活動	指導上の留意点
1	1	・日常生活の言葉について考える。 ・単元の学習課題を話し合う。 ・単元の学習計画を立てる。 ・言葉について課題を出し合う。	・児童にとって，比較的難しい内容であるので，言葉について事前に意識させておくと良い。
2	2	・課題，解決策，提案を考える。 ・情報を集める方法を考える。 ・調査の準備をする。 ・調査を始める。	・事前の調査が必要なことに，気づかせたい。
	3	・提案に必要なものに気づく。 ・引き続き調査をする。 ・提案で使う資料を選ぶ。 ・追加の資料などがないか確認する。	・ただ単に，資料を使えば良いというものではないことに気づかせる。
	4・5	・話す内容のメモを作成する。 ・資料を作成する。 ・スピーチの練習をする。 ・聞き合い，推敲する。	・書くことが主活動ではない。話すためのメモを作成することが中心である。
3	6	・聞く時の観点を確認する。 ・スピーチを聞き合う。 ・感想を伝える。 ・どこでどのように生かせるか考える。	・「話す時」も「聞く時」も，観点を大切にして活動することを伝える。

DVD **収録（児童用ワークシート見本）** ※本書 P191, 193「準備物」欄に掲載しています。

提案しよう，言葉とわたしたち
第1時　(1/6)

本時の目標

事実と意見を区別して発表するという学習課題を捉え，学習計画を立てることができる。

授業のポイント

「言葉について考える」ことは，あまりないので難しいと感じる児童も多い。日常生活の話題から徐々に入るなど，無理のないようにしたい。

本時の評価

事実と意見を区別し，言葉の使い方について発表するという単元の学習課題を捉え，学習の見通しをもち，学習計画を立てている。

〈展開3〉単元全体では，話し合いの場は少なくなっています。課題についてしっかり話し合わせ，

板書例

〈学習の進め方〉
1 提案したいことを決める。
2 提案のための情報を集める。
3 スピーチの内容や構成を考える。
4 スピーチをする。
5 感じたことを伝え合う。

〈言葉の使い方に関する課題は？〉
・敬語の正しい使い方
・こそあど言葉
・ゲームや動画のはやりの言葉
・
・

※グループで出た課題を板書する。

1 経験交流　今までに，言葉の使い方で困ったことはないか話し合おう。

学習を始める前に，教科書211ページを読んで，今までに言葉の使い方で困ったことはなかったか，事前に考えさせておく。自分のことだけではなく，家族に聞き取りをさせてもよい。

今までに，言葉の使い方で困ったことはありますか。

敬語の使い方が難しいです。

お父さんが「あれ，取ってくれ」と言って，お母さんに「あれじゃわからない」と言われていました。

おばあちゃんの家は東北の方言がきついので，時々何を言われたのかわからないときがあります。

前に学習した「伝わる表現を選ぼう」の例のように，そんなつもりで言ったわけじゃないのに，うまく伝わらなかったことがあります。

言葉に関することなら，どんなことでもいいので意見を出させる。

2 めあてをとらえる　単元のめあてをとらえよう。

「教科書211ページを読みましょう。（音読）これから，言葉の使い方を工夫し，よりよくするためにどうすればよいか，皆さんで課題を見つけてよりよいやり方を提案するスピーチをします。」

説得力のあるスピーチをするには，事実と感想，意見を区別して話す必要があります。よりよいスピーチの仕方を，学んでいきましょう。(めあて)

スピーチ苦手だなあ…。

言葉の使い方をよくする提案って，よくわからないな。

スピーチが苦手な児童は多い。これからの学習をなるべく丁寧に進めていく。

学習に対する意欲を共有できるようにしましょう。

提案しよう、言葉とわたしたち

〈言葉の使い方で困ったこと〉

・敬語の使い方
・「あれ」…どれ？　＝こそあど言葉
・方言がわからない
・言ったことが、うまく伝わらなかった
・

※児童の発言を板書する。

㋱事実と感想、意見を区別して、説得力のある提案のスピーチをしよう

主体的・対話的で深い学び

・「言葉についての提案」というと，大人でも抽象的で主旨が分かりにくい。学習を始める前に，家庭や友達同士，学校や塾での先生との会話などで困ったことがなかったか，事前に教科書211ページも読んで課題を確認しておくとよい。児童から経験が出にくい場合は，教師から「こういう場面で困った」と例を挙げると，児童も思い出しやすくなる。

準備物

3 計画を立て，話し合う　単元の学習計画を立て，提案したいことを話し合おう。

「では，教科書 211 ページの下段を読んで，学習の進め方を確かめましょう。」

・1提案したいことを決める。
・2提案のための情報を集める。
・3スピーチの内容や構成を考える。
・4スピーチをする。5感じたことを伝え合う。

今日は，1提案したいことを決めていきます。言葉の使い方に関する課題を，グループで出し合いましょう。

敬語を正しく使うには，どうしたらいいかな。

「あれ」とか「それ」とか，こそあど言葉の使い方も難しいね。

ゲームや動画の流行りの言葉で話されて，わからなかったことがある。

方言の使い方は前に学習したから，今回の課題にはしなくていいかな。

4 考える　話し合った課題の中から，何を選ぶか考えよう。

グループの話し合いで出た課題を板書し，全体で共有する。課題が出にくい児童には，展開1で交流した経験も参考にさせる。教科書212ページの課題の例を参考にしてもよい。

いろいろな課題が出ましたね。次の時間は，一人一人が課題を決めて，解決策を探っていきます。どんな課題に取り組んでいくか，考えましょう。

敬語についてを課題にしたいけど，解決策ってどうしたらいいかわからない…。

流行り言葉について考えてみたいな。つい，ゲームの言葉を使って話してしまうから。

話し合いで出たこと以外で課題を見つけてもよい。課題の決定は次時に行うので，ここでは決めなくてもよい。

「次の時間までに，どの課題にするか考えておきましょう。」

提案しよう，言葉とわたしたち 第2時 (2/6)

本時の目標

言葉の使い方について提案することを決め，情報の集め方について考えることができる。

授業のポイント

情報をどのように集めるのかを考えることが本時のメイン。同じ課題の友達同士，アドバイスをし合いながら進めたい。

本時の評価

言葉の使い方について課題を見つけ，提案することを決めている。自分の提案内容に必要な情報の集め方について考えている。

〈展開2〉解決策を出すように言われても，効果的な提案ができる児童は少ないでしょう。ここで，

板書例

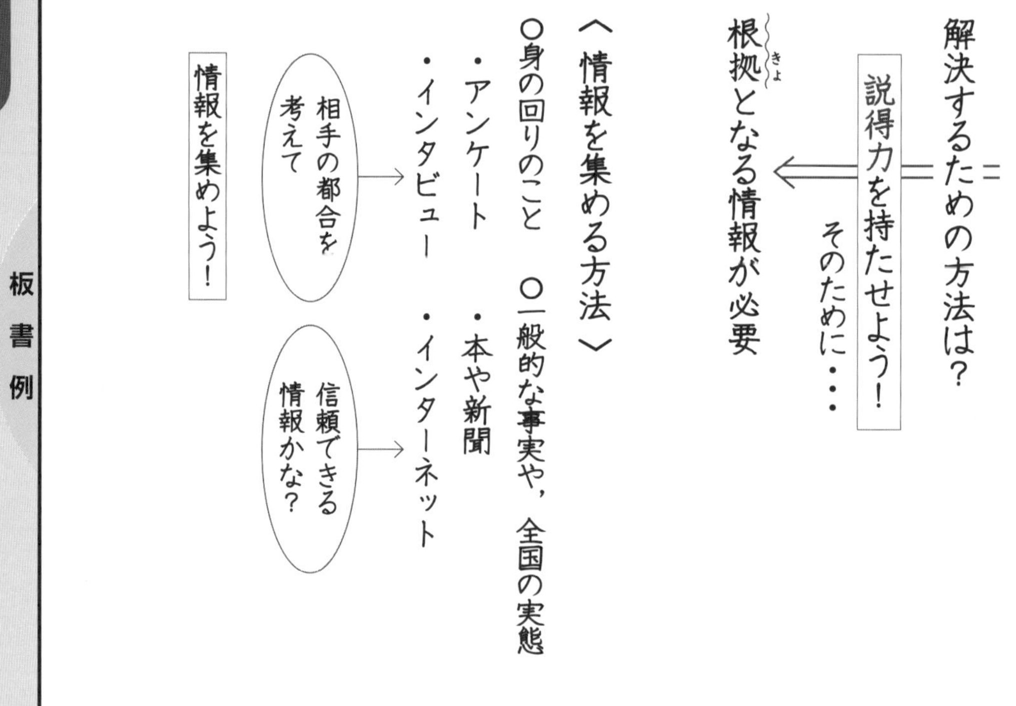

解決するための方法は？
説得力を持たせよう！
そのために・・・
根拠となる情報が必要
〈情報を集める方法〉
○身の回りのこと
・アンケート
・インタビュー
○一般的な事実や，全国の実態
・本や新聞
・インターネット
相手の都合を考えて
信頼できる情報かな？
情報を集めよう！

1 振り返る　前時に出た，言葉の使い方に関する課題を振り返ろう。

「前の時間に，言葉の使い方に関する課題がいろいろと出されました。今日は，自分が関心のある課題を選んで，解決策を考え，必要な情報を集めていきます。」めあて。前時に出た課題を板書してもよい。

どんな課題を，解決していきたいと思いますか。自分が最も関心のあるものを選びましょう。

流行語の使い方についてにしようかな。どんな流行語があるのかも気になるし。

僕は敬語の使い方について，いろいろ提案してみたい。

私は教科書に出ていた「感謝の言葉を言わないことがある」というのが気になる。

「課題が決まったら，次はその課題について解決方法を考えていきましょう。」

2 考える　課題に対する解決方法を考えよう。

では，これから課題について解決方法を考えます。思いついたことを，ノートに書きましょう。

どんな解決策でもいいので，まずは書かせてみる。

正しい敬語を使うためには…うーん，一人ひとりが気を付けたらいいかな。敬語の使い方を学ぶ。
流行語をあまり多用すると，話が通じないことがある。多用は避けて…自分で気を付けること以外の解決方法が見つからないな。

「効果的な解決策は，見つかりましたか。」

見つからない児童の方が多いだろう。数人に発表させてみてもよい。

・敬語の使い方は，一人ひとりが気を付けること…かな。

「どうして，一人ひとりの心がけが必要なのでしょうか。説得力を持たせるためには，何か根拠となる情報が必要ですね。」

提案に説得力を持たせるためには根拠が必要であることを実感させます。

提案しよう、言葉とわたしたち

Ⓜ課題を選び、解決策を考え、必要な情報を集めよう

〈言葉の使い方に関する課題〉
・敬語の正しい使い方
・こそあど言葉
・ゲームや動画のはやりの言葉
・

⇒

※前時に出た課題を板書する。

主体的・対話的で深い学び

・課題を決定した後，解決策をどう考えていくかは児童には難しい。すぐに解決策を提示するのではなく，まずは課題について情報を集め，それに基づいて解決策を模索していく。自分の考えに，事実や体験などの具体的な事例を入れ，根拠を持たせると説得力が増すことについては，単元「あなたは，どう考える」で学習している。本単元でも同様に，根拠となる情報を集めることになるため，既習単元を振り返ってもよい。

準備物

3 考える　情報を集める方法を考えよう。

「解決策を考えるには，現状や，その課題に対して他の人がどう思っているかなどを調べる必要があります。」

情報を集める方法には，どのようなものがあるでしょうか。教科書 212 ページも参考にしましょう。

身の回りのことを調べるなら，アンケートやインタビューをする。

一般的な事実や，全国の実態を調べる場合は，本や新聞を読んだり，インターネットを使ったりします。

・敬語について使いにくい，間違った経験はないか，アンケートを取ってみようかな。
・流行語について，どんな言葉を知っているか，知らないか調べてみるのも面白そう。

4 調べる　提案のための情報を集めよう。

調べる方法が分かったら，今日から情報を集めていきましょう。アンケートやインタビューは，相手の都合も考えなければいけませんね。

何をインタビューすればいいか，メモしておこう。

アンケート用紙を作ろう。どんなことを聞いたらいいかな。

インターネットで調べてみよう。信頼できる情報かどうか，どうやって見分けたらいいかな。

インタビューについては既習の「インタビューをするとき」を振り返ったり，教科書 258 ページの「インタビュー」を読んでおく。

インターネットでの調べ方は，教科書 260 ページ「インターネットを使って調べよう」を参考にする。

児童が作成したアンケート用紙などは，必ず教師が確認してから使用させる。

「次の時間も，情報を集めていきましょう。」

提案しよう，言葉とわたしたち

第3時　(3/6)

本時の目標

提案に関連した情報を集め，課題を取り巻く現状や根拠となるものを見つけることができる。

授業のポイント

調べて集めた情報を，提案の中でどのように使うのかを考えさせる。情報は1つだけではなく，伝え方に応じて情報を選べるように，複数集めるようにしておく。

本時の評価

提案の内容に基づいて，方法を選んで必要な情報を調べている。課題を取り巻く現状や根拠を伝えられる情報を見つけている。

板書例

〈資料〉集めた情報が正しいものか，必要なものかなどの判断は，児童には難しい場合もあります。

スピーチの内容や構成を考える

1. 提案のきっかけ
2. 提案内容
3. 現状の問題
4. 提案の理由と根拠
5. まとめ

〈集めた情報を整理する〉

□1 みんなに伝えたいもの
□2 現状を説明する情報になりそうなもの
□3 提案の根拠になりそうなもの
□4 資料として提示できそうなもの

1 考える　提案に必要な資料はどんなものか，考えよう。

「今日も，提案に必要な情報を集めていきます。情報と言っても，やみくもになんでも集めればいいわけではありません。」

教科書 213 ページのスピーチメモの例を見てみましょう。資料２と資料３は，何のために用意したものですか。また，どんな資料だと思いますか。

資料２は，現状の問題を知ってもらうための資料みたいです。アンケートを取ったのかな。

資料３は，働く人に，仕事で言われてうれしい言葉を聞いた結果です。アンケート結果だと思います。

「自分が提案する内容に合わせて，情報を集めているのですね。今日のめあては，現状についてや，提案の根拠となる効果的な情報を調べようです。」

2 考える　スピーチの内容や構成を考えよう。

「必要な情報を効率よく集めるためには，スピーチの内容や構成を考えなければいけませんね。」

教科書 213 ページのスピーチメモの例を参考にして，自分の提案のスピーチメモを書きましょう。

ワークシートを配る。

「流行語の使い方に気を付けよう」と思ったきっかけは，お兄ちゃんと話しているときに分からない言葉が出てきて，流行りの言葉なのに知らないの？と言われたことが…

「メモが書けたら，必要な情報を集めていきましょう。」

調査する時間には限りがあるため，児童だけで効率的に情報を集めるのは難しい。教師からも提案したり，司書の先生などにも協力してもらえるよう，あらかじめ打ち合わせをしておくとよい。

教師からも十分な助言やフォローをしましょう。

提案しよう，言葉とわたしたち

Ⓜ 現状についてや，提案の根拠（きょ）となる効果的な情報を調べよう

〈教科書の例〉
・資料2　現状の問題を知ってもらう
・資料3　アンケート結果　＝　提案の根拠

⇐ 必要な情報を集めるために・・・

主体的・対話的で深い学び

・事実と意見，感想をきちんと分けて伝えるには，集めた情報をどこで，どのように使うのかを考えることがポイントとなる。みんなに伝えたいもの，現状を説明する情報になりそうなもの，根拠になりそうなもの，資料として提示できそうなものに分けさせ，どの情報を使っていくのかを考えさせる。集めた情報は，時にはふさわしくない情報があることにも気付かせたい。また，調査不足の時には，再調査をする必要があることも理解させる。

準備物

・ワークシート DVD 収録【5下_19_01】

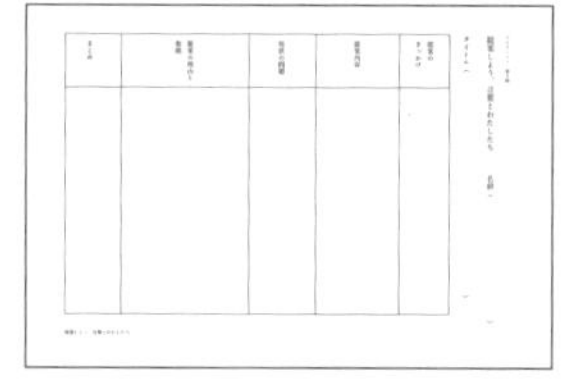

3 選ぶ　調べた情報から，提案で使う資料を選ぼう。

たくさんの情報を集められましたね。情報は，次の４つに分けて整理しておきましょう。

1 みんなに伝えたいもの
2 現状を説明する情報になりそうなもの
3 提案の根拠になりそうなもの
4 資料として提示できそうなもの

2015年～2019年までの流行語は，4資料として提示できそうなものでいいかな。

クラスでアンケートをして集めた，「敬語の使い方が難しいと感じている人の数」は，2現状を説明する情報だね。

資料を作成していく途中で，使用する情報も変わる場合があるので，一時的に整理するだけでよいことを伝えておく。

4 振り返る　本時を振り返り，追加の調査などがないか確認しよう。

「必要な情報を集め終わった人は，提案のスピーチメモを見直して，他に集めた方がよい情報がないか確認しましょう。」

・敬語の使い方は，大人にも難しいと感じているかどうか聞いてみたいな。

調査をしていて，何か気が付いたことはありますか。今日の学習を振り返りましょう。

何を調べたらいいか，すごく迷いました。資料を集めるのって難しいです。

インターネットには情報がたくさんあって，どれが正しいのか分からなくなります。

情報を集めたことで，自分の提案に自信が持てました。

「調べたりないところがあったら，家で調べたり，休み時間などを利用して調べましょう。」

提案しよう，言葉とわたしたち 第4,5時（4,5/6）

本時の目標

事実と感想，意見とを区別して話の構成を考え，スピーチのための資料を作ることができる。

授業のポイント

どのような資料を作成し，どのタイミングで，どう提示するのか考えることが大切である。

本時の評価

事実と感想，意見とを区別して話の構成を考えている。自分の提案が伝わるように，スピーチのための資料をつくっている。

〈展開4〉スピーチをするときは，原稿を読み上げるのではなく聞き手を見ながら話すことを意識させ，

板書例

〈資料のまとめ方〉
・表やグラフにする
・大事なところは赤字に　大きく書く
・スピーチのどこで資料を出すか考える

☆スピーチの工夫
・大事なところは、大きな声でゆっくり話す
・大事なところの前で、少し間を取る
・文末
　事実　→「分かりました」
　感想や意見　→「思いました」

スピーチの練習をしよう

アドバイスをもとに見直しをしよう

1 まとめる　スピーチのメモをまとめよう。

「前の時間に，スピーチメモを書いて，提案に必要な情報を集めました。今日のめあては，スピーチメモをまとめ，発表に必要な資料を作ることです。」

教科書212ページ『3スピーチの内容や構成を考えよう』を読んで，どんなメモにすればよいか考えましょう。
事実と感想，意見の違いを明確にしないといけないね。
どんな資料を提示すると効果的かを考える。集めた情報の，何を使えばいいかな。

「教科書213ページのスピーチメモの例も参考にしましょう。」

・「初め」「中」「終わり」に分けている。
・自分の体験も入れているな。

スピーチ用のメモなので，書き言葉（作文）とは違うことを押さえておく。

2 まとめる　提示する資料をまとめよう。

「メモをまとめたら，資料もまとめましょう。教科書の例では，資料をどんなふうにまとめていますか。」

・みんなが見やすいように，大きく表にしているね。
・アンケート結果の1位を赤字で書いているから，よくわかる。

自分で探した資料を，どのように提示すれば効果的か考えてまとめましょう。
調べた流行語を，表にしよう。
スピーチのどの場面で資料を出せばいいかも考えないと。
アンケート結果は円グラフにするとわかりやすいかもしれないな。

「少なくとも，1つは資料を提示しましょう。あまり多すぎても，効果が薄くなってしまいます。」

練習させましょう。

提案しよう、言葉とわたしたち

㋱ スピーチメモをまとめ、発表に必要な資料を作ろう

〈スピーチメモ〉
・事実と感想、意見のちがいを明確に
・どんな資料を提示すると効果的か
・「初め」「中」「終わり」に分ける
・自分の体験も入れる

主体的・対話的で深い学び

・スピーチ用の原稿を作る時間になっているが，作文が目的ではない。話す内容を箇条書きにしたメモでも，スピーチは十分に行えることを理解させたい。スピーチに際しては，どのような資料を作成し，資料をどのように提示すれば効果的かを考えさせる。ペアやグループで原稿を読み合って練習し，お互いにアドバイスをすることで，より分かりやすいスピーチ原稿に推敲していく。

準備物

・スピーチメモ（第3時使用のもの）
・原稿用紙 DVD 収録【5下_19_02】

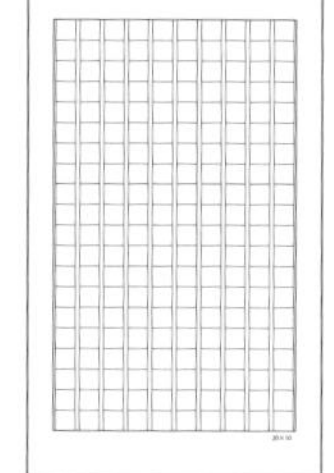

3 作る　スピーチの原稿を作ろう。

「メモと資料ができたら，教科書214ページを参考にして，スピーチの原稿を作りましょう。」

原稿は作らず，メモだけで発表させてもよいが，スピーチに慣れていない児童が多い場合は，読み上げる原稿があった方がよい。原稿を作った場合は，どのように話すか，どこで資料を提示するかなど，ト書きを付けさせるとスピーチをするときに戸惑わずに済むだろう。

実際のスピーチがどんなものかを聞いて，話し方の工夫を話し合いましょう。

指導書付録CD収録の音声やデジタル教科書収録の動画資料を参考にする。

大事なところは，大きな声でゆっくり話しています。

大事なところの前では，少し間を取っているね。

文末に気を付けている。事実は「分かりました」，感想や意見は「思いました」と言っています。

4 練習する 推敲する　ペアや班でスピーチを練習して聞き合い，推敲をしよう。

スピーチの原稿ができたら，隣の人（または，グループ）と練習しましょう。スピーチを聞いた人は，良かったところや改善点を伝えましょう。

僕は，「流行語　本当に　流行している？」を提案します。……そこで，調べた流行語を知っているか，クラスの人にアンケートを取りました。結果は，このようになりました。

少し早口で聞き取りにくいところがあったから，もう少しゆっくり話すといいと思うよ。

アンケート結果が円グラフで色分けされていてわかりやすかった。

「友達からのアドバイスを基に，メモや資料を見直して，推敲しましょう。」

時間があれば，何度か練習させる。

提案しよう，言葉とわたしたち
第 6 時 (6/6)

本時の目標
文末表現などに注意して，事実と感想，意見を区別してスピーチをし合うことができる。

授業のポイント
話す時も，聞く時も観点は同じであり，どちらの立場でも，きちんと学習することを大切にしたい。

本時の評価
文末表現などに注意して，事実と感想，意見を区別してスピーチしている。友達のスピーチを聞いて，感じたことを伝えている。

〈展開 3〉感想を伝える場面で，スピーチの改善点を挙げるようにしてもよいですが，粗探しに

板書例

・資料をどこで提示するか
・声の強弱
⇒ 聞く人も同じことに気をつけて聞く

☆スピーチの発表
司会　〇〇さん
時間　一人三分

感想を伝え合おう

〈学習をふり返ろう〉

〈学習をいかそう〉
委員会　子ども会の話し合い　など

1 確かめる　スピーチを聞く時の観点を確かめよう。

「これから，スピーチの発表をしてもらいます。スピーチを聞いたら，感想を伝え合いましょう。（めあて）話すときに気を付けるのは，どんなことでしたか。」前時の振り返り。
- 大事なところは，大きな声でゆっくり話す。
- 大事なところの前では，少し間を取る。
- 文末に気を付ける。事実と感想や意見は分ける。

そうです。聞く人も，同じことに気を付けて聞きます。他に，気を付けることはありませんか。

資料をどこで提示するかも大事だったよ。効果的な場面で提示できてるかな。

声の強弱にも気を付けないと。

2 話す 聞く　スピーチをして，聞き合おう。

「いよいよ，スピーチの開始です。司会の城戸さん，進行をお願いします。」
- それでは，最初のスピーチは宇野さんです。

発表の仕方（全体での発表かグループでの発表か，進行を児童に任せるか，教師がするかなど）は，クラスの実態に応じて決める。配当時間や順番は，教師が決めておいた方がよい。

皆さんは，流行語をどれくらい知っていますか。僕たちが，流行していると思って使っている言葉は，本当に流行しているのでしょうか。僕は，2015 年～ 2019 年までの流行語を調べてみました。……

「タピる」は，私も使っていたな。
知らない流行語が結構あるなあ。

ならないよう教師が十分に配慮しましょう。

提案しよう、言葉とわたしたち

㋹ 提案のスピーチをして聞き合い、感想を伝え合おう

〈話すときに気をつけること〉

・大事なところは、大きな声で
　ゆっくり話す
・大事なところの前で、少し間を取る
・文末
　事実　→　「分かりました」
　感想や意見　→　「思いました」

※第4・5時に出た「スピーチの工夫」を振り返り，板書する。新しく気をつけることが出たら付け足す。

主体的・対話的で深い学び

・「話す」と「聞く」の両方の立場を経験することになる。児童は，「聞く」立場になると，途端にやる気をなくす場合がある。それは，何を観点にして聞けばよいかが分からない場合が多い。「話す」場合も，「聞く」場合も，観点は共通しており，同じことを意識して学習をすることに気づかせる。また，本単元の学習は，今後の係活動や委員会活動で意見を言う場合に生かされる。5年生になるとそういった機会も増えることから，しっかりと学習を振り返り定着を図りたい。

準備物

・スピーチメモや原稿（第4・5時に作成したもの）

3 伝える　スピーチの感想を伝えよう。

・宇野さんのスピーチが終わりました。質問があれば，質問してください。

時間があれば，質問の時間を設ける。質疑応答も，スピーチの大事な活動。

では，感想を伝えましょう。
流行語といっても，知らない言葉の方が多いのはびっくりしました。
流行語を多用して話すと，知らない人を不快にさせることもあると分かってよかったです。
大きな声でゆっくりと話してくれたので，大事なところがとてもよくわかりました。

できるだけ，一人ひとりに質問や感想を伝える場を設けたい。時間がないときは，付箋などに書いて，後でスピーチをした人に渡すなどする。

4 振り返る 生かす　学習を振り返り，他の活動でも生かそう。

「全員のスピーチが終わりました。皆さん，しっかりと事実と感想，意見を区別して，説得力のある提案のスピーチができていましたね。」

教師から必ず，児童に対して，単元のめあてが達成されていることを評価する言葉をかける。

それでは，教科書215ページの『たいせつ』と『いかそう』を読みましょう。学習したことは，どんな時に生かせるでしょうか。

今度の委員会活動の会議で，自分の意見を言うときに使えそうです。

子供会の話し合いで使えるかな。

「クラスでの話し合いも，この単元で学習したことを忘れずに，理由や事実をわかりやすく伝えてましょう。」

日本語の表記

全授業時間１時間

◉ 指導目標 ◉

・文や文章の中で漢字と仮名を適切い使い分けることができる。
・仮名および漢字の由来，特質などについて理解することができる。

◉ 指導にあたって ◉

① 教材について

児童の周りでは，漢字，平仮名，片仮名，ローマ字が当たり前のこととして併用されています。それが，世界的には極めて特殊な例だとはどの子も認識してこなかったでしょう。

この日本語の表記に用いられる４種類の文字の特徴や長所短所を知り，これらを使いこなして表記する日本語の特性を知るのがこの単元での学習です。

４種類の文字の特徴は，言葉として理解するだけでなく，教科書でもいくつかの事例が挙げられていますが，できる限り具体的な例を通して捉えさえていきます。自分たちの日常生活と関わらせて捉えさせていくことも大切です。

② 主体的・対話的で深い学びのために

まず，看板，案内板，地図，書物など具体的な例を使って，４種類の文字を使い分けて表記していることを実感させ，学習内容に興味を抱かせます。

４種類の文字を使い分けている日本語の特性（利点）については，仮名ばかりの文と漢字仮名交じり文を比較することで理解させます。教科書の俳句の例を使って十分対話をさせ，具体的に理解させていくのがよいでしょう。さらに，教科書の例だけでは少ないので，授業時間外でもよいのでワークシートでも練習させ，理解を深めさせます。

児童自身が，様々な文章の中で，漢字，平仮名，片仮名，ローマ字を使い分けできることがより一層深い学びとなりますが，それは１時間の学習では出来ないことなので，今後の学習に委ねます。

◎ 評価規準 ◎

知識及び技能	・文や文章の中で漢字と仮名を適切に使い分けている。 ・仮名および漢字の由来，特質などについて理解している。
主体的に学習に取り組む態度	進んで，日本語の表記における漢字と仮名の適切な使い分けについて考え，学習課題に沿って，理解しようとしている。

◎ 学習指導計画　全１時間（漢字指導含まず）◎

次	時	学習活動	指導上の留意点
1	1	・身の回りで使われている文字について気づいたことを発表する。 ・漢字，平仮名，片仮名，ローマ字の特徴をまとめ，それぞれのよさと問題点を考える。 ・教科書の俳句を例に，文字によって受ける印象がどう変わるか話し合う。	・日本語の表記として，あまり意識せずに漢字，平仮名，片仮名，ローマ字を交えて使っていた，また，身の回りでも使われていたことに気づかせる。 ・４種類の文字の特徴や長所短所を知り，これらを上手く交ぜて使うことの利点を理解させる。 ・日本語の表記として，４種の文字を使い分けていく力を育てる一環として位置づけたい。

収録（児童用ワークシート，黒板掲示用画像，カード見本）

岡崎 祇園
Okazaki Gion
烏丸北大路
Karasumakitaoji
烏丸五条
Karasumagojo
367
367

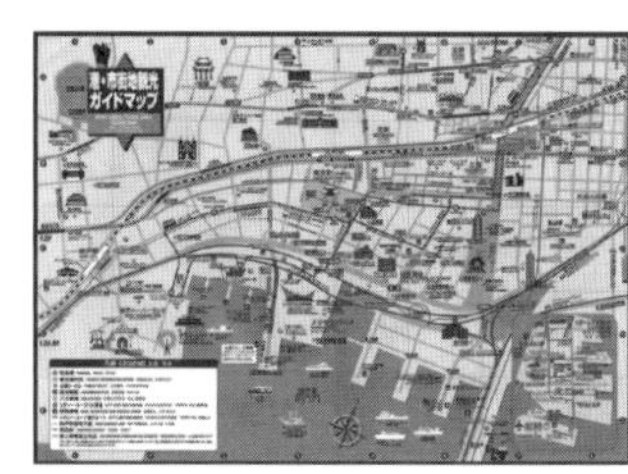

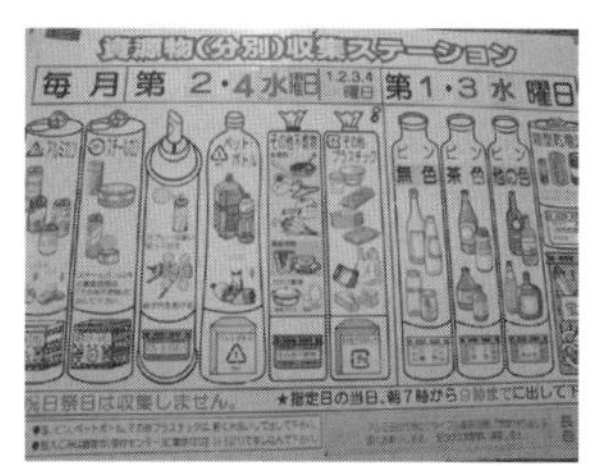
資源物（分別）収集ステーション
毎月第２・４水曜日
第１・３水曜日

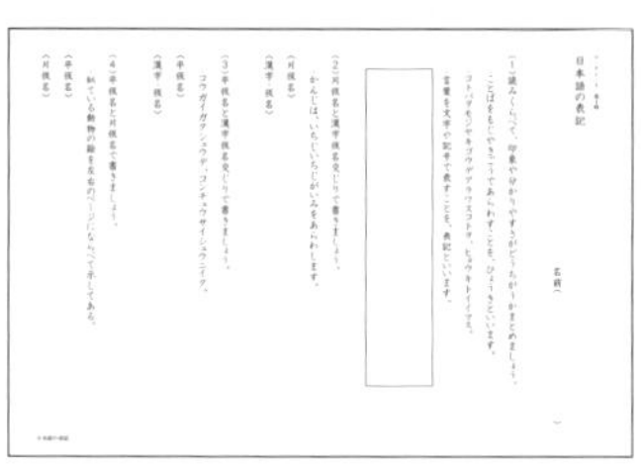

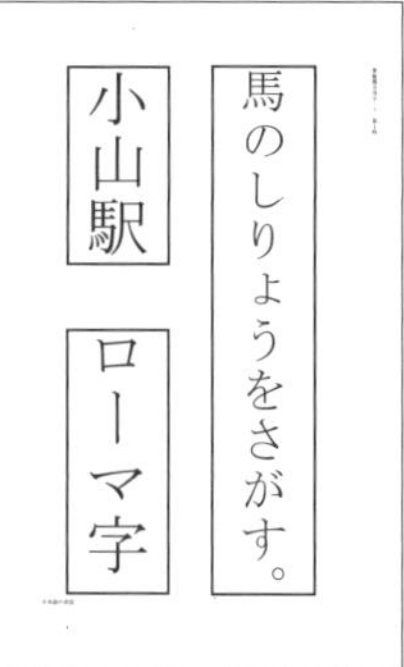
馬のしりょうをさがす。
小山駅
ローマ字

日本語の表記

第 1 時 (1/1)

本時の目標

日本語の表記で使われる４種類の文字の特徴がわかり，日本語の表記の特質が理解できる。

授業のポイント

漢字，平仮名，片仮名，ローマ字の特徴と長短を知り，これらを上手く交ぜて使うことの利点を理解させる。

本時の評価

漢字，平仮名，片仮名，ローマ字の特徴が分かり，これらを交えて使う日本語の表記の特質が理解できている。

板書例

〈他の例〉教科書では俳句で3パターンを比べています。俳句より他の文（例：漢字は，一字一字が

・ローマ字…アルファベットで表す＝表音文字
二十六文字

馬のしりょうをさがす。→ 飼料？ 資料？
※仮名では意味が？ 漢字なら正確に伝わる

小山駅 おやまえき？ こやまえき？
※漢字ではどの読み方か？ 仮名なら正確に伝わる

ローマ字 → コンピュータ入力
※外国人でも読める 読むのに時間がかかる

〈俳句（はい）：文字によって印象やわかりやすさは？〉

平仮名…やわらかい感じ・意味がわかりにくい

片仮名…外国人が話しているみたい・かたい感じ

漢字と仮名を交ぜる…言葉のまとまりで意味がとれて、速く読め、正確に読むこともできる。

1 気づき 身の回りで使われている文字について気づいたことを発表しよう。

漢字，平仮名，片仮名，ローマ字が書かれている画像を見せる。(何枚かで４種の文字が見られるように)。

写真の中の文字について，気がついたことがありますか。
漢字と平仮名と両方で書いてある。
片仮名もある。ローマ字でも書いてあるよ。
普段気にしていなかったけど，４種類の文字を使っているんだ。

「他に，どこにどんな文字が使われているか，知っていることを出し合いましょう。」

自由に出し合い，色々な文字が使われていることを確かめ合えるようにする。

「日本語では，４種類もの文字を使っているのです。こんな国は，世界でもめずらしいのです。」

2 つかむ 漢字，平仮名，片仮名，ローマ字の特徴をまとめよう。

「なぜ，４種類もの言葉を使い分けているのか，考えていきましょう。」

教科書の１ページ目を読んで４つの文字の特徴をつかませる。

４つの文字の特徴について，分かったことを班でまとめましょう。

漢字は，一字一字が意味を表すので，表意文字という。意味を表すから「表意」なんだね。

平仮名と片仮名は，音だけを表すので表音文字と言うんだね。

ローマ字は，アルファベットで表す。これも表音文字の仲間かな。

「文字の数は，どう違いますか。」

・漢字はすごくたくさんあります。
・仮名は，50 音と言けど，使うのは 46 文字だね。
・アルファベットは 26 文字で表せる。

意味を表します）の方が，違いが際立つかもしれません。

日本語の表記

Ⓜ 日本語の表記の特質を理解し、使われる文字の使い分けについて考えよう

身の回りで見かける文字 → 四種類の文字を使っている

・漢字…一字一字が意味を表す＝表意文字
たくさんの文字数

・平仮名
・片仮名（かた）
…音だけを表す＝表音文字
五十音（四十六文字）

主体的・対話的で深い学び

・生活体験を振り返り，漢字，平仮名，片仮名，ローマ字が表記として使われていることを再確認させる。
・４種の文字の特徴やよさと困ることを整理させ，それをもとにして，日本語で四文字を交ぜて表記するのは何故か（その利点）について考え話し合うことで，認識を深めていく。

準備物

・４種の文字のいくつかが写っている画像（交通標識・観光案内地図・ゴミ分別収集看板：以上 DVD 収録【5下_20_01～03】）
・掲示用カード DVD 収録【5下_20_04】
・ワークシート DVD 収録【5下_20_05】

3 考える　4つの文字のそれぞれのよさと問題点を考えよう。

「4つの文字のよさや困る場合を考えましょう。」

カード①「馬のしりょうをさがす。」を掲示する。

「これを読んで，あなたは，何を探してきますか。」

・馬について説明してある資料を探します。
・馬のえさを探します。

「『しりょう』だけでは意味が伝わりませんね。漢字で書けば，意味が正確に伝わります。」

カード②「小山駅」を掲示し，「おやま」か「こやま」どちらの読み方か分からないことに気づかせる。

ローマ字のよい点や困る点はどんなことでしょう。

外国の人にも読めるから困らないね。特別な読み方でもローマ字で書けばわかる。

26 文字を覚えたら何でも書ける。だからパソコンもローマ字で入力するね。

でも，読むのに時間がかかるよ。パッと見ても分からないもの…。

4 対話する　俳句を例に，文字によって受ける印象がどう変わるか話し合おう。

教科書の俳句を見て，文字によって受ける印象や分かりやすさはどう変わるか話し合いましょう。

片仮名は，何だか外国人がしゃべっているみたい。硬い感じもする。

平仮名は，柔らかい感じがするけど，意味が分かりにくいわ。

漢字と仮名が交じっていると，夏草とか兵どもとか，意味がまとまって，分かりやすい。

これが漢字ばっかりでも，分かりにくいでしょうね。

「なぜ漢字と仮名を交ぜて使っているのか，そのよさをまとめてみましょう。」

・言葉のまとまりで意味がとれて速く読め，正確に読むことも出来ます。

漢字の広場 6

全授業時間１時間

◉ 指導目標 ◉

・第４学年までに配当されている漢字を書き，文や文章の中で使うことができる。
・文章全体の構成や書き表し方などに着目して，文や文章を整えることができる。

◉ 指導にあたって ◉

① 教材について

この学習では，「新聞記者になって，出来事を報道する」文章を書くという条件があります。５年生の「漢字の広場」も６回目，最後になるので児童も既習の漢字を使った文章作りには慣れている頃ですが，報道の文章は，「いつ」「どこで」「だれ（何）が」「どうした」などが明確になっていなければ，必要な情報が伝わらないということを意識させていないと，曖昧な文章になってしまいます。書く前に，この点をはっきりと指示しておきましょう。

② 主体的・対話的で深い学びのために

普段からテレビや新聞でニュースに触れている児童なら，「いつ」「どこで」「だれ（何）が」「どうした」などを明確にした報道の文章にも馴染みがあるでしょう。そうでない児童には，例としていくつかの新聞記事やニュース動画を見せると文章作りの手助けになります。また，教科書のイラストは「いつ」なのか，「どこで」なのかがわからないものもあります。想像で補ったり，隣同士やグループで話し合ったりするなどして，文章作りに取り掛かるようにしましょう。

◉ 評価規準 ◉

知識及び技能	第4学年までに配当されている漢字を書き，文や文章の中で使っている。
思考力，判断力，表現力等	「書くこと」において，文章全体の構成や書き表し方などに着目して，文や文章を整えている。
主体的に学習に取り組む態度	進んで第4学年までに配当されている漢字を書き，学習課題に沿って，文を書こうとしている。

◉ 学習指導計画　全1時間 ◉

次	時	学習活動	指導上の留意点
1	1	・4年生までに学習した漢字を声に出して正しく読む。 ・教科書の絵を見て，新聞記者になったつもりでどのような出来事があるのかを想像する。 ・提示された言葉を使って，4年生までに習った漢字を正しく用いて，例にならって「いつ」「どこで」「だれ（何）が」「どうした」のかがわかる文章を書く。	・声に出してこれまでに学習した漢字を正しく読めるかどうかをペアでチェックし合う。間違えたり，正しく読めなかったりした漢字は，繰り返して読む練習をするように促す。 ・挿絵から「いつ」「どこで」「だれ（何）が」「どうした」を想像させる。絵から離れすぎた設定の報道にならないよう留意する。

DVD 収録（漢字カード）

夫
城
鹿
孫
梅

課題
大臣
公害
選挙

投票
未来
軍手
巣箱

自然
関心
昨夜
欠便

機械
完成
照明
近く

器官
治す
協力
絶景

老人
満開
決める

飛行機
浴びる

日光浴

国会議員
けんび鏡

漢字の広場 6

第 1 時 (1/1)

本時の目標

第４学年で学習した漢字を使い，新聞記者になり切って，出来事を報道するように文章に書くことができる。

授業のポイント

文作りを始める前に，「いつ」「どこで」「だれ（何）が」「どうした」が明確になっている文章であることの条件を提示しておく。

本時の評価

第４学年で学習した漢字を使い，新聞記者になり切って，出来事を報道するように文章に書くことができている。

〈参考資料〉新聞記事やネットニュースを参考にする場合は，なるべく簡潔で分かりやすい記事を

板書例

〈報道する文章の特ちょう〉
・いつ　・どこで　・だれ（何）が　・どうした

〈報道する文章〉 ※児童が作った文章を板書する。

○今日は、国会議員選挙の投票日です。多くの人が、朝から投票に行きました。

○長年、研究していた自立型自動機械が完成し、注目を浴びています。

○昨夜の台風のえいきょうで、空港では多くの飛行機に欠便が出ています。

○・・・

1 読む　4年生までに習った漢字を，声に出して読もう。

『漢字の広場』の６回目です。漢字の広場は，これが最後です。学習の仕方も覚えていますね。４年生までに習った漢字を，隣の人と読み合ってを確かめましょう。

「かだい」「だいじん」「もとめる」…

「こっかいぎいん」「せんきょ」「とうひょう」…

漢字の習熟度は，児童によってバラつきがあるので，読みの段階から丁寧に取り組む。

「漢字の広場」は１時間だけの配当なので，学習の流れを児童に覚えさせ，効率的に進める。

2 想像する　イラストから，どんな出来事なのか想像しよう。

「今回の漢字の広場のめあては，『４年生までに習った漢字を使って，新聞記者になったつもりで，出来事を報道する文章を書こう』です。」

まず，教科書のイラストを見て，どんな出来事か想像してみましょう。

隣同士，あるいはグループで話し合う。

２枚目は国会議員の選挙だね。みんな投票に行っている。

３枚目はなんだろう。巣箱を設置している？未来のため？自然を守ろうとしているのかな。

「報道する文章では，『いつ』『どこで』『だれ（何）が』『どうした』などを明確にする必要があります。イラストから，それも想像してみましょう。」

・４枚目は飛行場だね。台風の夜みたい。

・最後の絵は，梅が咲いているから２月くらいかな。

選ぶようにしましょう。

漢字の広場 6

(め) 四年生で習った漢字を使って、新聞記者になったつもりで出来事を報道する文章を書こう

※教科書のイラストを拡大表示する。
イラストの上に漢字カードを貼る。

主体的・対話的で深い学び

・「新聞記者になって」という条件がある文章作りである。報道記事の特徴として，事象を読み手に分かりやすく，簡潔に伝えるという条件があるが，こういった文章を作ることは案外難しい。教科書にある通り「いつ」「どこで」「だれ（何）が」「どうした」を意識するとともに，イラストにどのようなことが描かれているかよく観察する必要がある。隣同士やグループで対話し，効率よく場面の観察を進めるようにする。

準備物

・漢字カード DVD 収録【5下_21_01】

3 書く　新聞記者になったつもりで，出来事を報道する文章を書こう。

それでは，できるだけたくさんの漢字を使って，新聞記者になったつもりで，報道する文章を書きましょう。

昨夜の台風の影響で，空港では多くの飛行機に欠便が出ています。

２月の暖かな日，海辺では，満開の梅を楽しむ人々の姿が見られました。

書き始める前に，参考として新聞記事やネットニュースの文章を紹介してもよい。報道風の文章を書くことが難しい児童には，まずイラストを簡単に説明する一文をいくつか書かせ，文の表現を変えて，組み合わせてみるように指導するとよい。

<右下の絵の例>

天気が良い。　→	晴天の今日，
城の前に鹿がいる。　→	城下の広場に鹿が集まり，
鹿がえさを食べている。→	元気にえさを食べています。

4 交流する　書いた文章を読み合おう。

文章が書けたら，グループで読み合って，よいと思ったところを伝え合いましょう。

発表の仕方はクラスの実態に応じて。

私は「今日は，国会議員選挙の投票日です。多くの人が，朝から投票に行きました。」という文章を書きました。

僕は「長年，研究していた自立型自動機械が完成し，注目を浴びています。」です。

ロボットを「自立型自動機械」と表現しているのがすごい。

選挙の文章は，本物のニュースみたいだね。

「4年生で習った漢字を使って，新聞記者になったつもりで，出来事を報道する文章を書くことができましたね。」

①提示された漢字を使う，②新聞記者になったつもり，③出来事を報道する文章を書くの３点については，教師からもきちんと評価を伝える。

大造じいさんとガン

全授業時間６時間

◉ 指導目標 ◉

・人物像や物語などの全体像を具体的に想像したり，表現の効果を考えたりすることができる。
・文章を読んでまとめた意見や感想を共有し，自分の考えを広げることができる。
・文章を朗読することができる。
・登場人物の相互関係や心情などについて，描写を基に捉えることができる。
・文章を読んで理解したことに基づいて，自分の考えをまとめることができる。

◉ 指導にあたって ◉

①　教材について

作者が狩人から聞いた話をもとに，自分の受けた感動を伝えようと書かれた物語です。題名が示しているように，「大造じいさん」と「ガン（残雪）」，両者の関わりで物語が進行していきます。「残雪」との知恵比べ（戦い）を通して，大造じいさんの思いや行動も変わっていくという展開になっています。そして，「残雪」の勇気ある行為と威厳のある態度を目の当たりにした大造じいさんが，自分自身もまた正々堂々とした人間でありたいと願う姿が主題です。各場面での「残雪」の行動や様子によって，大造じいさんの心情や行動がどう変わっていくのかを読んでいきます。

②　主体的・対話的で深い学びのために

細かな行動描写，美しい情景描写，大造じいさんの心情描写から想像力を働かせ，イメージ豊かに物語を読み取らせることで児童の学びは深まります。この学習活動では，対話の役割が特に重要です。また，物語から受けた感動を朗読させる体験により，作品を主体的に読み取らせていくことも大切です。

「大造じいさんとガン」という題名から，児童は，残雪を擬人化して，残雪の心情さえも読もうとするかもしれません。あくまでも，視点は大造じいさんにあり，残雪の様子・行動の擬人的表現は，大造じいさんの推測であり，思いであることを押さえて読み取らせていきます。

◉ 評価規準 ◉

知識 及び 技能	文章を朗読している。
思考力，判断力，表現力等	・「読むこと」において，登場人物の相互関係や心情などについて，描写を基に捉えている。 ・「読むこと」において，人物像や物語などの全体像を具体的に想像したり，表現の効果を考えたりしている。 ・「読むこと」において，文章を読んで理解したことに基づいて，自分の考えをまとめている。 ・「読むこと」において，文章を読んでまとめた意見や感想を共有し，自分の考えを広げている。
主体的に学習に取り組む態度	粘り強く，表現の効果を考え，学習の見通しをもって，物語の魅力をまとめようとしている。

◉ 学習指導計画　全 6 時間 ◉

次	時	学習活動	指導上の留意点
1	1	・扉のページや前書きから，内容を想像したり，物語の設定や人物をつかむ。 ・全文を読み，初発の感想を書く。 ・学習課題と学習計画を確認する。	・範読または CD を聞いて，物語のあらましをつかませる。 ・初発の感想は，「大造じいさん」に着目させて書かせる。
2	2	・「残雪の様子や行動」と「大造じいさんの心情」が分かるところを教科書の記述から見つけ，表にまとめる。 ・「山場」を見つけ，大造じいさんの残雪に対する見方の変化をとらえる。	・教科書から該当する記述を見つけて線を引き，それをもとにして表にまとめる。 ・表にまとめたものをもとにして，どこが「山場」か考える。
	3	・情景とは何かを確認しておく。 ・１～４の場面の情景描写を見つけ，そこから大造じいさんの心情を想像する。 ・情景描写の効果を考える。	・グループで対話をし，個々人で捉えたことを深め合う。また，全体でも発表し合って交流する。 ・児童個々の捉え方や考えを尊重し，無理に「一致」を目指さない。
	4	・朗読のポイントをつかむ。 ・一番印象に残った場面を選ぶ。 ・朗読の練習をしてアドバイスし合う。 ・朗読を聞き合い，感想を伝える。	・印象に残った場面では，選んだ理由をしっかりと自覚させる。 ・朗読の感想は，思いが伝わってきたところ，うまく表現されているところを中心に伝える。
	5	・物語の中の最も効果的な表現を選ぶ。 ・物語の魅力を一文で表す。 ・物語の魅力を表現の効果と結びつけて文章にまとめる。	・物語の全体像を捉えた上で，物語を魅力的にする最も効果的な表現を選ぶ。 ・教科書の例文でイメージを持たせて，物語の魅力を文章にまとめさせる。
3	6	・視点を明確にして文章を読み合い，気づいたことや感想を伝え合う。 ・交流で気づいたことや考えたことをまとめ，自分の考えを広げる。 ・学習を振り返る。	・交流するグループは違う場面を選んだ児童どうしで組ませるが，できれば時間をとって，同じ場面を選んだ児童同士でも対話をさせたい。 ・交流を通して新たな作品の魅力にも気づかせたい。

DVD 収録（画像，イラスト，児童用ワークシート見本）※本書 P218 ～ 221 に掲載しています。

大造じいさんとガン 第1時 (1/6)

本時の目標

全文を読んで感想を発表し合い，題名・リード文・前書き部分から場面設定をつかみ，学習の見通しをもつことができる。

授業のポイント

この段階では，まだ児童の全文音読はさせないで，範読や CD から物語の内容をつかませる。
初発の感想は，「大造じいさん」に着目させて書かせる。

本時の評価

全文を読んで感想を書き，物語の場面設定をつかみ，学習の見通しをもっている。

〈音読〉最初から児童に音読をさせると「声に出して読む」に注意が向き，内容の把握が弱くなりがち

板書例

・がんじょうな手　話し上手
―の場面から ←
・35～6年前　ガンがりの話
・りょうしの大造じいさんとガンの物語

※イラストを掲示する。

〈全文を読んだ感想〉

大造じいさんとガンの知恵比べがおもしろい。

大造じいさんが，残雪を撃たなかったのは？

残雪を放してやる場面がとてもいい。

すぐれた表現に着目して読み，物語のみりょくをまとめよう。

「山場」を見つける　人物の心情を読みとる

朗読で表現する　表現→みりょくをまとめる

1 想像する　扉のページから，どのような物語か想像しよう。

題名を板書する。

「今日から，この物語を読んでいきます。どんな物語か題名から想像しましょう。」

・大造じいさんが，主人公だね。
・じいさんとガンはどんな関係があるのかな？
・一緒にくらして，心が通じ合うような話かな？

教科書の扉のページを開ける。

扉のページの４行の文を読んで，分かることを話し合いましょう。

大造じいさんはどんな人物か考えて，読んでいくんだね。

大造じいさんとガンとの関係が物語の中心になりそうだね。

心情や場面の様子を表す表現も色々出てくるみたいだね。

2 つかむ　前書きから，物語の設定や大造じいさんについて知ろう。

前書きの部分を範読し，その後一斉音読をさせる。

「この場面の大造じいさんの様子を言いましょう。」

・72 才なのに腰も曲がっていない元気な狩人です。
・頑丈な手。狩りで鍛えてきたのだと思う。
・話し上手で，愉快な狩りの話をしてくれた。

「炉端」「自在鉤」などは，挿絵等で確かめ，じいさんの山家の様子や雰囲気を想像させる。

・みんなが囲炉裏を囲んで話を聞いている。
・板の間で，薪が勢いよく燃えて，外は静か。

１の場面からは，いつ頃のどんな話が始まるのですか。大造じいさんは何歳ぐらいですか。

35, 6 年前の話だから，まだ 36, 7 才で，じいさんじゃなかった頃ね。

栗野岳のふもとでじいさんがガン狩りをしたときの話だね。

この物語は，猟師の大造じいさんとガンの話なんだ。

です。範読かCDを聞かせて，内容をつかむ方に集中させます。

大造じいさんとガン

㋱ 物語を読んで初めの感想を書き、どのように学習を進めていくのか確かめよう

〈とびらのページを見て〉
・大造じいさんとガンの関係が物語の中心？
・大造じいさんは、どんな人物か
・心情や場面の様子を表す表現を味わう

〈前書きを読んで〉
・大造じいさん…七十二才　元気なかりゅうど

主体的・対話的で深い学び

・前半の展開1・2では，グループで対話をすることで，物語内容の想像，物語設定やの大造じいさんの人物像についてイメージをふくらませる。
・初発の感想を交流し，自分と違う感想も知ることで，今後の読みとりの視野を広げ，学習課題や学習計画の確認につなげていく。

準備物

・囲炉裏 DVD 収録【5下_22_01～03】

3 読む　全文を読み感想をもとう。

「物語の本文は1～4に分けられています。それぞれどんな場面かを考えながら聞いていきましょう。」

教師が範読。（または付録CDを聞かせる）

「各場面にはどんなことが書かれていましたか。」
・大造じいさんと残雪の戦いが書いてありました。
・毎年，いろいろな方法で大造じいさんがガンを捕まえようとしています。

「初めて読んだ感想や疑問をノートに書きましょう。」

「大造じいさん」に着目して書かせる。

書いた感想を発表し合いましょう。友達はどんな感想を持ったのかな。

大造じいさんが，残雪を銃で撃たなかったのはどうしてだろう。

大造じいさんとガンの知恵比べみたいでおもしろかった。

大造じいさんが残雪を放すところがいいなと思った。

4 見通す　学習課題をつかみ，学習の見通しを持とう。

「これからの学習課題を，扉のページで確かめましょう。」
・「すぐれた表現に着目して読み，物語のみりょくをまとめよう」です。
・「いいなあ」と思う表現がいくつもありました。
・物語の一番の魅力は，ガンの様子と大造じいさんの心情の変化かな…，いろいろまとめられそうな気がする。

教科書の「見通しをもとう」も見て，どのように学習を進めていくのか確かめましょう。

物語の「山場」を見つけて，出来事や人物の心情をとらえる＝大造じいさんの心情だね。

情景から心情を読みとったり，朗読で表現したりもするのか。

物語の魅力を，表現に気をつけてまとめる。書いたものを読み合ったりもする。

大造じいさんとガン

第 2 時 (2/6)

本時の目標

残雪の様子や行動と，それに対する大造じいさんの心情を読みとり，物語の「山場」がどこか考えよう。

授業のポイント

「残雪の様子や行動」「大造じいさんの心情」を表にまとめ，そこから，物語の「山場」を見つける。

本時の評価

残雪の様子や行動と，それに対する大造じいさんの心情を表にまとめ，物語の「山場」がどこか考えている。

〈まとめる〉本時のように読みとったことをまとめる場合，まずは教科書記述の該当するところを見つけ

板書例

3	4
・いつものように、群れの先頭にたってやってきた。 ・さっと、空を横切って、ハヤブサに向かっていった。 ・ハヤブサと、もつれ合って、沼地に落ちた。 ・最後の力をふりしぼって、長い首を持ち上げて、じいさんをにらんだ。	・快い羽音を残して、一直線に空へ飛び上がった。
・「さあ、いよいよ戦闘開始だ。」「あの残雪めにひとあわふかせてやるぞ。」 ・再びじゅうを下ろしてしまった。 ・鳥とはいえ、いかにも頭領らしい、堂々たる態度。 ・強く心を打たれて、ただの鳥に対しているような気がしなかった。	・ガンの英雄 ・えらぶつ ・堂々と戦おう。 ・晴れ晴れとした顔つき。

〈山場はどこ〉

ハヤブサとの戦い・傷ついても堂々たる態度

いまいましい・きっとしとめてやる
↓
ガンの英雄（ゆう）・えらいやつ

1 つかむ　「山場」とは何かを知り，本時の目標をつかもう。

「『山場』と言う言葉を知っていますか。」

・物語の一番中心になる場面です。
・物語が一番盛り上がる場面です。

教科書の P238「とらえよう」を読ませる。

この物語の場合，どういう場面が「山場」だと言えるのか，確認しておきましょう。

「山場」とは，物語の中で，中心人物の…大きく変わるところだと書いてある。

大造じいさんの残雪に対する見方や考え方が大きく変わるところになるね。

人物どうしの関係は，大造じいさんと残雪だね。その関係が大きく変わるところが山場。

「今日は，この『山場』がどこになるのか，考えていきましょう。」

2 見つける　残雪の様子や行動と，大造じいさんの心情が分かるところを見つけよう。

「先生が全文を読んでいきます。聞きながら，残雪の様子・行動と，大造じいさんの心情が分かるところに線を引きましょう。」

線が引きやすいように，教師は，ゆっくり範読する。線は，2色の色鉛筆か線種を変えて引かせる。

では読んでいきます。止まってほしいときは「ストップ」と声かけして下さい。
今年も，残雪は，ガンの…

「群れがぐんぐんやって来る」と「会心の笑みをもらした」に線を引こう。

1の「残雪というのは…」や次の文は，大造じいさんの心情とは関係がないわ。

残雪の様子や行動は，大造じいさんの心情と関係するところだけを書かせる。

（線を引かせる等），それをもとにすると簡潔にまとめやすくなります。

大造じいさんとガン

ⓜ 残雪の様子や行動、大造じいさんの心情をまとめ、物語の山場をみつけよう

	残雪の様子や行動（例）	大造じいさんの心情（例）
1	・仲間がえをあさっている間も、油断ないように仲間をなく気を配っている。 ・つりばりをのみこまないように仲間を指導した。	・りこうなやつ ・いまいましい ・「ううむ。」 ・大したちえをもっているものだ。
2	・見通しのきく所をえさ場に選ぶ。 ・群れが、ぐんぐんやって来る。 ・昨日までなかった小屋をみとめて、ぬま地のずっと西側のはしに着陸した。	・会心のえみをもらした。 ・目にもの見せてくれるぞ。 ・「ううん。」

※ DVD 収録ワークシート見本参照。

主体的・対話的で深い学び

・グループでの助言や援助も行いながら，「残雪の様子や行動」「大造じいさんの心情」をワークシートにまとめる。
・物語の「山場」はどこか考え，話し合いを深めていく。

準備物

・ワークシート DVD 収録【5下_22_04～05】
・参考画像（米俵　たにし DVD 収録【5下_22_06～09】）

3 まとめる　残雪の様子や行動と，大造じいさんの心情をまとめよう。

「教科書の『とらえよう』の下の『ノートの例』を見ましょう。みんなにも書いてもらいますから，どのように書けばよいか，よく見て下さい。」

ワークシートを配って，書かせる。1の場面は，ほぼ教科書の例通りでも構わない。

線を引いたところをもとにして，2の場面を書きましょう。なるべく短くまとめる方がいいです。

全文を抜き書きするのではなく，短く要点をまとめて書けばいいね。

大造じいさんの心情は，残雪に対してどう思っているかを書いていけばいいんだ。

2の場面が書き終わったら3の場面，3が終われば4の場面と，1場面ずつ書かせていく。早く書けた児童は，遅い児童の助言や援助をさせる。

4 対話する　物語の「山場」はどこか話し合おう。

展開1で話し合った「山場」の捉え方を再確認する。

大造じいさんの残雪への見方が大きく変わったのはどこでしょう。その前と後でどう変わったのでしょう。

仲間を助けるために残雪が戦って傷ついた場面で，大きく変わったと思う。

それまでは，いまいましいやつだ。きっと仕留めてやると思っていた。

後は，残雪の行動に心を打たれた。ガンの英雄でえらいやつだと思うようになった。

「グループで話し合ったことを，全体でも発表しましょう。」
・残雪がはやぶさと戦った場面です。
・その後の，けがをしても堂々たる態度をとったところも含まれると思います。

「山場」について，全体で共有をさせる。

大造じいさんとガン 第3時（3/6）

本時の目標
情景を表す表現に着目して読み，それぞれの表現の効果を考えることができる。

授業のポイント
情景描写から，その時の大造じいさんのどんな心情がわかるか話し合い，そこから情景描写の効果を考える。

本時の評価
情景を表す表現に着目して読み，それぞれの表現の効果を考えている。

〈情景〉まずどれが「情景」なのかを見極めることが出発点です。展開例以外に，児童が「情景だ」と

板書例

心情がよく伝わる・想像が広がる・イメージ豊か

1 秋の日が…かがやいていました。
・うまくいきそうだと期待，
・希望を持っている

2 あかつきの光が…流れこんできました。
・やれることはやった　後は結果を待つ
・「さあ，いよいよだ。」静かな闘志

3 東の空が真っ赤に…朝がきました。
・よし，やるぞ　気持ちの高まり
・気持ちが燃える

4 らんまんとさいた…雪のように清らかに…。
・晴れ晴れとした気持ち　満足
・すばらしい相手　正々堂々とたたかおう

1 つかむ　情景とは何か習ったことを思い出し，本時の目標をつかもう。

２つの文を提示する。

① 今日は，持久走大会です。朝からさわやかな風がふき，太陽もきらきらとかがやいています。
② 今日は，持久走大会です。朝から風がふきつけ，太陽がギラギラと照りつけています。

２つの文で，書いた人の心情を比べてみましょう。

①の文は，「さわやか」や「輝いて」から，持久走大会を楽しみにしている感じがします。

②は，反対に「ふきつけ」や「ギラギラ照りつけ」から嫌そうな感じです。

「同じ朝の様子でも，表現の違いで書き手の心情の違いがわかりますね。このように，人物の心情が想像できる風景等を描いた表現を『情景』といいます。」

時間があれば，既習の「ごんぎつね」などでの情景に着目した読み方を振り返らせる。

2 想像する 考える　1・2の場面の情景描写から，大造じいさんの心情を想像しよう。

ワークシートを配る。

「1の場面を音読して，情景が描かれているところを見つけて線を引き，ワークシートに書きましょう。」
・「秋の日が，美しくかがやいていました。」です。

この情景から，大造じいさんのどんな心情が想像できますか。

たくさんガンを捕まえられそうだと期待している気持ちが感じられます。

上手くいくとご機嫌だから，美しく輝いていると感じたのだよ。

「美しく輝いている」から大造じいさんの希望が感じられるね。

「2の場面も同じように見ていきましょう。」
・「あかつきの光が…」のところです。
・やれることはやった，後は結果を待つだけだ。
・さあ，いよいよだ，静かな闘志を燃やしている。

考える描写もあるかもしれません。情景とは言えない描写もあります。

大造じいさんとガン

㋱ 情景の表現からじいさんの心情を考え、表現の効果を考えよう

① 今日は、持久走大会です。朝からさわやかな風がふき、太陽もきらきらとかがやいています。

② 今日は、持久走大会です。朝から風がふきつけ、太陽がギラギラと照りつけています。

☆情景＝人物の心情が想像できる風景等をかいた表現 →

主体的・対話的で深い学び

・大造じいさんの心情がわかる情景描写は，グループで共同して見つける。
・情景描写から分かる大造じいさんの心情は，グループで話し合って深める。（様々な意見から，じいさんの心情を想像させる。一つの見方に統一しなくてもよい）。→全体で交流し，考えを広げる。
・以上の対話の中から，情景描写の果たす効果について考えさせる。

準備物

・ワークシート DVD 収録【5下_22_10】

3 想像する 考える 3・4の場面の情景描写から，大造じいさんの心情を想像しよう。

3の場面を音読させ，情景に線を引かせる。

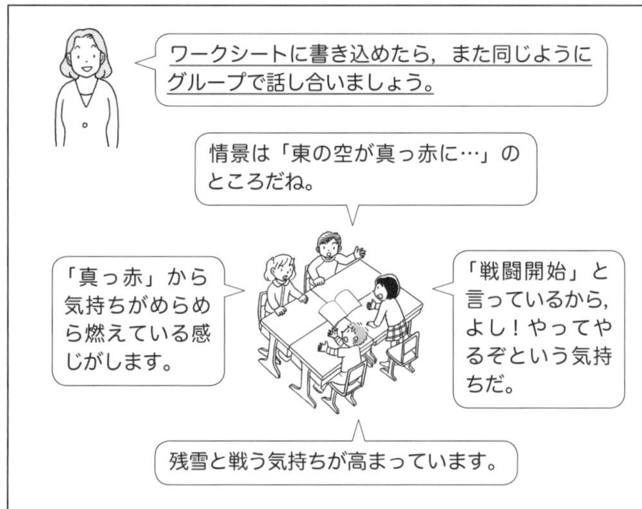
ワークシートに書き込めたら，また同じようにグループで話し合いましょう。
情景は「東の空が真っ赤に…」のところだね。
「真っ赤」から気持ちがめらめら燃えている感じがします。
「戦闘開始」と言っているから，よし！やってやるぞという気持ちだ。
残雪と戦う気持ちが高まっています。

4の場面も同じように話し合わせる。

・「らんまんとさいた…散りました。」が情景です。
・大造じいさんの心情は晴れ晴れとしています。
・素晴らしい相手とまた正々堂々と戦えるという満足した気持ちです。

どの場面の心情も，児童の感じ取り方を大切にし，無理に1つの結論にしないように交流させる。

4 まとめる 情景を表す表現には，どのような効果があるのだろう。

1〜4の場面について話し合ったことを，全体でも発表し合って交流する（1場面毎に交流してもよい）。

これまでみてきた情景描写があるのとないのとでは，物語の表現はどうなるでしょう。
情景があると，人物の心情がよく伝わってくるね。
言葉だけじゃなくて，イメージと一緒に心情が伝わってくる感じがする。
言葉で書いてあると読んで「そうか」で終わってしまう。
情景だと，いろいろ想像が広がるね。今日の勉強でも，いろいろな意見が出ていたよ。

「情景描写にはどのような効果があるか，まとめましょう。」

・人物の心情がよく伝わる。イメージ豊かに伝わる。
・想像も広がって，いろいろな見方ができる。

大造じいさんとガン
第 4 時 (4/6)

本時の目標
物語の中で一番印象に残った場面を選び，自分が感じたことが伝わるように朗読をしよう。

授業のポイント
ただ声に出して読むだけでなく，自分が感じたことが相手に伝わるにはどのように表現すればよいかを考えて工夫させる。

本時の評価
一番印象に残った場面が選べ，自分が感じたことが伝わるように工夫をして朗読している。

板書例

〈朗読〉これまでの音読の工夫，プラス「自分」が感じたことをいかに伝えるかを工夫して表現して

・けがをした残雪がじいさんをにらみつける場面
・じいさんが、残雪放してやり、見送る場面

〈朗読の練習〉
・一人で工夫して練習
・となりどうしで聞き合ってアドバイス
　相手をかえてもう一度

強い気持ちが伝わらない。もっと強く読む。

・アドバイスをもとにもう一度朗読を工夫

〈朗読を聞き合って、感想を伝える〉

「いつまでも…」ゆっくりかみしめるようでいい。

じいさんの言葉が残雪に呼びかけているようだ。

1 つかむ　本時のめあてを知り，朗読のポイントを確かめよう。

「今日は，自分が一番印象に残った場面の朗読をします。音読と朗読は，どう違うのでしょう。」
・音読は，声に出して読むこと。朗読は？
・音読も工夫はするけれど，朗読は，もっと表現に気をつけて，感情を込めて読む…かな？

教科書 P238 の「朗読するとき」を読んで，どのようによめばよいか，確かめましょう。

音読するときに気をつけていたことは，朗読でも必要なのね。

自分が思ったり考えたりしたことが相手に伝わるように読むのだね。

なぜ自分の印象に残ったのか，感じたことが伝わるように読めばいい。

朗読とはどのように読めばよいのか，全体で共通理解をしておく。

2 選ぶ　一番印象に残った場面を選ぼう。

「物語の中で一番印象に残った場面を選びます。」
全文を音読させ，聞きながら場面を一つ選ばせる。
「一番印象に残った場面と，なぜそこを選んだのか，ノートに書きましょう。」
・場面は選んだけど，理由はどうまとめようかな…。

書けたらグループで発表して交流しましょう。意見があれば伝えましょう。

その後の「…頭領としての…」までが残雪の様子だから，そこも含めて一つの場面だよ。
「残りの力をふりしぼって…にらみつけました。」を選びました。残雪の姿がとても立派です。
じいさんが残雪を放してやる場面。一番きれいで心があたたまる場面だから。

対話で出た意見のいくつかは全体でも発表する。

みるということでよいでしょう。

大造じいさんとガン

㋱ 一番印象に残った場面を、感じたことが伝わるように朗読しよう

朗読…自分が思ったり考えたりしたことが伝わるように表現する。
※音読で気をつけてきた工夫も入れる

〈一番印象に残った場面〉
・ガンの群れが近づいてくるのを、じいさんが待ち構えている場面

主体的・対話的で深い学び

・印象に残った場面の読みとり・理解の深さが，次の朗読につながっていく。その場面を選んだ理由をしっかりと考えさせ，対話を通して深めさせたい。
・朗読は，音読で学習した表現の工夫が基本にはなるが，方法や技術にこだわり過ぎないように気をつけ，感情移入に重点を置かせたい。

準備物

3 朗読する　読み方を考えて，朗読の練習をしよう。

「今から，選んだ場面の朗読の練習をします。」

展開1の学習を，もう一度再確認して練習する。

「まずは，一人で工夫して朗読練習してみましょう。」

教科書に読み方を書き込むなどの工夫もさせる。

・残雪の目には，人間もハヤブサも…

「次は，隣の人と朗読を聞き合いましょう。」

聞いて，よかった点やもっと工夫した方がよい点をアドバイスし合いましょう。
あかつきの光が…ほおがビリビリするほど引き締まるのでした。
仕留めてやるぞという強い気持ちや緊張感が伝わらないわ。もっと強く読んだ方がいい。

相手を代えて，もう一聞き合いをさせる。

「友達のアドバイスを参考にして，もう一度工夫し直して音読練習をしましょう。」

4 伝える　朗読を聞き合って感想を伝えよう。

グループ毎に，互いに朗読をし合う。

「選んだ場面とそこから感じたことを説明してから，朗読をしましょう。」

1人の朗読を聞いたら，気づいたことをノートにメモをして相手に伝え，それから次の朗読を聞く。

朗読を聞いて，思いが伝わってきたところ，うまく表現されているところなど感想を伝えましょう。
おうい，ガンの英雄よ。…いつまでも，見守っていました。
じいさんの言葉が，飛んでいく残雪に呼びかけているように感じられた。

最後の「いつまでも…」のところをゆっくりとかみしめるように読んでいるのがとてもいい。

「友達の朗読を聞いたり，聞いた感想をもらって気づいたことをノートに書いておきましょう。」

大造じいさんとガン 第5時 (5/6)

本時の目標

最も効果的に使われている表現を選び，物語の魅力について文章にまとめることができる。

授業のポイント

最も効果的な表現と，それをもとに考えた一文を組み入れて，物語の魅力をまとめた文章を書く。（表現の効果という視点から物語の魅力を書く。）

本時の評価

学習を振り返って最も効果的に使われている表現を選び，物語の魅力について文章にまとめている。

板書例

〈物語の魅力〉物語のどこに魅力を感じるかは，児童の感性や興味によって違ってきます。但し，

〈みりょくを一文で表す〉

・大造じいさんの目から見た残雪の行動です。

・情景の美しさとそこから分かる大造じいさんの心情です。

・大造じいさんと残雪の関係が変わっていくところです。

〈物語のみりょくを文章にまとめる〉

例文：一文 → 効果的な表現 → 理由

この物語のみりょくは、大造じいさんの・・・特に印象に残ったのは、「最後の力をふりしぼって・・・この表現には、残雪の頭領としての・・・

「大造じいさんは、強く心を打たれて・・・」これが特に印象に残った場面です。この場面は、大造じいさんの残雪に対する・・・

1 振り返り 選ぶ　最も効果的に使われていると思う表現を選ぼう。

「前に，情景を表した表現の勉強をしましたね。」

・秋の日が，美しくかがやいて…等だったね。

「それ以外にも，いろいろな表現があります。何か例を見つけましょう。」

・大きな丸太がパチパチ燃え上がり…

・「ううむ」大造じいさんは，思わず感嘆の…

・残りの力をふりしぼって…にらみつけました。

児童から出ない場合は教師が例を示す。

情景の他に，行動や心情の表現もありますね。この物語を魅力的にするための最も効果的な表現を選びましょう。

私は絶対に「らんまんとさいたスモモの花が…」のところだと思うわ。

え～困ったな。みんなどこを選んでいるの？

じいさんと残雪の戦いが一番の魅力だと思うから…

2 表現する　物語の魅力を一文で表そう。

「最も効果的な表現が選べましたね。それでは，その表現をもとにして，物語の魅力を一文で短くまとめましょう。」

・一つの文で書くのなら楽でいいね。

・一つの文で魅力を表すなんて難しいよ！

各自で考えてノートに書かせる。書けない児童がいれば，グループでの交流をヒントにさせる。

考えた一文をグループで発表しましょう。気づいたことがあれば助言しましょう。

この物語の魅力は大造じいさんと残雪の関係が変わって行くところです。
最後の１行に，じいさんと残雪の関係がぎゅっと詰まっているというのは，そうだね。
これまでの関係だけでなく，これからも示していると思う。

「最も効果的な表現」のように一定の条件から捉える場合は，対象も限定されてきます。

大造じいさんとガン

㋱ 最も効果的な表現を選んで、物語のみりょくを文章にまとめよう

〈最も効果的な表現〉

・残りの力をふりしぼって…

・らんまんとさいた…

・いつまでも、いつまでも…

※イラストを掲示する。

主体的・対話的で深い学び

・「最も効果的な表現」を選ぶためには，物語の全体像が捉えられていなければならない。必要な場合はこれまでの学習を振り返らせて，全体像を把握させてから選ばせるようにする。

・物語の魅力を一文で表す場合は，効果的な表現をもとにして文を作らせる。簡潔に表せるように対話で助言をさせ合う。

・最後の文章作りは，教科書の例文から，書き方をイメージさせる。

準備物

・原稿用紙 DVD 収録【5下_22_11】

・イラスト DVD 収録【5下_22_12～13】

3 つかむ　例文を読んで，文章のまとめ方をつかもう。

「この後，選んだ効果的な表現と，考えた一文を結びつけて，物語の魅力を文章にまとめます。」

・どういうこと？よくわからない。

・どんな風に書いたらよいか，よくわからないよ。

教科書 P239「物語のみりょくをまとめた例」を読み，効果的な表現や一文をどのように組み入れて文章にするかイメージを持たせる。

選んだ表現や考えた一文をどのように使って物語の魅力を書いているか確かめましょう。

「この物語の魅力は…」から始まる最初の文が，この人が考えた一文だね。
「らんまんとさいた…」の括弧の中が選んだ効果的な表現の引用だ。
最後に，最も効果的な表現だと思った理由を説明している。

4 書く　物語の魅力について，文章にまとめよう。

「教科書の例では，考えた一文，選んだ効果的な表現，その表現を選んだ理由の順で書かれていましたね。」

・大体，どんな文章を書けばよいか分かりました。

教科書の例と同じパターンでも，もっと工夫してもよいので，物語の魅力について書きましょう。

みんなと同じパターンにならないように工夫しよう。「『大造じいさんは，強く心を…』これが特に印象に残った場面…」
この物語の魅力は，大造じいさんの目から見た残雪の行動です。特に印象に残ったのは…

「自分が書いた文章を読み返して，伝えたいことが分かるように書けているか確かめておきましょう。」

・ちょっと言葉不足だから書き加えよう。

・これで言いたいことは伝わると思う。

大造じいさんとガン

第 6 時 (6/6)

本時の目標

物語の魅力について書いた文章を読み合い，感想を交流して自分の考えも広げることができる。

授業のポイント

発表を聞くときや交流のときのポイントを押さえておく。
交流するグループは違う場面を選んだ児童どうしで組ませ，時間があれば，同じ場面を選んだ児童同士でも組ませる。

本時の評価

物語の魅力について書いた文章を読み合い，感想を交流して自分の考えも広げている。

〈対話〉同じ対象を選んだ児童どうしで対話させ，同じ考えに確信を持たせたり，それでも違いが

板書例

グループで話し合う

感じたみりょくは同じだが、理由はちがう。

じいさんの心情は急に変化したのではない。

〈交流で気づいたこと〉

人と生き物の心のつながり・残雪も感じていたのか？

情景のかき方がすてき。

じいさんと残雪、どちらもみりょくがあるからいい。

〈学習をふり返る〉

・とびらのページをもう一度見て
・「たいせつ」「いかそう」
・「ふりかえろう」→ノートへ

1 とらえる 文章を読み合う視点をつかもう。

「今日は，物語の魅力について書いた文章を読み合って気づいたことや感想を交流します。」

児童一人ひとりに，自分の課題を持って交流できるように意識させる。

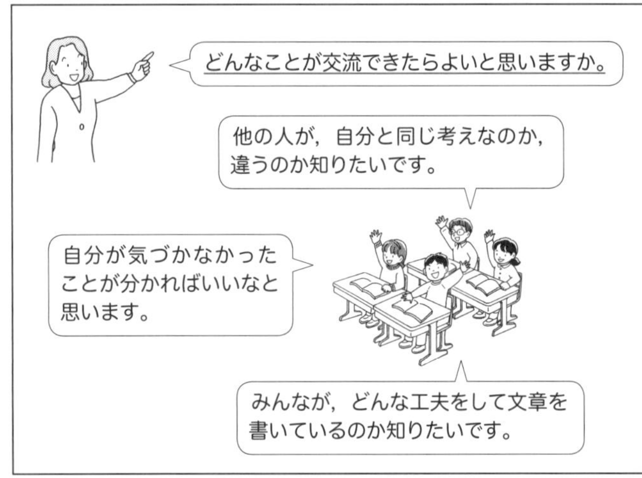
どんなことが交流できたらよいと思いますか。
他の人が，自分と同じ考えなのか，違うのか知りたいです。
自分が気づかなかったことが分かればいいなと思います。
みんなが，どんな工夫をして文章を書いているのか知りたいです。

全体としての交流のポイントも押さえておく。

・効果的な表現と物語の魅力について，自分の考えと同じところ，違うところはどこか。
・新しく気がついたこと，学んだことは何か。
・もっと詳しく聞くためにどんな質問をしたらよいか。

2 対話する 書いた文章を読み合って，気づいたことや感想を伝えよう。

違う場面を選んだ児童どうしでグループを作り，文章を読み合って，気づいたことや感想を伝え合う。

読み終わる毎に，気づいたことや感想をノートに書いておきましょう。どの人の文章にもひと言は，何か書くようにしましょう。

はじめに，太田さんの文章について，意見を出しましょう。

太田さんが感じた魅力は，わたしと同じところでした。でも理由が違いました。

ぼくは，残雪とハヤブサの戦いの時に急にじいさんの心情が変化したのではないと思います。

全員の文章を読み終わったら，１人ずつ思ったことを伝えていく。

（時間が取れるようなら，今度は同じ場面を選んだどうしでグループを作って２回目の交流をさせる。）

あることに気づかせたりすることにも意味があります。

大造じいさんとガン

め 物語のみりょくについて書いた文章を読み合い、思ったことを伝えよう

〈文章を読み合って、感想などを伝えあう〉

★自分の考えと同じところ、ちがうところ（効果的な表現　物語のみりょくなど）

★新しく気づいたこと、学んだこと

★もっとくわしく聞くための質問

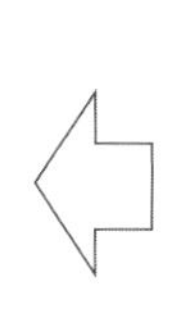

主体的・対話的で深い学び

・文章を読み合うときのポイントを確認し，それをもとにして友達の文書を読んで，気づいたことや感じたことを伝える。
・交流を通して，友達の文章のよさを知るだけでなく，自分の考えも広げるように意識させる（自分が気づかなかった作品の魅力を知るなど）。
・最後は，第１時の学習に立ち戻って，学習の成果を振り返り確信が持てるようにする。

準備物

・前時に書いた文章（各自）

3 まとめる　交流を通して気づいたことや考えたことなどをまとめよう。

感想を伝え合って，気づいたことや，新しく発見した物語の魅力などをノートに書きましょう。

人と生き物の心のつながりが魅力だと思ったけど…本当に残雪も心のつながりを感じていたのだろうか？

残雪とじいさん，どちらにも魅力があるからいいんだ。

情景の描き方が，とっても素敵だと言う意見があったけど，確かにそれも作品の魅力だと思う。

対話を振り返り，自分なりの成果を確かめさせる。

「ここまで学習をして来たことを振り返りながら，最後にもう一度全文を読みましょう。」

各自で黙読をさせる。

4 振り返る　学習したことを振り返ろう。

「『大造じいさんとガン』の学習全体を振り返ってみましょう。」

もう一度扉のページを見ましょう。そこに書かれている目標などはやり遂げられましたか。

情景や効果的な表現などを見つけて物語の魅力がまとめられたね。

大造じいさんがどんな人か，ガンとの関係もよくわかったわ。

朗読をする学習で，読みも深まって作品が味わえたと思うよ。

「たいせつ」も読んで身についた力を確かめ，今後に生かそうと言う意識を持たせる。

「『ふりかえろう』を読んで，気づいたことをノートに書いておきましょう。」

「『この本読もう』で読んでみたい本はありますか。」

・「片耳の大シカ」が読んでみたいです。

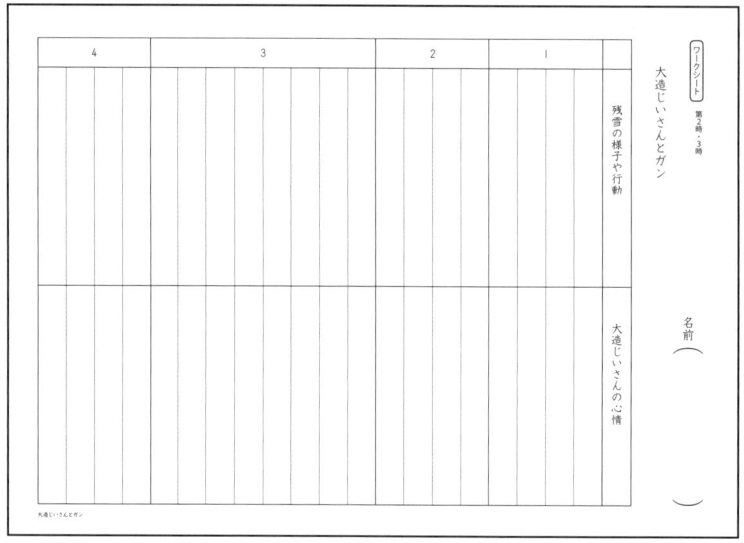

ワークシート 第2時・3時

大造じいさんとガン

名前（　　　　）

場面	残雪の様子や行動（例）	大造じいさんの心情（例）
1	・仲間がえをあさっている間も、油断ないように仲間をなく気を配っている。 ・つりばりをのみこまないように仲間を指導した。	・りこうなやつ ・いまいましい ・「ううむ。」 ・大したちえをもっているものだ。
2	・見通しのきく所をえさ場に選ぶ。 ・群れが、ぐんぐんやって来る。 ・昨日までなかった小屋をみとめて、ぬま地のずっと西側のはしに着陸した。	・会心のえみをもらした。 ・目にもの見せてくれるぞ。 ・「ううん。」
3	・いつものように、群れの先頭にたってやってきた。 ・さっと、空を横切って、ハヤブサに向かっていった。 ・ハヤブサと、もつれ合って、沼地に落ちた。 ・最後の力をふりしぼって、長い首を持ち上げて、じいさんをにらんだ。	・「さあ、いよいよ戦闘開始だ。」 ・「あの残雪めにひとあわふかせてやるぞ。」 ・再びじゅうを下ろしてしまった。 ・鳥とはいえ、いかにも頭領らしい、堂々たる態度。 ・強く心を打たれて、ただの鳥に対しているような気がしなかった。
4	・快い羽音を残して、一直線に空へ飛び上がった。	・ガンの英雄 ・えらぶつ ・堂々と戦おう。 ・晴れ晴れとした顔つき。

※残雪の様子や行動は、大造じいさんの心情と関係するところだけを選んで記入します。

大造じいさんとガン

ワークシート 第4時

大造じいさんとガン

名前（　　　　）

● 情景がえがかれているところをさがし、「大造じいさん」の心情を考えましょう。

場面	情景をえがいた表現	大造じいさんの心情
1		
2		
3		
4		

大造じいさんとガン

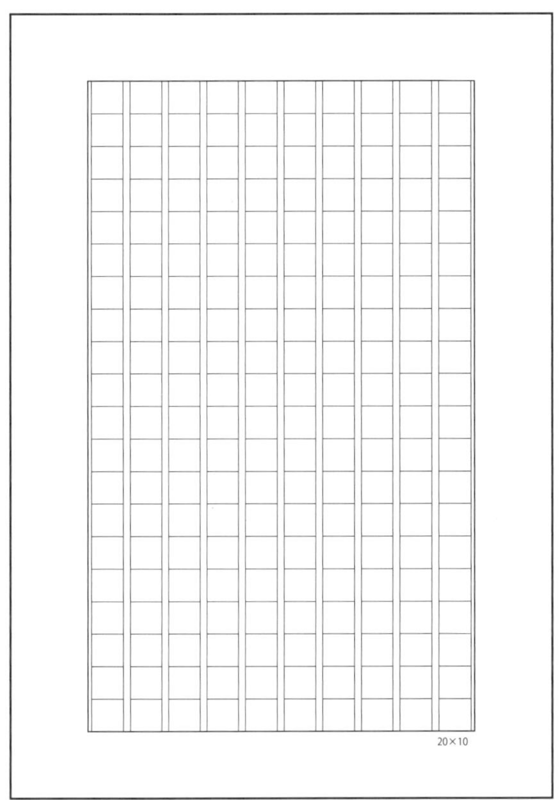
20×10

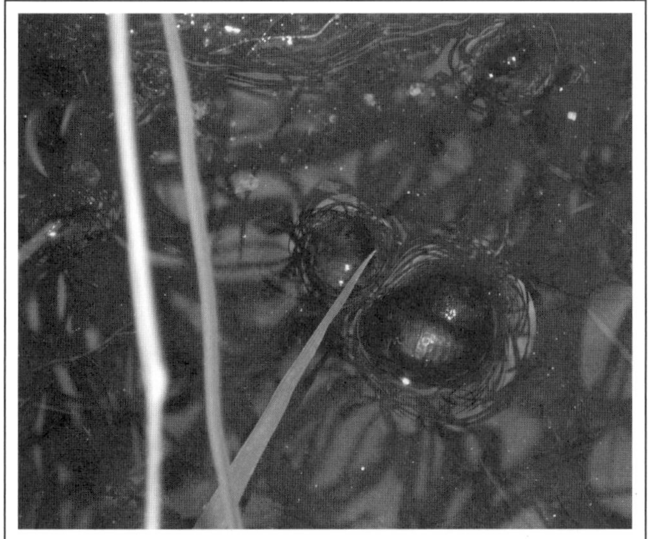

著者紹介（敬称略）

【著者】
羽田 純一　元京都府公立小学校教諭
松森 靖行　大阪府寝屋川市立田井小学校教諭
入澤 佳菜　奈良教育大学附属小学校教諭
鈴木 啓史　奈良教育大学附属小学校教諭
南山 拓也　西宮市立南甲子園小学校教諭

＊所属は 2020 年 10 月現在

【著者・特別映像 寄稿】
菊池 省三　教育実践研究家
菊池道場 道場長
＊所属は 2020 年 10 月現在

【初版 著者】（五十音順）
岡 篤
菊池 省三
中村 幸成
羽田 純一
原田 善造
森山 聡彦

喜楽研の DVD つき授業シリーズ

新版
全授業の板書例と展開がわかる　DVD からすぐ使える
～菊池省三 授業実践の特別映像つき～
まるごと授業　国語　5 年（下）

2015 年 8 月 30 日　初版　第 1 刷発行
2021 年 3 月 10 日　新版　第 1 刷発行

著　　　者：羽田 純一　菊池 省三　松森 靖行　入澤 佳菜　鈴木 啓史　南山 拓也
イ ラ ス ト：山口 亜耶
撮 影 協 力：有限会社オフィスハル（菊池 省三 特別映像）
河野 修三
企画・編集：原田 善造（他 8 名）
編　　　集：わかる喜び学ぶ楽しさを創造する教育研究所　編集部

発　行　者：岸本 なおこ
発　行　所：喜楽研（わかる喜び学ぶ楽しさを創造する教育研究所）
〒 604-0827 京都府京都市中京区高倉通二条下ル瓦町 543-1
TEL　075-213-7701　FAX　075-213-7706
HP　https://www.kirakuken.co.jp/
印　　　刷：創栄図書印刷株式会社

ISBN : 978-4-86277-307-4

Printed in Japan

オフィスハル・オンラインショップにて**絶賛発売中**

いよいよ第二弾が完成(1月下旬発売)！

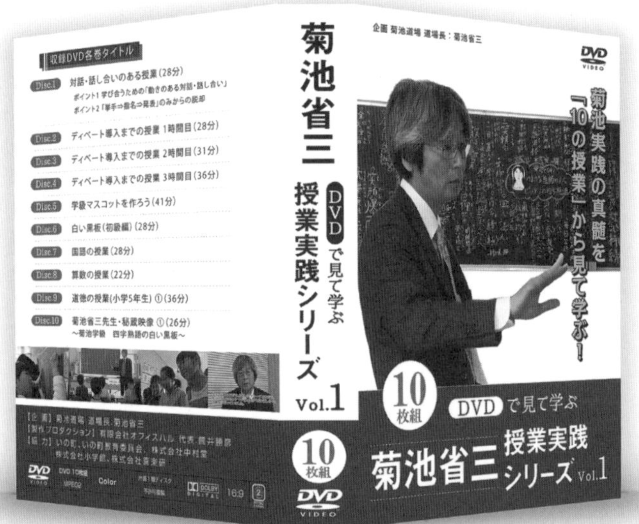
菊池省三
DVDで見て学ぶ
授業実践シリーズ
Vol.1
菊池実践の真髄を「10の授業」から見て学ぶ！
10枚組
DVDで見て学ぶ
菊池省三
授業実践シリーズ Vol.1

【企 画】菊池道場　道場長：菊池省三

【製作プロダクション】有限会社オフィスハル
製作・監督：筒井勝彦

【協 力】いの町　いの町教育委員会
株式会社中村堂　株式会社喜楽研

菊池省三
10枚組
DVDで見て学ぶ
授業実践シリーズ
Disc.1/10
対話・話し合いのある授業（28分）

【VOL.1】【VOL.2】 DVDで見て学ぶ 菊池省三・授業実践シリーズ

【VOL.1　全10巻 タイトル】
《1》対話・話し合いのある授業(28分)
ポイント1 学び合うための「動きのある対話・話し合い」
ポイント2「挙手⇒指名⇒発表」のみからの脱却
《2》ディベート導入までの授業　1時間目(28分)
《3》ディベート導入までの授業　2時間目(31分)
《4》ディベート導入までの授業　3時間目(36分)
《5》学級マスコットを作ろう(41分)
《6》白い黒板(初級編)(28分)
《7》国語の授業(28分)
《8》算数の授業(22分)
《9》道徳の授業(小学5年生) ①(36分)
《10》菊池省三先生・秘蔵映像 ①(26分)
～菊池学級　四字熟語の白い黒板～

【VOL.2　全8巻 タイトル】
《1》ほめ言葉のシャワー
～いの町菊池学園～(50分)
《2》ほめ言葉のシャワー
～レベルアップの授業～(40分)
《3》ほめ言葉のシャワーの授業
～中学3年生～(40分)
《4》道徳の授業②
～小学2年生～(40分)
《5》道徳の授業③
～中学生～(30分)
《6》菊池省三先生・秘蔵映像②
～「やまなし」の授業～(43分)
《7》菊池省三先生・秘蔵映像③
～伝説の貴船小学校(1)～(50分)
《8》菊池省三先生・秘蔵映像④
～伝説の貴船小学校(2)～(65分)

《特典映像》特別メッセージ(7分)

【内 容】
2016年4月、高知県いの町で一般行政と教育行政、そして地域と学校がひとつになった全国初の地方創生「教育による町おこし」の取り組みが始まりました。
このDVDは、いの町教育特使に委嘱された菊池省三先生の1年間の授業のありのままを収録した他に類を見ない貴重な映像記録教材です。複数台のカメラを使って、プロのカメラワークや音声収録を駆使して臨場感溢れる映像で菊池先生の授業実践を再現しています。さらに菊池実践のルーツといえる菊池先生の貴重な北九州時代の秘蔵映像も同時収録しています。
皆さんも、居ながらにして菊池先生の授業に参加したような気づきと驚きと感動を映像体験することが出来ます。

【販売価格】VOL.1(10巻セット)　VOL.2(8巻セット)
各 56,000円(税・送料込)

【ご購入は オンラインショップ より】
kikuchi-jissen.com